기업성과에
날개를 다는
효과적 영업

관계지향적 영업

박정은·곽민순 지음

박영사

차 례

PART
C 실전 영업하기: 영업 프로세스 5단계

이 책을 시작하며

오늘날 무한 경쟁 시대에 돌입하고 있는 상황에서 기업이 시장에서 차별적인 요소를 찾기가 매우 어려워지고 있다. 또한 고객과의 관계 유지를 통한 기존 고객 유지가 새로운 고객을 창출하는 것보다 훨씬 기업의 이윤창출과 성장에 유리하다는 것이 여러 연구자에 의해 입증되어 왔다. 이러한 여러 경쟁 상황 및 기업의 상황을 고려해 볼 때 그 어느 때보다도 영업 사원의 역할이 중요하게 대두되고 있다. 제품과 서비스만으로는 차별화라는 마케팅의 중요한 무기를 사용할 수 없는 상황에서 영업사원은 차별화를 이루어 낼 뿐만 아니라 기업과 소비자를 연결하는 중요한 정보의 원천을 제공해주는 가교의 역할도 할 수 있다.

마케팅 연구의 본산이라고 할 수 있는 미국의 경우 미국 마케팅 학회의 Sales Special Interest Group을 중심으로 해서 해마다 National Conference in Sales Management를 통해 학자들과 실무 영업 담당자들과의 만남을 통해 영업의 중요성을 강조하고 영업의 기업 내 위상을 높이기 위해 여러 가지 활동을 하고 있다. 최근 한국의 여러 기업들도 영업의 중요성을 강조하고 영업력을 향상시키기 위해 많은 노력을 하고 있다. 하지만 여전히 한국 마케팅 학회에서는 구체적인 영업에 관한 연구 등이 많이 이루어지지 않고 있고, 현업에서도 영업은 매우 경시되고 있는 것이 현실이다.

영업은 전문 직업(Professional Job)이다. 즉, 과학적인 방법에 의해서 교육 받고, 훈련된 사람이 가져야 하는 것이 영업직이다. 하지만 우리나라의 영업 교육 현실은 과학적인 교육 기관(예: 경영대학)에서 조차도 과학적 접근법에 근거한 전문 영업교육이 아닌 영업 기술(skill)을 강조하는 기술 교육만이 이루어지고 있다. 이에 본서에서는 영업이 보다 과학적인 방향에서 교육이 되어야 하고, 영업사원들이 가져야 하는 역량과 기업의 영업 전략 방향에 대해서 논의해보고자 한다.

영업사원들 중에서 많은 비중을 차지하고 있는 직접적인 대면 영업을 하는 사람들을 방문판매원이라고 한다. 많은 경영관련 전문가들은 한국의 방문판매 혹은 직접 영업은 곧 한계를 맞이할 것이니 온라인을 비롯한 새로운 유통을 개척해야 회사가 살아남을 수 있을 것이라고 했다. 하지만 그런 우려에도 불구하고 우리나라의 방문판매는 아직 건재하고 비약적인 성장을 계속하고 있다. 지난 20년 동안 그분들의 말처럼 우리나라 방문판매 업체가 다 망하고 방문판매원들이 자취를 감추었는가? 아니다. 우리나라의 방문판매는 지난 20년 동안 경이적인 발전을 해왔고 70년대 일본에서 배워왔던 방문판매 기법이 이제는 한국형 방문판매로 독자적인 선진 모델화하고 있다.

지금은 온라인 판매시대라고 이야기한다. 그렇다면 대면 영업이 줄어들었을까? 아니다. 최근 방문판매 기업들의 추세를 보면 오히려 영업사원들의 숫자가 늘어나고 있다. 물론 편리성과 시간을 전략할 수 있는 온라인과 모바일 쇼핑이 증가하고 있는 것도 사실이다. 하지만 여전히 사람과의 대면을 통해 설명을 듣고 직접 체험을 하면서 구매를 하는 고객들도 여전히 많다. 중국최대의 온라인 유통업체인 알리바바의 마윈회장은 온라인 유통이 전부가 아니다. 온라인도 거대한 유통의 일부일 뿐이라고 언급했다. 그리고 마윈회장은 많은 오프라인 유통매장과 백화점을 인수하였다. 이제 온라인과 오프라인의 경계는 없어지고 있다.

우리나라의 대면영업 즉, 방문판매가 지속적으로 비약적인 발전을 하고 있는 이유는 무엇일까?

첫째는 해당 기업들의 과감한 투자일 것이다. 화장품, 보험, 책, 가전제품으로 시작한 방문판매가 이제는 건강식품, 정수기, 자동차, 학습지, 건강기구 등으로 확대되어 해당 기업의 성공 동력으로 작용해왔다. 이들 기업들은 우수한 인력을 유치하고 육성하기 위해 과감한 투자를 아끼지 않았다. 또한 수준 높은 교육 시스템을 만들고 과감한 동기부여 정책을 통하여 판매원의 자질을 향상시켜왔다. 나아가 IT 강국의 강점을 살려 선진화된 고객관리 시스템을 구축하였고 이 시스템과 인적판매의 장점을 융합시켜 고객만족을 끊임없이 추구해왔다.

둘째는 방문판매원들의 노력이다. 우리나라의 방문판매원들은 한국인 특유의 성실과 근면을 바탕으로 세계 최고의 고품격 판매원으로 성장하였다. 꿈 넘어 꿈을 이루려는 야심찬 고급 인력들이 영업에 뛰어들었고 이들은 영업 기술을 스스로 선진화시켜 한국형 모델을 만들어냈다. 이들 덕택에 수많은 성공 신화들이 탄생하였고 일반 방문판매원들의 활동 모델도 함께 발전해왔다.

셋째로 우리나라 특유의 정서도 방문판매의 발전에 기여했다. 인맥을 중시하는 우리나라의 정(情)문화는 방문판매를 발전시키는 온상 역할을 하였다. 인간관계가 핵심인 방문판매와 인간적인 정을 중요시 여기는 우리나라의 독특한 문화가 서로 결합하여 한국형 방문판매를 탄생시킨 것이다.

현재 우리나라는 방문판매 공화국이라고 해도 과언이 아니다. 2010
년 기준으로 방문판매업 등록 업체는 2만5천여 개 사, 종사하는 인력
은 100만 명이 넘고, 시장 규모는 8조에 육박하고 있다. 2001년의 3
조 규모에 비하면 비약적인 발전이다. 특히 화장품, 건강식품, 정수
기, 학습지 기업들의 성장이 두드러진다. 굴지의 모 화장품 회사도 방
문판매 매출이 전체 매출의 35%를 차지하며 무려 3만5천명의 판매원
이 종사하고 있다. 어떤 생활가전 회사의 경우 방문판매로만 년 매출
1조4천억 정도를 하는 것으로 알려져 있다. 이처럼 방문판매는 이제
우리나라의 중요한 영업 및 유통 수단으로 자리매김을 하고 있다.

　　방문판매원들도 변화하고 있다. 이전의 방문판매원들이 4.50대
주부들이 주류였다면 요즘은 2.30대의 여성과 고급 남성인력들도 방
문판매원으로 종사하고 있다. 4.50대 주부들이 가계 부수입을 목적으
로 일했다면 신 인력들은 고소득과 꿈 넘어 꿈을 이루기 위해 체계적
이고 선진적인 영업기법으로 활동하고 있다. 이들은 체계적인 영업기
법을 이수하고 스마트폰이나 테블릿 PC를 이용한 선진적인 고객관리
로 고소득을 올리고 있다. 이들에 의해 우리나라의 방문판매는 조만
간 다시 한 번 발전할 것이라고 믿는다.

　　그러나 우리나라의 영업에 관한 연구는 아주 부족한 상태이다.
경영학과에서 영업을 정식과목으로 채택한 대학이 있다는 말은 들어
보지 못했다. 학술적인 연구도 미흡하기 짝이 없다. 우리나라의 경영
학술지에 실린 마케팅 관련 논문은 수 천편인데 비해 영업 관련 논문
은 고작 수 십편 정도뿐이다. 학술적인 연구가 이렇게 부족하니까 업
계의 영업, 영업은 물론이고 영업 관련 시스템도 정리가 되어있지 않
다. 일부 기업들이 외국의 판매, 교육, 훈련 시스템을 도입했으나 그
성과는 미비한 것으로 알고 있다. 외국 시장과 한국 시장은 고객부터

다르다. 고객이 다르면 영업 기법도 달라야 하는데 서구적인 기법으로 한국의 고객 정서에 접근하려니까 그 성과도 미비하기 마련이다.

영업에 관련한 서적이 많기는 하지만 많은 서적들이 본인의 경험이나 사례를 중심으로 저술되었다. 이러한 서적들은 한계를 지니고 있다. 시중에 소개된 영업 서적 저자들의 공통점이 무엇인가. 위대한 실적을 거둔 영웅들이다. 즉 시중의 영업 관련 서적 대부분이 판매왕 급들의 영웅담이라는 것이다. 그들의 영웅담은 독자들의 감탄사를 자아내기에 충분할 정도로 탁월한 비법으로 가득하다. 그러면서 자기들처럼 해보라고 권유하고 있다. 그러나 실상은 어떠한가. 방문판매 종사하는 대부분의 사람들은 영웅이 아니라 그냥 평범한 영업사원일 뿐이다. 평범한 사람들은 결코 영웅처럼 일을 할 수가 없다. 물론 탁월한 성공을 거둔 영업사원들의 경험담과 비법을 읽고서 평범한 영업사원들이 자기 비전을 가지는 것은 가능할 것이다. 그러나 책을 읽고서 그 비법을 실천하려면 벽에 부딪히고 만다. 내가 실천하기엔 너무 어렵고 힘든 방법들이다. 나의 성격과 환경에는 엄연한 한계가 있기 때문이다.

그럼에도 불구하고 보통의 영업사원이 성공하는 방법은 무엇인가. 다년간 영업 관련 연구를 하며 또는 기업을 운영하며 평범한 영업사원들을 교육하고 훈련시키면서 많은 사례를 보아왔다. 조기에 탈락하는 사람, 잘 나가다가 중도에 실패하는 사람, 처음부터 맥을 잡고서 20년 이상 고성과를 유지하는 사람, 처음에 어려움을 겪다가 어느 날 물미를 터득하는 사람 등. 오랜 기간의 관찰을 통해 저자들은 다음과 같은 성공한 영업사원들의 공통점을 발견하게 되었다.

첫째, 그들은 영업으로 행복한 인생을 살았다는 것이다.

둘째, 그들은 판매나 실적이 아니라 사람과의 관계 중심으로 일했다.

셋째, 그들은 특별한 비법이 아니라 나름대로의 프로세스를 만들어 그 과정관리에 집중했다

넷째, 그들은 성실했다.

다섯째, 성공한 영업사원들은 고객에게 해결책(Solution)을 전달하고, 고객의 특성에 맞는 스토리를 만들어서 전달(Story Telling)하고, 끊임없이 접촉(Skin-ship)을 통한 관계 유지와 강화를 하는 사람들이다.

이 책은 저자들의 오랜 기간 동안의 영업에 관한 연구와 교육을 통해 축적한 이론적 지식과 영업에 입문하여 성실과 근면으로 나름대로 성공을 성취하고 오랜 시간 행복한 인생을 살아온 실무적 사례를 바탕으로 저술하였다. Part 1에서는 영업연구들을 바탕으로 관계지향적 영업의 이론적 부분에 많은 할당을 하였고, Part 2에서는 영업의 기본이 되는 태도와 역할에 대해 중심적으로 다루었고, Part 3은 실전 영업에 관한 내용이다. 또한 Part 1의 시작 부분에는 관계지향적 영업의 대표적인 산업인 제약산업의 성공한 영업인의 사례를 인용하였고, Part 2와 3에서는 영업사원으로 성공하여 웅진이라는 대기업을 일군 윤석금 회장의 사례를 인용하였다. 성공과 실패를 거듭한 윤회장의 사례를 통해 영업인의 기본적인 태도와 철학을 이해하고 이를 통해 기본 영업인의 자세를 생각해보고자 하였다. 실무적으로 영업사원들의 영업과정에 대한 수많은 연구와 사례들을 바탕으로 한 영업 프로세스를 정리하여 [영업 프로세스 5단계]를 제시하고 있고 저서의 많은 부분을 이 프로세스를 설명하는데 할애했다. [영업 프로세스 5단계]를 보강하기 위해 500명 이상의 건강식품, 화장품, 야쿠르트, 식음료, 자동차 및 보험업에 종사하는 다양한 영업사원들의 설문을 취합하였고, 보충이 필요한 경우에는 1:1 심층면접도 하였다. 설문과 면접에 응해주신 모든 분들께 감사를 드린다.

이 책은 영업직에 막 입문하는 사람들과 현직에 있는 영업사원, 더 나은 실적을 고민하고 계시는 기업의 영업 관리자 분, 그리고 영업 연구에 관심이 있는 연구자들을 위한 것이다. 평범한 영업사원들이 이 책을 통해 더 큰 성공을 꿈꿀 수 있으면 좋겠고, 영업 프로세스 5단계를 통해서 기업성과에 날개를 다는 고 성과의 노하우를 터득할 수 있으면 좋겠다.

이 책을 오직 우리나라의 영업에 종사하시는 분들께 바친다.

2020년 1월 5일 저자 일동

영업을 준비하며:
관계지향적 영업의 준비

Part A

제약사 영업은 의사 허드렛일 하는 직업이라고요?

: 현직 다국적제약사 영업사원이자 유튜버인 박상욱씨가 전하는 제약영업의 편견과 현실

제약영업은 영업직 중에서도 까다롭고 힘든 영업군으로 꼽힌다. 의사들을 상대해야 하는 만큼 전문성이 요구되고, 영업 활동에 대한 규제가 많다는 등의 이유 때문이다.

하지만 최근 제약·바이오산업이 차세대 산업으로 각광받고, 과거 리베이트가 판치던 영업 관행이 사라졌으며, 상대적으로 높은 수준의 급여를 제공하는 등은 많은 젊은이들을 제약영업에 도전하게 만들고 있다. '주노의 일상'이란 유튜브 채널은 이런 젊은이들에게 제약영업의 현실을 있는 그대로 알려주고 있다. 이 채널의 운영자는 모 다국적제약사 현직 제약영업맨인 박상욱 씨(34세)다. 박상욱 씨가 몸담고 있는 제약사는 다국적제약사 중에서도 매출 규모와 신약 개발 역량 등에서 손꼽히는 회사다. 박상욱 씨는 유튜브에 자신의 하루를 공개함으로써 제약영업을 꿈꾸고 있는 사람들에게 구체적인 실무를 소개한다. 또 제약영업에 필요한 역량, 면접 스킬, 국내제약사와의 차이점 등 다양한 정보를 알려줌으로써 미래 제약영업맨들의 길잡이 역할을 하고 있다.

"내 고객은 의사", 전문가 영업이라는 자부심

박상욱 씨는 여타 다른 영업직과 제약영업의 결정적 차이가 뭐라고 생각하느냐는 기자의 질문에 "고객"이라고 답했다. 보험, 자동차 등 일반적인 영업은 '불특정 다수'를 고객으로 상대하지만, 제약영업은 의사, 약사란 전문직을 상

14

대하기 때문에 전문성이 필요하다는 것이다. 실제 박상욱 씨는 자신의 브이로그에서 담당 제품에 대한 최신 논문을 공부하고, 의사에 효과적으로 전달할 수 있도록 요약 정리하는 모습 등을 보여줬다.

박상욱 씨는 "회사가 영업에서도 학술 부분을 지속적으로 강화하고 있다. 제품이나 질환에 대한 회사 교육 프로그램을 통해 끊임없이 공부하고 있다"고 말했다. 박상욱 씨가 고객으로 관리하고 있는 의사는 60여 명으로 짧게는 1주에 1번, 길게는 2주에 1번 방문 스케줄을 잡는다. 한 의사를 한 달에 2번 내지 3번 만나는 것이다.

박상욱 씨는 하루종일 환자가 끊이지 않는 병의원의 특성상 의사와의 미팅 시간은 평균 5분 정도에 불과하지만, 이 5분이 "짧다면 짧고 길다면 긴 시간"이라고 말했다. 박상욱 씨는 "제품 이야기를 꺼내기까지 대화를 시작하는 기술이 가장 어렵고도 중요하다"고 강조했다. 이를 위해 박상욱 씨는 의사들이 관심을 가질 만한 주제 혹은 의원 운영에 도움이 될 수 있는 아이템을 찾는 데도 노력을 기울이고 있다고 했다.

박상욱 씨는 "다른 영업직들과 달리 내가 상대하는 고객은 최고의 전문직으로 꼽히는 의사"라며 "그들과 소통하기 위해서는 스스로 전문성을 갖추기 위해 끊임없이 노력해야 한다. 이런 점에서 다른 영업직들과 차별화된다고 생각하며, 자부심도 있다"고 말했다.

제약영업에 도전하고 싶다면, 실무를 알아야

모 글로벌 제약사에서 의원급 영업을 담당 중인 박상욱 씨, 박상욱 씨가 유튜브를 통해 자신의 하루를 가감없이 공개하는 가장 큰 이유는 제약영업이 어떤 직업인지 보여주기 위해서다.

박상욱 씨는 제약영업을 꿈꾸고 지원하는 사람이라면 적어도 실무를 알고 면접장에 들어가야 한다고 했다. 그저 연봉이 높다는 이유로 제약영업이 뭐하는 직업인지도 모르면서 무턱대고 지원한 사람들은 면접관 눈에도 그 상황이 보일 수밖에 없단다. 또한 의사와 미팅하는 상황극을 시키는 등 면접 자리에서 어떤 미션이 주어질지 모르기 때문에 실무를 이해하는 게 더욱 중요하다고 했다.

특히 왜 제약영업을 하고 싶은지, 왜 이 회사여야만 하는지 이 두 질문에 대한 답변은 늘 준비돼 있어야 한다. 박상욱 씨는 자신의 경험을 빌어 제약사 '인턴' 경력도 합격에 가까워질 수 있는 하나의 지름길이라고 말했다. 또 다른 글로벌 제약사에서의 인턴 경력이 현재 회사 임원에 '이 사람은 적어도 실무는 확실히 알고 있겠구나'라는 믿음을 줬다는 것이다.

박상욱 씨는 "여성의 비율이 높은 글로벌 제약사들은 육아 휴직이 잦은 관계로 인턴을 뽑는 횟수가 많다"며 "인턴이기 때문에 임금은 적지만, 제약영업 문턱을 두드리고 싶은 사람이라면 이런 인턴 경력을 십분 활용할 수 있다"고 귀띔했다.

박상욱 씨는 그 밖에 국내제약사에서 글로벌 제약사로 이직을 꿈꾸는 사람들에게도 팁을 전했다. 실제 박상욱 씨의 유튜브 댓글을 살펴보면, 국내제약사 경력직에서의 이직이나 국내제약사와 어떤 점이 다른지 등의 질문이 다수를 차지하고 있었다.

박상욱 씨는 "코프로모션 인맥을 활용하라"고 조언했다.

현재 대다수의 글로벌 제약사들은 고혈압, 당뇨병, 이상지질혈증과 같은 만성질환 치료제의 의원급 영업을 국내제약사와 함께 진행 중이다. 자사의 제품을 함께 담당하고 있는 국내제약사 영업사원과 접촉할 기회가 많다는 것이다. 박상욱 씨는 "경력직의 경우 주변 사람들의 평판과 추천이 큰 힘을 발휘한다"며 "현재 우리 회사에서 근무하고 있는, 과거 국내제약사에서 옮겨온 사람들도 결국 함께 일해왔던 동료의 추천으로 오게 된 경우가 많다"고 말했다.

과거 편견은 금물, 저녁이 있는 삶 누려요

박상욱 씨는 "과거와 같이 제약영업이 의사의 허드렛일이나 해주는 직업이라고 생각한다면 오산"이라며 "학술 정보 전달에 주력하고 있는 글로벌 제약사의 경우 지원자들의 학력과 스펙이 상당히 높은 수준이며, 리베이트 등의 처벌 수위가 강화되면서 의사들의 인식도 개선돼, 과거와 같은 행태는 걱정할 필요가 없다"고 강조했다.

특히 글로벌 제약사의 경우에는 술자리 강요나 험악한 사내 문화도 거의 없으며, 여성 비율이 높은 기업답게 남성 직원들도 주위를 의식할 필요 없이 자유롭게 육아 휴직을 사용하는 등 근무 여건이 상당히 좋은 편이라고 말했다.

박상욱 씨는 "보통 하루에 10군데 정도 의원을 방문하는데 글로벌 제약사의 경우 술자리 강요도 없어, 6시 이후로는 '저녁이 있는 삶'을 누리고 있다"며 "하루종일 의원을 돌아다니는 게 주 업무인 만큼 '체력'이 '영업력'인 직업이라, 저녁에는 빠짐없이 운동을 하며 자기 관리를 하고 있다"고 했다.

박상욱 씨는 "글로벌 제약사에서 자신의 최종 목표는 영업사원을 교육하는 교육담당자가 되는 것"이라며 "제약영업은 영업에서 끝나는 게 아니라 이 일을 시작으로 교육, 마케팅 등 회사 내 또 다른 업무를 시도해볼 수 있는 발판이 될 수 있으며, 그 외 도매상과 같은 창업 등도 가능하다"고 말했다. 이어 "제약영업의 실무를 확실히 이해하고, 사람 만나는 일을 두려워하지 않으며, 목표지향적인 사람이라면 이 일을 진심으로 즐기면서 할 수 있을 것"이라고 덧붙였다.

Chapter 01

고객관계관리 시대의 마케팅과 영업의 역할

마케팅은 100년이 넘는 전통을 가진 학문이고, 학자와 실무자에게 모두 관심을 받아온 과학적인 방법론을 중시하는 전문 학문(Professional discipline)이다. 영업은 이처럼 전문 학문인 마케팅의 한 분야이지만 사실상 마케팅이 학문으로 정립되기 이전부터 연구되어오던 학문 분야이다. 또한 영업은 인간이 거래를 시작하면서부터 발생한 가장 오래된 직업 중의 하나이다. 우리는 종종 학계에서나 실무자들에게서 "두 기능 중 어느 부분이 강조되어야 하나? 어느 기능이 더 중요한가?"라는 질문을 받는다. 이러한 질문에 대한 답변을 찾는 과정에서 이 둘의 갈등이 발생되기도 하였다. 그러나 마케팅과 영업은 별도의 개념이 아니다. 두 영역 모두 고객이라는 공통 목표를 위해 서로 협력하고, 공동 작업을 해야 하는 한 몸인 것이다. 이와 같은 갈등 해소를 위하여 최근 대두되고 있는 이슈가 관계 관리이다. 관계 관리에서 관계란 고객과의 외부적인 관계만을 생각해서는 안 된다. 관계의 개념을 더 확장하여 기업 내부 고객과의 관계까지도 포함하여 모든 기업의 내–외적인 이해관계자(stakeholder)들과의 관계를 관리하는 것이 중요하다.

고객 중심적 내-외부 관계관리

최근 마케팅 개념의 운용과 실행은 시장 지향적(market orientation)이 되어왔다. 즉, 기업의 시장 지향적 활동은 치열한 경쟁 시장에서 기업 성과를 극대화하기 위한 체계적 과정과 기능의 조정에 초점을 두고 있다. 성공적인 시장지향을 위해서는 기업의 모든 전략과 활동의 중심을 고객에게 두어야 하며, 이는 고객 지향(customer orientation)을 최우선의 가치로 두어야 함을 의미한다. 고객 지향성이 높은 기업은 모든 비즈니스 모델의 중심에 고객을 두고 있고, 고객 중심적(customer centric)이라고도 일컬어진다.

기업이 이와 같이 시장지향적이고 고객중심적인 사내 문화를 장려하는 이유는 궁극적으로 장기적 고객 관계 확립 및 유지에 있다. 즉, 오늘날 기업이 업무의 구조, 과정, 수단 등에 대한 지식 축적과 신뢰 형성을 통한 고객 중심적 문화 형성으로 고객의 가치를 극대화하고 있고, 이러한 고객의 가치가 모든 마케팅 및 영업 활동의 기준이 되는 것이다. 따라서 본 서에서는 이러한 고객가치 중심의 마케팅 및 영업 프로세스에 있어서 영업과 타 부서간의 관계 정립과 영업과 고객 간의 관계관리가 왜 중요한가에 관하여 고찰해 보도록 하겠다.

✔ 기업내부 고객관계 관리: 영업부서와 타 부서간의 관계 정립

앞서 언급하였듯이 영업과 마케팅의 긴밀한 관계는 매우 중요한 이슈이다. 하지만 오랜 세월에 걸쳐 영업과 마케팅 간에 갈등이 존재해왔다. 두 영역은 가치 있는 고객을 획득하고 유지하는 등의 근본적인 목표가 일치하면서도 오랜 시간에 걸쳐 서로를 비난하고 견제 하면서 갈등의 깊이를 더해 왔다. 마케팅 부서에서는 그들이 고상하게 계획한 마케팅 전략을 영업부서에서 잘 실행하지 못한다고 비난하고 있고, 영업부서에서도 마케팅 부서가 현장에서 직면한 실질적인 과제를 인식하지 못하고 있음을 비난한다.

그렇다면 영업과 마케팅의 기능이 다르다는 것인가? 두 기능은 같은 고객을 대상으로 하고 그들의 만족을 위해 전략을 기획하고 실행하는 핵심 역할을 공유하고 있다. 즉, 두 부서에서 모두 고객이 원하는 가치를 정확히 파악하고, 이를 극대화하기 위한 마케팅 활동을 하고 있는 것이다.

이러한 영업과 마케팅의 냉담한 관계는 지금 모든 기업들에게 큰 문제점으로 대두되고 있다.

일부에서는 영업에 고객 세분화, 가치 제안과 같은 마케팅 분야의 전통적인 개념을 적용함으로써 관계를 개선하고자 하는 노력도 하고 있다. 또한 영업의 중요성을 강조하고, 마케팅과 영업의 기능을 통합하려는 노력도 시도하고 있다.

마케팅만이 영업과 통합되기 시작한 업무기능이 아니다. 1990년대 영업력의 자동화(Sales Force Automation)와 같은 기술의 도입 이래, 영업은 기업 내에서의 영업의 역할과 영업활동에 있어 정보기술력에 크게 의존하고 있다. 이에 따라 IT 부서와의 유기적인 협력 및 통합 등이 추진되고 있다. 또한 영업 부서는 유능하고 전문적인 영업사원들에 대한 수요가 급증함에 따라, 영업사원의 발굴·고용·유지하고 우수한 영업사원을 관리자로 계발하기 위하여 인력 개발 부서와의 관계를 발전시켜 오고 있다. 또한 인력 개발 부서와 인사부서 등과 협력하여 영업사원의 선발 및 훈련 과정의 효율성과 효과성을 향상시키기 위한 노력을 하고 있다.

따라서 마케팅과 영업 제각기 독립적으로 성과를 관리하여 평가하는 것보다는 통합적인 성과 관리를 위해 서로 책임지는 협력적인 관계에 대한 중요성의 인식하여 이러한 부서들간의 경계는 점차 흐려지고 있다. 이러한 의미에서 "팀"이 전체 조직에 있어 핵심 가치의 부분이 되었다. 영업부서는 더 이상 영업에 필요한 모든 기능을 가지고 있는 자급자족의 부서가 아니다. 영업부서는 마케팅, 정보기술(IT), 인력개발(HR), 그리고 다른 부서들과의 협력을 통하여 더 전문적인 기술을 가질 수 있게 된 것이다. 영업부서는 타 부서들과의 밀접한 협력(통합)을 할 때 영업의 성과를 올릴 수 있는 힘을 얻게 될 것이다.

✔ 외부 고객 관계 관리: Customer Relationship Management(CRM)

CRM에 대한 정의에 대해 많은 이견들이 있다. 이는 CRM을 단순한 기술이나 시스템으로 보는 관점과 기업 전략의 일환으로 보는 관점으로 구분이 된다. 결론적으로 CRM은 단순한 시스템이 아니라 고객의 가치에 초점을 맞춤으로써 매출과 이익을 증가시키기 위한 포괄적 비즈니스 모델이다. 즉, 전략적으로 접근하여야 한다는 것이다. 앞서도 언급하였듯이 고객 중심적인 문화를 바탕으로 하는 기업의 전략인 것이다. 따라서 다시 정의하자면, CRM은 "회사가 고객을 확보·유지하며 고객에게 상호 판매를 유도하기 위한 목적으로 하나 혹은 그 이상의 접점을 통해 고객, 공급자, 잠재고객과의 상호작용을 최대한 활용할 수 있도록 고안된 전사적인 전략"을 의미한다. 이러한 접점은 예를 들어, 콜센터, 영업사원, 판매 대리점, 유통망, 지사, 웹 혹은 모바일을 말한다. 즉, CRM은 매출과 조직 효율의 증가를 달성하기 위해 각각의 접점에서 고객에 대한 지식을 획득하고, 이러한 지식을 효율적으로 활용하는 것이다. 따라서 지금까지 언급한 정의를 종합해 볼 때, CRM은 전략 결정의 중심에 고객을 두는 비즈니스 철학인 동시에 고객가치의 전달을 효율적으로 할 수 있는 유통망과 공급자를 포함하는 통합시스템을 일컫는 다는 것을 알 수 있다. CRM의 발전은 아래 그림과 같은 기술의 향상에 따른 마케팅의 발전에서 그 근원을 찾을 수 있다.

1900년대 초에 전개된 대중 마케팅(mass marketing)은 수십 년 동안 마케팅 관리와 전략에 큰 영향을 주었다. 그러나 1960년대 들어 많은 회사들은 세분화의 원리를 적용하여 서로 다른 성향의 고객 집단에 상이한 마케팅 전략을 적용하는 타겟 마케팅이 진행되었다. 이러한 마케팅의 발전과정에서 가장 큰 변화는 1980년대 들어 개인과의 관계를 발전시키는 데에 초점을 맞추는 관계 마케팅의 대두에 의한 마케팅의 전환이다. 또한 1990년대 이후의 기술과 정보 통신의 발달은 기업의 마케팅 및 영업 활동에 커다란 영향을 미쳤고, 결국 오늘날 기업은 정교한 기술을 바탕으로 개별 고객들의 기호에 맞는 제품들을 제공함으로써 일대일 마케팅이 가능하게 하였다.

CRM의 목적은 첫째, 기존 고객 유지(customer retention)이다. 이를 달성하기 위해서는 애호도가 높고 유익한 고객을 유지하는 능력, 영업 이익의 성장을 위한 유통망의 확보, 전사적인 지원 등이 필요하다. 둘째, 고객 확보(customer acquisition)이다. 기업은 고객 관계 관리를 통해 수익의 증대와 성장을 이끄는 특징을 갖춘 적절한 고객을 확보하는 것이 중요하다. 마지막으로 고객 수익성(customer profitability)이다. 개별 고객의 수익 증대와 동시에 적시에 고객이 원하는 제품을 제공하는 것을 통해 수익성을 극대화하는 것이다. 이러한 목표들을 달성하기 위해서는 우선적으로 선행 되어야 할 것이 앞서 언급한 고객의 가치 극대화이고, 고객 중심, 고객 우선의 원칙이 지켜져야 한다. 최근의 BMW 사태에서도 보듯이 고객보다 기업의 이익을 앞세우게 되면 장기적으로 재앙이 되어서 돌아오게 된다.

고객 중심의 관계관리 프로세스(CRM Process)

아래 그림은 고객 중심적 관계 관리 프로세스이다. 우선은 고객 중심의 사고를 가지고, 고객 중심적 기업 문화를 만드는 것이 전제

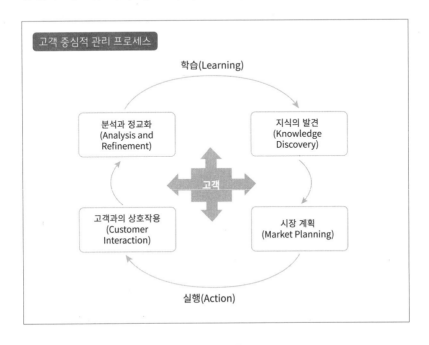

조건이다. 관계 관리 프로세스는 그 다음에 시작이 된다. 첫 번째 단계는 지식개발(Knowledge discovery)이다. 이 과정에서는 영업과 같은 접점(touch-point)을 통하여 수집한 고객정보를 분석한다. 고객 중심적 데이터웨어하우스(data warehouse) 환경은 데이터를 처리하고 이를 고객전략개발을 위한 유용한 정보로 전환시키는 최적의 접근이다. 데이터 웨어하우스 환경은 많은 양의 정보를 통합하고 현재 고객과 잠재 고객에 대한 정보를 제공받을 수 있는 데이터 마이닝(data mining)기술을 사용할 수 있는 기회를 제공한다. 이러한 정보를 바탕으로 두 번째 단계인 시장계획(Market Planning)을 수립한다. 이 과정은 마케팅 믹스, 특히 통합된 방법에서의 프로모션 믹스의 활용을 포함한다. 즉 고객에게 어떠한 가치를 전달할 것인지를 결정하고, 이를 위한 최적의 커뮤니케이션 전략을 구상한다. 세 번째 단계가 고객 상호작용(Customer Interaction)이다. 이 단계에서는 전략과 프로그램의 실질적 수행이 이루어진다. 이것은 고객의 모든 다양한 접점들을 목표로 설정해야만 한다. 마지막으로 분석과 정제(Analysis and Refinement)이다. 이 단계는 수행된 전략과 프로그램에 대한 고객의 반응을 철저하게 분석－평가하여 피드백하고, 수정된 내용을 전략에 반영하는 것이 이루어져야 한다. 즉, 고객의 피드백을 통해 지속적인 전략적 의사 교환이 이루어지도록 한다.

이와 같이 영업과 마케팅 그리고 기타 부서의 통합 및 협력 없이 관계 관리는 결코 성공할 수 없다. 정보부서의 수집 및 분석 능력, 이를 바탕으로 하는 마케팅 부서의 전략적 고찰 능력, 영업 부서의 실행력, 그리고, 인사 부서 및 지원부서의 지원 등이 조화를 이루어야만 성공할 수 있는 전사적인 프로세스인 것이다.

🌶️ 고객 중심적 관계기반기업을 향하여

고객 중심적 기업이 되기 위해서는 고객에 대한 정의와 관계의 종류 그리고 최고경영층의 의지 등에 대해서 확인을 할 필요가 있다. 아래에 제시된 질문들에 대해 잠시 답을 해보자.

고객(customer)

- 누가 우리의 고객인가?
- 우리의 고객은 무엇을 원하고 기대하는가?
- 우리 고객의 잠재 가치는 무엇인가?

관계(the relationship)

- 우리가 고객과 구축하기 원하는 관계의 종류는 무엇인가?
- 어떻게 우리는 교환을 조장하는가?
- 어떻게 우리는 함께 일하고 역할을 분담하는가?

경영의사결정(managerial decision making)

- 우리는 누구인가?
- 어떻게 우리는 고객에게 좀 더 가깝게 가치를 전달하기 위하여 체계화하는가?
- 어떻게 우리는 변화를 위한 능력을 증가시킬 수 있는가?

이 질문들에 대한 만족스러운 답은 CRM의 성공과 관계기반 기업의 달성에 있어 중요한 토대를 제공할 것이다. 질문들에서 강조하고자 하는 것은 고객의 가치가 모든 기업의 마케팅 및 영업 활동의 중심이 되어야 한다는 것이다. 고객의 가치를 정확히 이해하고, 이를 충족시켜줄 수 있는 방안을 모색하고, 이 가치를 효율적으로 전달하고, 이를 과학적인 성과 평가를 통해 더욱 강화시키는 과정이야말로 현대 기업이 추구해야 할 고객가치 기반 혹은 가치 중심 마케팅 과정인 것이다. 기업의 영원한 가치의 원천인 고객과의 관계를 명확히 규명하고 유지해야 할 것이며 이를 위하여 기업 내부 부서간의 협력, 즉 영업 및 마케팅의 조화는 필수적인 것이다. 즉, 내－외부 고객 관리를 통해 진정한 고객의 가치를 창조하고 극대화 할 수 있는 기업의 핵심역량을 만들어낼 수 있는 것이다.

✔ 고객 관계관리를 위한 시스템 준비

다양한 종류의 영업방식을 이용하고, 고객접근 및 관계관리를 하기 위한 정보를 수집하며 다양한 고객들에 대한 차별적인 판매접근방식을 적용하는 영업프로세스를 통합적으로 관리하기 위해서는 과학적이고 체계적인 영업시스템을 구축해야 한다. 이와 같은 영업프로세스를 지원하는 통합적이고 과학적인 시스템이 고객관계관리 시스템이다. CRM은 고객과의 장기적인 관계를 개발하고 고객에게 최상의 가치를 부여하는 기업의 역량을 극대화하기 위한 기업 전체의 고객 중심 관리시스템인 것이다. 이러한 CRM이 성공하기 위해서는 다음 네 가지 질문에 충실한 답이 필요하다.

- 고객관계의 문제가 전략적으로 중요한 이슈인가?
- CRM 시스템이 이문제의 해결을 위해 초점을 맞추고 있는가?
- 고객관계관리를 위해 우리기업은 어떤 종류의 자료(Data)가 필요한가?
- 처음부터 전사적인 시스템이 필요한가?

과거 많은 기업들이 자사영업의 특성과 고객의 다양성을 고려하지 않고 획일적인 시스템을 구축하여 CRM에 관한 실패 경험을 가지고 있다. 또한 고객관계관리의 중요성에 대한 인식이 공유되지 않은 상황에서 이를 전사적인 전략 차원에서 접근하지 않고 시스템만 구축하다 보니 이를 실제 영업 사원들은 활용하지도 않고 무시하는 경향도 있었다. 따라서 CRM이 활성화되고 효과적으로 사용되기 위해서는 우선적으로 영업사원들의 고객관계의 중요성에 대한 인식이 있어야 하고, 영업활동을 통해 지속적으로 고객에 대한 정보를 수집하고 시스템에 입력을 해야 하며, 이러한 영업활동에 대한 최고경영층의 전폭적인 지지와 보상이 있어야 할 것이다. 그리고 필요한 고객정보에 대한 명확한 규명과 어떤 형태의 자료들이 필요한지에 대해서도 영업 및 마케팅 부서와의 논의 및 합의가 있어야 한다. 또한 모든 기업이 똑같은 형태의 표준적인 고객관리 시스템이 필요한 것은 아니다. 자사고객의 특성과 자사의 영업 프로세스에 맞는 경쟁사와 차별적인 기업 고유의 CRM시스템이 구축되어야 한다. 그리고 무엇보다도 중요한 것은 최고경영층부터 영업사원에 이르기까지 모든 구성원들이 고객가치를 최우선으로 두는 고객지향성(Customer Orientation)을 가져야 한다는 것이다. 고객지향성이야말로 관계지향적 영업의 시작이라고 할 수 있다.

Chapter 02

관계지향적 영업

　　오늘날 애호도가 높은 고객의 확보는 성공적인 영업에 있어서 가장 중요한 이슈다. 신규 고객확보를 통한 성장은 중요하다. 그러나 기존 고객과의 장기적인 관계 형성을 통해 지속적이고 안정적인 성장의 중요성이 대두되면서 관계적인 영업 또한 중요하게 인식되고 있다. 그리고 관계지향적 영업(relationship selling)의 주된 목표는 고객과의 단순한 거래가 아니라 유익한 고객과의 장기적인 관계를 형성, 발전시키고 이에 대한 유지 및 강화를 통해 고객의 가치를 정확하게 이해하고 고객에게 최고의 가치를 전달하는 것이다. 금융 영업의 변천 과정에서 우리는 이러한 관계 지향적인 영업이 얼마나 중요한지를 알 수 있다. 보험 영업은 처음엔 보험 상품 위주로 고객에게 접근해 설득하는 것을 원칙으로 보험 판매원이라는 개념으로 시작했다. 하지만 금융산업도 치열한 경쟁과 고객의 진화를 경험하면서 이제는 보험 상품 중심이 아니고 고객 중심으로 고객에게 필요한 가치에 초점을 두고 맞춤형 상품을 제공하기 위해 금융 설계사 혹은 금융 컨설턴트라는 개념으로 영업을 하고 있다. 이 과정에서 가장 중요한 것은 자사의 핵심 역량과 적합한 고객을 찾아내고 그 고객의 장기적인 가치를 충족시켜 줄 수 있도록 고객과의 관계를 형성하는 것이다.

관계지향적 영업에 대한 미국 영업사원들을 중심으로 하는 기존 연구들은 신뢰(Trust)와 헌신(Commitment)을 중심으로 하는 관계형성을 통해 장기적인 거래관계를 유지하는 것을 의미하는데 이는 감성보다는 이성을 중시하는 서구의 소비자나 영업사원에 맞는 형태이다. 즉, 서구에서의 거래 관계는 경제적인 관계의 의미가 사회관계에서 매우 중요하지만 동양에서의 관계의 의미는 장기적이고 보다 사회심리학적인 의미에서의 관계가 더욱 중요하다.

이러한 관점에서 동양에서의 관계를 연구한 대표적인 것이 중국의 꽌시(Guanxi) 연구이다. 서양의 연구자들의 관점에서 중국의 꽌시는 사람사이의 관계에서 호의를 얻기 위해 인맥을 동원하는 것이라고 정의되지만, 본연의 의미에서 관시의 정의는 대인관계에 있어 서로 신뢰와 도움을 주고받는 감정적이고 규범적인 관계라고 할 수 있다. 또한 도구적인 관점에서의 관시는 서로의 이익추구를 위한 수단으로 정의되기도 한다. 이처럼 중국 사람들의 관계인 관시는 신뢰라고 하는 이성적인 부분도 존재하지만 근본적으로 상대방에게 혜택을 주고받기 위한 감정적인 부분도 포함을 하고 있다.

같은 동양문화권인 우리나라에서의 관계라고 하는 것도 이성적인 부분도 중요하지만 감성적인 부분의 역할도 매우 중요할 것으로 예측된다. 하지만 애석하게도 우리나라에서의 관계에 대한 연구는 기존 신뢰-헌신 이론의 미국적 이론에 근거하여 연구 되어 왔고, 중국의 꽌시처럼 한국적인 관계에 대한 연구는 매우 부족하다.

우리나라의 영업사원들은 고객을 만나서 고향이나 학벌을 따지고 비공식적인 회식자리를 통해 친밀한 관계가 되곤 하는데 현업에 있는 영업사원들에게 있어서 고객과의 관계는 이런 비공식적인 자리에서의 개인적 혹은 감성적인 관계를 의미한다. 따라서 영업사원들의 관계라고 하는 것은 공식적인 사업관계 외에도, 이를 지속화하기 위한 비공식적인 사적인 관계가 존재한다. 이러한 관계의 개념은 다음과 같은 몇 가지 특징을 지니고 있다:

- 관계(relationship)는 오늘날 시장 환경의 역동적인 본성을 반영한다.
- 관계 당사자는 이러한 관계로부터 상호긍정적인 기대를 가진다.
- 상호의존성은 중요한 조건이다.
- 적응성 또한 강조되어야 할 중요한 요소이다.
- 관계의 질과 본질은 상호작용 프로세스 및 내용의 질(예: 사회(social), 재무(financial), 정보(information))에 달려있다.

효과적인 영업행위와 관계지향적 영업

1970년대부터 영업 연구의 대가인 플로리다 대학의 와이츠(Weitz) 교수와 그의 동료 연구자들에 의해서 전통적인 영업의 대표인 열심히 일하기(Working Hard)에서 보다 더 효과적인 현명하게 일하기(Working Smart)로 바뀌어가는 영업에 대한 연구가 시작되었다.

기존의 영업은 불특정 다수의 고객을 무조건 많이 만나서 설득을 하고 실적을 올리는 방식으로 이루어졌다고 말할 수 있다. 그러나 현재에는 시장에서의 경쟁이 치열해지고 삶의 복잡도가 증가되어 새로운 고객들을 무작정 만날 수 없는 환경이 조성되고 있다. 따라서 효과적인 영업을 위해서는 고객지향성과 학습지향성이 강조되면서 이제는 불특정 다수가 아니라 특정 다수, 즉 다시 말해서 마케팅에서 얘기하는 시장세분화전략에 의거하여 우리 제품에 대한 잠재적 욕구가 있는 고객을 찾아서 영업을 하는 패턴으로 바뀌고 있다. 즉 고객들을 먼저 세분화해서 가능성이 높은 고객을 선정하고 그 고객에 대한 정보를 수집하고 학습을 한다. 그 후 학습을 통해 충분히 준비가 된 상태에서 불특정 다수가 아닌 특정 소수의 고객을 집중적으로 공략을 하게 된다. 스마트하게 일하는 영업이란 영업의 결과를 모르는 상태에서 불특정 다수의 고객을 만나는 게 아니라 고객에 대한 사전 학습을 통해 준비를 한 후에 팔 수 있는 고객에게 접근을 해서 성공률(Hit ratio)을 높이는 영업을 의미한다.

이렇듯 최근의 영업 사원에 관한 연구들은 효과성을 강조하여 빠르게 변해가는 환경과 갈수록 치열해지는 경쟁에 대응하기 위해 학습(Learning)과 적응(Adaptiveness)의 중요성을 강조하고 있다. 이러한 시장 변화에 적절히 대응하기 위해, 와이츠와 그의 동료들은 효과적인 영업의 대표적인 개념인 적응적 영업의 지식 구조, 동기, 그리고 실행 사이의 관계를 바탕으로 한 적응 가능성의 개념적 모델을 제안하였고, 이들의 연구를 바탕으로, 사피로와 와이츠(Spiro and Weitz)는 적응적 영업 행동의 측정도구인 ADAPTS 척도를 개발하였다. 이들이 개발한 16개의 항목은 적응적 영업 행동 관련 연구에서 가장 자주 사용되는 척도이다. 이후 일부 연구자들은 ADAPTS 척도의 한계점들을 제시하면서, 새로운 측정도구들을 제시하고 있는 반면, 또 다른 연구자들은 적응적 영업 행동의 선행변수와 결과변수들을 찾는 데 많은 노력을 기울여 오고 있다.

프랭키와 박(Franke and Park)의 적응적 영업과 고객지향적인 영업의 성과간의 관계에 관한 메타분석 연구에서는 두 가지 효과적인 영업 모두가 성과에 긍정적인 영향을 미치는 것으로 나타났다. 하지만 이들의 연구도 고객지향적인 영업과 적응적 영업행위간의 관계를 구체화시키지는 못하였다. 즉, 고객지향성이 먼저이냐 적응적 영업행위가 먼저이냐에 대한 메타 분석에서는 적응적 행위가 선행요인으로 나타났지만 최근 연구에서는 고객지향성이 선행요인으로 나타난 결과도 도출되고 있다.

이러한 연구결과와 함께 적응적 영업행위의 중요성은 검증되었지만 실질적인 효과적인 영업을 실행하기 위해 고객지향성과 학습지향성이 우선이 되고, 장기적인 관점에서의 효과적인 영업에 관한 연구들이 제시되고 있다. 이러한 연구에서 가장 주목을 받고 있는 영업행동이 관계지향적인 영업행위이다.

또한 최근에 대두되고 있는 중요한 효과적인 영업행위는 윤리적 영업행위가 있다. 영업사원들의 인식이 부정적이고 영업사원들의 말과 행동에 대한 고객의 불신은 매우 오래된 대표적인 고정관념이다. 이러한 부정적인 관점을 종식시키기 위해 강조되고 있는 부분이 영업사원의 윤리적인 행동이고 이를 중심으로 한 연구들이 윤리적 영업행위를 제시하고 있다. 이 윤리적인 행위의 관점에서도 장기적인 관계를 지속시키기 위해 신뢰를 형성하여야 하고, 이를 통해 고객을 애호도가 높은 고객으로 전환하는 것을 강조하고 있다. 이러한 의미에서도 윤리적 행위는 관계지향성과 관련이 있는 효과적인 영업행위이다.

적응적 영업에서 관계지향적 영업으로 진화

앞에서도 언급하였지만 1990년에 적응적 영업행위의 개념이 정립되고 척도가 개발이 되고 난 후에 최근까지도 적응적 영업행위가 효과적인 영업행위의 대표적인 것으로 학계에서는 인식하고 있으며 1990년에 개발된 ADAPTS Scale을 이용하여 효과적인 영업이 무엇인지에 대한 실증적인 논문이 지속적으로 발표되고 있다. 하지만 영업사원의 적응성자체가 영업상황에서 중요하지만 고객을 선정하고 고객에게 접근하는 데 있어서 단기적으로 거래를 할 것인지 혹은 장기적으로 거래를 할 것인지도 영업사원들의 주요 이슈이다. 이미 알려져 있는 대로 고객을 획득하기 위해서는 광고비용, 판매 수수료, 영업비용 등의 명시적인 비용뿐만 아니라 시간 비용 등도 포함되어 적잖은 경제적 비용이 든다. 따라서 STP전략에 의거하여 접촉한 고객에 대해서는 한 번의 거래로 끝낼 것이 아니라 고객이 가지고 있는 평생가치를 따져 보고 오랫동안 거래할 수 있는 관계로 가는 것이 맞을 것이다. 따라서 장기지향성(Long Term Orientation)이라고 하는 관점에서 관계지향적인 영업의 중요성이 대두된다.

영업사원이 가진 영업지향성은 두 가지가 있다. 첫 번째는 거래지향성이다. 거래지향적이라는 의미는 고객과의 거래만을 중시하고 한 번 매출을 올리고 영업사원 자신의 이익을 챙기는 단기적 성과를 중시하는 것을 의미한다. 이와는 다르게 두 번째 관계지향성이 있다. 관계지향적이라고 하는 것은 상호간에 혜택을 누리는 것으로 서로 도와주는 것이 관계지향적 측면에서 서로 바라는 것일 것이다. 현재 영업연구의 추세는 관계지향적인 영업으로 변화하고 있다.

이러한 관계 지향성의 측면에서도 관계에 대한 한국적인 의미를 파악해야 하고 이를 정립하는 연구가 필요할 것이다. 서구에서 얘기하는 관계는 이성이 감성보다 큰 비중을 차지하는 것으로 계약 중심의 관계를 의미한다. 즉, 거래 계약에 따른 경제적인 혜택을 강조하고 거래조건 이행 등에 관심이 크다. 하지만 우리나라의 영업사원들은 경제적인 관점을 중요하게 생각하지만 장기 지향적인 고객 관계에서는 보다 편한 관계를 중요시하고 많은 영업사원들이 고객과 공식적인 관계도 중요시하지만 비공식적인 사적인 관계형성을 위해 많은 노력을 한다.

우리나라의 정서에서는 감정적인 요소가 이성적인 요소보다 조금 크게 작용하는 것 같다. 우리나라의 영업사원들이 고객과 친해지면 비공식적인 형태의 만남을 통해서 형제관계 혹은 친구 관계를 형성하는 것은 서구적인 상황에서는 생각할 수 없는 요소이다. 이런 것들을 봐도 우리에게 감정 부분이 서구보다 더 강하다는 것을 알 수 있다. 이러한 한국적 관계지향적 영업프로세스를 통해 우리 영업사원들도 보다 효과적이고 장기지향적인 영업의 체계를 구축하여야 할 것이다.

관계마케팅의 이론적 근거를 마련한 모건과 헌트(Morgan and Hunt)의 관계마케팅의 신뢰와 헌신이론(Trust & Commitment theory)을 보면 미국에서는 관계지향적인 것을 '신뢰와 헌신을 통해서 장기적인 거래를 지속화시키고 상호 기회주의적인 행동하지 않고 상호혜택을 가지고 갈 수 있는 것을 추구하는 것이라고 한다.

이러한 고객과의 장기적인 관점에서 관계를 구축하고 상호혜택을 추구하는 관계지향적 영업에 관한 연구는 일단 다음 몇 가지의 문제점을 가지고 있다.

첫 번째, 관계에 대한 정의 부분이 명확하지 않다. 관계마케팅에서의 관계는 고객과 기업 혹은 기업의 구성원(특히 영업사원)과의 어떠한 목적을 달성하기 위해 관련성을 갖거나 행동하는 것 또는 서로 아는 정도 등으로 정의하고 있다. 하지만 관계라는 것이 정확하게 어떠한 상태인가에 대한 것은 서양적인 것과 동양적인 것에서 차이가 있을 것이다. 서양의 문화에서의 관련성은 이해관계 혹은 계산적이고 인지적인 관계를 의미한다. 하지만 동양적인 관계에서는 이러한 인지적인 부분뿐만 아니라 상대적인 정서적인 관점도 중요하다.

두 번째, 관계지향적인 영업행위가 어떠한 행위 혹은 속성을 가지고 있는지에 대한 연구도 매우 부족하다. 기존 연구에서는 관계지향적 영업 행위가 고객과의 장기적인 관계를 활성화시키고 이를 통해 관계를 유지하고 성장시키는 행위라고 정의되고 있다. 이러한 정의를 바탕으로 관계지향적 영업행위에 관한 연구들에서는 다음 네 가지의 요소가 관계지향적 영업행위의 구성요소로 언급이 된다.

✓ 고객접촉의 빈도와 강도(Contact Fre-quency and Intensity)

첫 번째 구성요인으로는 고객과의 상호작용 혹은 접촉의 빈도 혹은 강도가 있다. 이는 고객과의 사적인 혹은 업무적인 소통과 만남을 얼마나 자주 하는가에 관한 것과 고객과의 소통과 만남을 얼마나 열심히 하려고 하는 노력정도를 나타낸다. 이러한 빈도와 강도가 높을수록 고객과의 판매 상담결과는 좋은 것으로 나타났다.

✓ 선호적 대우(Preferential Treatment)

두 번째 구성요인은 고객을 어떻게 배려하고 고객의 요구 및 니즈에 얼마나 호의적으로 반응하느냐에 관한 고객에 관한 선호적 대우이다. 영업사원이 자기의 단골 고객에게 비단골 고객보다 얼마나 차별적 호의를 베푸느냐의 정도로 나타난다. 모든 고객에게 동등하게 대한다는 것은 모든 면에서 동일하다는 것은 아니다. 제품에 대한 설명과 같은 기본적인 것은 같더라도 고객에 대한 구체적인 솔루션 제공이나 서비스 정도에서는 단골과 비단골 고객간에 차이는 분명히 존재한다.

✓ 고객 보상(Reward)

세 번째 요인은 고객에 관한 물질적 혹은 비물질적 보상에 관한 것이다. 영업사원은 자기의 고객에게 어느 정도 가격적인 보상 혹은 인센티브를 제공하고 다른 고객보다는 상대적으로 대우 받는다는 느낌의 보상을 제공한다는 것을 의미한다. 최근 연구에서는 우리나라 영업의 경우 물질적 보상보다 비물질적 보상에 더 많은 영향을 받는 것으로 나타났다.

◥ 정보공유(Sharing)

마지막 요인은 고객에게 정보를 전달하고 또한 정확한 정보를 제공하는 의미에서의 정보공유이다. 오늘날 수많은 정보가 난무하고 있는 가운데 정확한 정보를 공유하고 숨기는 부분이 없다는 것은 영업사원에 대한 고객의 신뢰를 높이는 매우 중요한 요소이다. 또한 이전의 정보 비대칭이 없어지고 있는 지금 영업사원들은 그들만의 특별한 정보를 가지고 특화된 인사이트를 전달하기 위해 노력해야 한다.

이상의 네 가지 요소들이 관계지향적 영업행위의 구성요소로서 연구되어 왔지만 매우 제한적으로 연구되었고, 구체적인 관계지향적 구성요소로서 검증은 아직 미흡하다. 또 다른 관계지향적 영업에 관한 연구의 초점은 관계지향을 통해 고객과 영업사원은 무엇을 기대하는가에 관한 것이 모호하다는 것이다. 많은 연구에서 관계의 질에 관한 연구를 해왔다. 그리고 관계의 질이야말로 관계지향적 영업의 가장 중요한 종속변수라고 언급하였다. "관계의 질이란 무엇이고 관계의 질은 무엇으로 구성되어 있는가?"라는 근본적인 문제에 여러 연구들이 다양한 구성요인을 제시하고 있지만 아직 일치하는 해답은 제시하지 못하고 있다.

기존 연구에서의 관계의 질은 관계형성 노력을 통해 두 사람간의 관계의 강도(Intensity) 혹은 관계의 형태(Type) 라고 할 수 있다. 관계의 질은 긍정적인 관계의 정도와 전반적인 관계에 관한 평가를 나타내는 상위개념의 개념이라고 한다. 많은 연구들에서 관계의 질은 세 가지 요소로 구성되어 있다고 한다.

우선 가장 대표적인 구성요소는 신뢰(Trust)이다. 신뢰는 거래상에서 상대방이 나에게 주는 정직함(Honesty), 확신감(Confidence), 성실감(Integrity) 등을 통해 느끼는 인식감(Cognition)이다. 신뢰는 관계의 질의 출발점이며 신뢰가 형성 되지 않으면 관계를 지속하려는 노력 등이 발생하지 않는다. 최근 연구에서는 신뢰를 여러 종류로 구분하여 보다 다양한 종류의 신뢰(예: 인격중심의 신뢰, 과정상의 신뢰, 기업기반의 신뢰 등)에 대해서 제시하고 있다.

두 번째는 헌신 혹은 몰입(Committment)이다. 헌신은 상대방에 대한 애호도 및 애착심을 통해 기회주의적인 행동을 하지 않고 얼마나 강한 투자 및 노력을 하느냐에 관한 것이다. 신뢰가 형성이 되면 다음 단계로 상대방에 대한 헌신으로 이어진다는 것이 일반적인 연구 결과이다.

마지막 관계의 질의 구성요소로 많이 언급이 되는 것은 만족이다. 만족은 고객의 감정적인 요소이고, 가장 대표적인 것이 기대이론(Expectation Theory)이다. 기업이 제공하는 제품이나 서비스의 성과가 소비자의 기대보다 같거나 높은 경우에 만족이 생긴다고 한다. 기대보다 낮으면 불만족이 일어난다.

최근 영업의 효과성이 관계지향적 영업의 성과로서 부각되고 있다. 영업의 효과성은 생산성(Productivity)과 수익성(Profitability) 그리고 고객관점에서의 여러 결과변수(만족, 재구매, 충성도 등)를 포함하고 있다. 또한 관계지향적 영업의 성과로서 실질적인 재무적 성과 혹은 영업성과 이외에 고객이 인지하는 가치 부분이 있다. 즉, 고객은 영업사원과의 관계를 통해 어떠한 가치를 추구하는 것이다. 대표적인 가치는 세 가지로 나타나는데 첫 번째는 사회적 가치로 그 사람을 알고 있다는 자체가 자신에게 하나의 사회적 지위로서 인식하는 경향을 의미한다. 두 번째로 경제적 가치가 많이 언급되고 있다. 영업사원을 알고 있기 때문에 경제적(비용 및 가격적)으로 혜택을 입는다고 느끼는 가치이다. 마지막으로 자원적 가치가 있다. 그 사람을 통해서 제품이나 서비스와는 상관이 없는 다른 문제에 대해 정보를 제공받고 도움을 받을 수 있다고 생각하는 것이 자원적 가치이다.

관계 지향적 영업의 시작: 고객지향성

관계지향적인 영업을 위해 많은 기업들이 영업 조직을 고객중심으로 전환하고 관계 지향적인 영업을 개발하기 위해 노력하고 있다. 이러한 관계 지향적인 영업의 시작은 최고경영층부터 영업사원에 이르기까지 모든 구성원들이 고객가치를 최우선으로 두는 고객지향성(Customer Orientation)을 가져야 한다는 것이다. 고객지향성이 기업의 핵심 가치로 자리잡고 영업사원들도 고객의 가치를 최우선적으로 두는 영업활동에 초점을 맞춰야 한다. 기업이 만들 수 있는 것을 만들어서 파는 것이 아니라 고객이 원하는 것을 만들어서 잘 전달하는 것, 이것이 고객지향성으로의 사고의 전환이고 관계지향적인 영업의 기본이다.

고객지향적 기업(Customer Oriented Company)은 기업의 내·외부적으로 발생하는 모든 기업 활동의 중심에 고객을 둔다. 그리고 고객가치창출을 가장 중요한 핵심활동으로 인식을 하고 최상의 고객가치를 창출하기 위해 노력한다. 즉 고객 지향성은 모든 가치를 고객에게 두고 고객을 학습하며 고객의 니즈를 충족시키는 최상의 가치를 가장 중요하게 생각하는 것이라고 할 수 있다.

충남 공주시 유구읍에서 태어나 가난한 어린 시절과 방황하는 청년기를 보냈다. 스물일곱 살에 우연히 들어간 브리태니커 한국지사에서 자신도 모르던 영업의 재능을 발견했다. 영어로 된 백과사전을 세계에서 가장 많이 판매해 전 세계 54개국 세일즈맨 중 최고 실적을 낸 사람에게 주는 벤튼상을 받았다. 이후 영업 분야에서 승승장구하며 브리태니커 판매상무 자리에 올랐다. 그러나 윤 회장은 미래가 보장된 안정된 자리를 버리고 1980년 웅진씽크빅을 설립했다. 직원 7명을 둔 작은 출판사로 시작했지만 <헤임고교학습>, <어린이 마을> 등의 히트 상품을 연달아 내놓으면서 창업 10년 만에 웅진씽크빅을 우리나라 최고의 교육문화기업으로 성장시켰다.

이후 웅진코웨이, 웅진식품, 코리아나화장품으로 사업을 확장하며 웅진을 재계 32위(2011년 기준 자산순위, 공기업 제외)의 그룹사로 일궈냈다.

윤 회장은 한때 우리나라 창업 부자 8위(상장사 주식부자 지분평가액 8위, 2008년 재벌닷컴)에 오르는 등 큰 성공을 거뒀다. 중소기업이 대기업으로 성장하는 것이 거의 불가능한 우리나라 상황을 극복하고 젊은 창업가들에게 희망을 보여주었다는 점에서 큰 의미를 지닌다. 윤 회장은 38년간 경영을 하면서 언제나 사람의 힘을 믿었다.

직원들 스스로 신이 나서 일하게 만드는 신기(神氣) 문화, 학벌·고향·성별로 차별을 두지 않는 공정한 인사제도, 윤리적이고 투명한 기업경영으로 쌓은 노사 간 신뢰를 통해 사람이 가진 힘을 최대한 발휘할 수 있는 여건을 마련하는 데 주력했다.

뿐만 아니라 윤 회장은 사재를 쏟아 붓는 솔선수범을 보였고, 직원들은 자기 회사라 여기는 주인의식을 갖고 일했다. 웅진이 14개월 만에 기업회생에 성공한 것은 결코 우연이 아닌 것이다. 기업회생을 진행한 재판부도 "웅진은 우리나라 기업회생 제도의 취지와 목적을 살려낸 모범 사례"라고 평가하기도 했다.

출처: 인사이트코리아(2018.04.02.)

영업역량이 최고의 핵심역량인 웅진의 경우를 보자. 웅진은 목표 고객인 주부들에게 집에 필요한 모든 것을 만들어서 판매하는 것을 사업모델로 개발해 성공했다. 하지만 그 후 집에 들어가는 모든 것을 만드는 것을 넘어서 아예 집을 만들어보자는 취지로 사업을 확장, 건

설업에 뛰어들었다. 핵심 고객인 주부들에게 좋은 집을 만들어서 제공하고 그 집에 들어가는 모든 것을 만든다는 취지는 그럴듯하다. 하지만 고객이 같은 주부이지만 정수기와 집에 대한 고객의 가치는 확고하게 다르고 구매 의사결정 또한 매우 다른 방식이다. 영업사원의 영업 방식 또한 정수기와 집은 확연히 다르다. 물론 웅진이 위기에 처하게 된 것에는 다른 여러 가지 요인들이 존재하지만 가장 핵심은 고객의 가치에 대한 잘못된 이해로 비롯된 것이다. 이러한 고객지향성에 바탕을 두고 고객과 관계를 형성하고, 형성된 관계를 통해 최상의 가치를 고객에게 전달하는 효율적인 영업이 관계지향적인 영업이다.

🔖 고객지향성을 높이는 방법

이러한 고객지향성에 바탕을 두고 고객과 관계를 형성하고 이러한 관계를 통해 최상의 가치를 고객에게 전달하는 효율적인 영업이 관계지향적인 영업인 것이다. 고객가치와 고객관계 창출이 없다면 어떠한 영업도 지속적이지 못하며, 장기적으로 이윤을 창출할 수도 없을 것이다. 관계지향적인 영업의 시작점인 고객지향성은 고객에 대한 이해에서 비롯된다. 그리고 고객지향성을 높이기 위해서는 다음 몇 가지 이슈에 주목하여야 한다.

: 고객의 니즈를 정확하게 이해하고 이를 충족시켜주기 위해 조직 전체의 역량과 자원을 집중한다.

고객의 니즈는 고객의 문제 지각(Problem Recognition)에서 시작된다. 이야기를 많이 하면 목이 마르고 배가 고프다. 그래서 사람들은 무엇인가를 마시고 먹고 싶은 욕구가 생긴다. 이 과정에서 목마름과 배고픔이 고객이 지각하는 문제이고 마시고 먹고 싶은 욕구가 니즈인 것이다. 이를 구체적인 제품으로 고객에게 제공하는 것이 기업이 제시하는 구체적 욕구(Wants)인 것이다. 웅진의 경우에도 고객의 문제와 니즈는 집에 들어가는 모든 것이 아니고 고객이 집에서 생활하면서 필요한 편리한 무엇이었다. 겉으로 보이는 니즈와는 달리 문제는 숨어 있는 요소다. 정확한 고객의 니즈에 대한 이해가 새로운 비즈니스를 창출하고 기업이 성장하는 데 가장 필수적인 요소다.

: 시장에 대한 이해를 강조하고 기업의 모든 구성원에게 시장에 대한 지식을 학습시키고 공유한다.

시장에서 고객과의 접점에 있는 사람들이 영업사원이다. 이들을 통해 구체적인 시장에서의 고객과 경쟁사에 대한 정보를 획득하고 이를 기업 내의 마케팅을 비롯한 다른 부서의 구성원들과 공유하고 해석하여 시장 지식을 만드는 것이 영업사원의 중요한 역할인 것이다. 이를 위해 영업사원은 학습지향성을 가져야 하고 시장에 대한 학습에 대해서도 전사적인 지원이 있어야 할 것이다. 3M의 영업사원들은 판매를 하기 위해서가 아니라 항상 전체시장에 대한 학습을 하고 정보를 수집하기 위해 고객과 많은 미팅을 가지고 정기적으로 콘퍼런스를 연다. 또한 수시로 고객의 작업 현장을 방문해 현장에서 어떠한 문제가 생기고 어떠한 니즈가 있는지를 대화하고 관찰한다. 현재의 스카치테이프나 다양한 종류의 포스트잇 등이 이러한 과정에서 개발되고 진화한 것이다. 즉, 영업사원의 역할은 판매뿐만 아니라 시장동향을 파악하고 이를 학습해 신제품 개발과 마케팅 과정에 적용하는 것을 포함해야 한다.

: 내부적으로 고객시스템을 강화하고 혁신적이고 경쟁사와 차별화된 만족을 일으키는 제품과 서비스 제공에 최선을 다한다.

기업은 제한된 자원으로 시장에 존재하는 모든 고객의 니즈들을 충족시켜 줄 수는 없다. 따라서 영업사원은 자사의 핵심 경쟁력이라는 것을 개발하여 제한된 고객의 제한된 욕구를 충족시켜주는 것에 최선을 다하여야 할 것이다. 즉, 선택과 집중을 통해 기업의 자원이 효율적으로 사용되도록 해야 한다. 선택과 집중을 위해 기업에서 영업사원들에게 제공하는 것이 영업자동화 시스템(SFA · Sales Forces Automation)이다. SFA는 CRM의 일환으로 영업사원들에게 제공되는 고객관계관리 시스템이다. 오늘날 영업이 필요하고 중요한 대부분의 기업들은 CRM이나 SFA를 가지고 있다. 특히 금융산업과 유통기업들에 CRM은 매우 중요하다. 하지만 많은 기업들의 영업사원들에게 이러한 시스템은 하나의 짐, 혹은 부담요인이다. 가장 큰 문제는 제대로 된 고객자료도 구축돼 있지 않고 구축돼 있더라도 정말 영업에서 필요한 자료는 누락되거나 수집되고 있지 않다는 것이다. 핵심 고객을 발굴하기 위해서는 그 고객의 구매행동과 구매결정 요인과 같은 구매와 관련된 행동이나 태도와 관련된 정보가 필요하다. 이러한 정보는 영업사원들에 의해서 혹은 실제 사용내역 자료를 분석해 획득할 수 있다. 하지만 여전히 많은 기업들은 고객의 인적정보 수집에만 매달려 있고 인적 정보를 바탕으로 고객에게 판매촉진이나 텔레마케팅을 진행하고 있다.

◥ 고객지향성의 네 가지 요소

고객지향성을 강화하기 위해서는 단순한 이윤 창출이라는 성과지향적인 사고가 아니라 고객을 만족시키고 이해하는 것이야말로 영업

업무를 수행에 있어서 가장 중요한 부분이라는 영업사원의 사고의 전환이 필요하고, 고객의 사고방식(customer mind set) 이해에 많은 시간과 노력을 투자하여야 할 것이다. 또한 고객지향성을 만들어가고 관계지향적인 영업을 하기 위해서는 영업사원은 다음 4가지 요소에 주목하고 이를 실천해야 할 것이다. 즉, 고객지향성을 강화하기 위해서 영업사원들은 고객에 대한 정확한 이해, 고객정보의 중요성, 고객가치창조, 그리고 고객에 관한 윤리의식에 관해 주의를 기울여야 할 것이다.

: 고객의 문제와 니즈 확인(Identifying Customers' Problems and Needs)

고객에 대한 이해는 고객이 원하는 고객가치를 창출하는 고객지향성의 출발이다. 고객지향성의 프로세스는 고객의 니즈와 문제의 파악에서 시작된다. 즉, '고객은 왜 구매를 할까? 무슨 문제와 어떤 니즈가 있는 것일까'라는 질문에서부터 영업활동이 시작되는 것이다. '고객은 스마트폰을 왜 구매할까?' '컴퓨터 기반의 휴대용 전화 혹은 통신 기계를 구매하는 이유는 무엇일까?' 많은 고객들에게 이 질문을 해보면 다른 사람들이 구매하니까, 혹은 무슨 유행인 것처럼 생각하는 경우가 많다. 하지만 이 응답을 조금만 더 들어가 보면 타인과의 관계 혹은 네트워크에서 탈락되지 않기 위해서라는 것을 알 수 있다. 요즘 대학생들은 새로 사귄 친구와 서로 전화번호를 교환하면서 "전화할게"라는 말 대신 "카톡할게"라고 이야기한다. 현재 고객의 대화방식은 음성방식에서 문자방식으로 바꼈다.

그리고 문자도 단순한 문자가 아니라 이모티콘 등의 이미지를 활용하는 식이다. 또한 동시에 여러 명과의 대화를 바탕으로 하기 때문에 예전의 2G/3G가 아니라 4G를 넘어 5G와 같은 네트워크에 기반을 둔 대화도구, 즉 스마트폰이 필요하다. 이처럼 고객의 니즈와 문제를 파악하는 것은 단순하지 않으며 고객들도 모르고 있는 경우가 많다. 이를 정확하게 이해하고 발견하는 것이야말로 고객지향적 영업 사원의 첫 번째 숙제이고 이는 수많은 고객과의 만남과 대화 속에서 학습해야 할 가장 중요한 이슈이다. 즉 고객의 구매과정에서 고객의 핵심 문제를 먼저 파악하고 왜 필요한지를 구체화시키고, 이에 대한 정확하고 획기적인 해결책을 제시하는 것이 영업에서 가장 중요한 고객에 대한 이해 과정이다.

: 고객 정보 수집(Customer Information Gathering)

기업에 이익이 되는 고객과의 장기적 관계를 확립하고, 구축하고, 유지해 영업사원의 성공을 만드는 동력은 고객 정보다. 이러한 고객 정보를 체계적으로 수집하고 분석하는 시스템이 CRM이다. CRM은 고객관계를 관리하기 위한 고객 정보를 실제 영업에 활용하는 것에도 중요한 역할을 한다. 요즘 우리가 받는 전화의 가장 많은 내용이 무엇인가? 각종 금융 상품에 대한 영업 및 안내 전화다. 심지어 필자는 주거래 은행의 영업사원으로부터 펀드상품에 대한 안내를 받은 적이 있다. 이미 그 은행과 펀드를 포함해 다양한 금융 상품거래를 하고 있는데도 이런 기본적인 내용도 파악하지 않고서 무작정 학교 전화번호를 보고 전화 영업을 하는 것이다. 금융기업의 CRM은 이러한 고객의 기본적인 정보를 제공하는 시스템이다. 하지만 이러한 사례에서 보듯이 영업사원들의 활용도는 매우 낮다.

CRM 시스템이 효율적이고 효과적으로 운영되기 위해서는 영업 사원의 정보수집 활동과 정보공유가 무엇보다도 우선돼야 한다. 많은 영업사원들은 자기가 가진 고객 정보가 공개되고 공유되는 것에 반감을 가진다. 하지만 정보는 개인이 가지고 있을 때보다 시스템에서 공유되고 이를 분석해 체계적으로 관리될 때 더욱 가치가 있다. 즉, 정보공유에 대한 영업사원과 경영층의 인식이 바뀌어야 한다. 영업사원들이 고객에 관한 정보를 충실하게 공유할 때 CRM 시스템은 그 역할을 할 수가 있다. 또한 기업 내에서도 고객정보에 대한 인식 및 가치가 달라져야 할 것이다. 많은 기업들이 고객정보에 대한 관리를 소홀히 하고 이에 대한 투자를 많이 하지 않고 있다. 고객정보는 영업사원이 영업활동을 하는 데 필수적인 핵심 무기다. 고객정보에 대한 가치를 인정하고 고객조사에 투자해 이를 바탕으로 모든 영업과 마케팅이 수행돼야 할 것이다. 고객정보에 대한 가치를 확인하고 이에 대한 지속적인 소비자 조사를 글로벌적으로 행하고 있는 기업이 삼성전자다. 삼성전자는 고객센싱(customer sensing) 부서를 두고 지속적이고 체계적인 조사를 통해 고객가치를 확인하고 이를 신제품 개발의 시작점으로 활용하고 있다. 즉, 모든 신제품 개발은 철저한 고객조사로 시작해 고객의 needs knowledge를 구축하는 것이다.

: 고객가치 창출(Creating Customer Value)

가치 창출은 고객을 설득하고 관계를 맺기 위해 고객에게 제안하는 가치의 묶음이다. 가치는 영업사원이 판매하고 있는 제품과 기업으로부터 소비자가 얻는 최종적 혜택들의 묶음을 나타낸다. 과거 영업에서는 고객과의 관계를 구축하고 이 과정에서 가치를 창출하는 것은 거의 고려하지 않았다. 대신에 영업사원들은 단순히 별개의 거래들의 연속으로서 거래적 영업을 수행하는 것에 만족했다. 즉 거래의 일회성에 초점을 맞춰 매출만을 강조했고 고객의 가치 창출을 통한 장기적인 관계는 어렵고 수익성이 높지 않은 것으로 간주했다. 많은 기업들이 기존의 애호도가 높은 고객보다는 신규 고객 창출을 강조하고 매출 성장만을 생각한다. 물론 신규 고객 창출 또한 지속적인 성장과 미래의 성장을 위해서는 중요하다. 하지만 가장 중요한 것은 수익성이다. 수익이 발생하지 않으면 그 기업은 생존이 어렵다. 따라서 기존 고객과의 관계를 유지하면서 그들에게 새로운 가치를 제시하고 상향판매(upselling)나 교차판매(cross selling) 등을 통해 지갑의 점유율(Share of Wallet)을 높여가야 한다. 즉, 자사의 제품이나 서비스에 초점을 두지 않고 애호도가 높은 고객에게 맞는 가치를 창출할 때 기업은 영업비용을 줄이면서 수익성 높은 영업을 할 수 있다. 그 과정에서 기존 고객의 소개(referral)를 통해 신규 고객을 확보하고 개척하면 비용도 절감하고 효율적인 영업을 할 수 있을 것이다.

많은 제약회사들이 건강보조식품 시장으로 진출하고 있고 여기에 맞는 새로운 영업조직을 구축하고 있다. 고객들은 제약회사가 기본적으로 건강을 위한 약을 만드는 회사라고 인식을 한다. 따라서 제약회사의 건강보조식품을 더욱 신뢰하는 경우가 있다. 하지만 제약회사는 기존의 약국이나 병원 등의 영업에서 벗어나 기존 건강보조식품 회사들과 유사한 방문판매 조직을 검토하고 있다. 이는 자사가 가질 수 있는 제약영업에서의 신뢰를 벗어나는 행동이다. 즉, 기존의 약국을 통해 자사 제품을 구매하던 고객들은 무시하고 새로운 건강보조식품 고객을 찾고 있는 것이다. 기존 고객이 가지고 있는 가치에 기반을 두고 새로운 가치 묶음을 제공하는 것이 아니라 경쟁기업의 고객을 확보하려는 방법을 사용하려는 것이다. 이는 수많은 비용을 초래할 것이고 궁극적으로 기업의 수익성에 마이너스가 될 것이다.

고객은 단순한 제품이 아니라 영업과정에서부터 얻으려고 하는 가치의 종류와 양, 즉 가치의 복합적인 묶음에 관심이 있다. 따라서 영업은 고객에게 단순한 제품이 아닌 가치묶음(Value Package)을 가지고 영업 시도를 해야 한다. 훌륭한 가치묶음을 제안하기 위해서는 첫째, 다양한 가치들을 나열하는 것보다는 경쟁사와 차별화할 수 있는 한두 개의 핵심적인 가치를 간결하고 강렬하게 부각시키는 것이 중요하고, 둘째, 고객에게 부여하는 가치를 구체적인 숫자로 제시할 수 있어야 한다. 즉, 영업사원이 고객에게 제시하고자 하는 가치는 측정이 가능해야 한다. 마지막으로 이러한 가치의 제공이 단발성에 그치지 않고 일정한 기간 동안 지속적으로 이뤄질 수 있어야 한다.

: 영업관리에서의 윤리(Ethics for Sales Management)

고객지향성과 고객가치 창출에 있어서 중요하지만 기업들이 간과하고 있는 것이 윤리적인 이슈다. 윤리는 영업행동의 방향을 인도하는 도덕적 규범이고 기준이다. 사회의 가치는 다양한 방법으로 영업과 영업 관리에 영향을 미친다. 또한 사회적 가치는 윤리적인 영업행동을 위한 기준을 정한다. 윤리는 법률과 규칙을 따르는 것과 같은 단순히 지켜야 하는 것 이상의 의미를 가진다.

윤리적인 딜레마의 두 가지 형태는 영업관리에서 특히 중요하다. 첫 번째 형태는 영업활동을 하는 영업사원들과 이들을 관리하는 영업관리자 사이의 상호작용에서 발생한다. 영업관리자들은 영업사원들에게 목표 수립을 달성할 것을 독려하게 되고 영업사원들은 목표 수립을 위해 부적절한 영업행위를 하고 영업관리자에게 거짓 보고를 하는 경우도 있다. 이러한 부적절한 행동에는 고객에게 거짓 정보를 제공하고, 구매를 강요하고, 거래정보를 거짓으로 기입하는 것 등이 포함된다. 이 문제는 관리자가 항상 모든 영업사원들의 행동을 직접적으로 관찰하고 통제할 수 없음에도 불구하고 목표달성만을 강조하기 때문에 발생한다. 따라서 영업관리자들은 영업사원의 윤리적 영업행동의 기준들을 확립하고 그것들을 명확하게 알리고 강력하게 실행해야 한다.

윤리적 문제의 두 번째는 영업관리자가 영업사원 개개인을 어떻게 대우하느냐의 이슈다. 이 문제는 조직에서 고용과 승진과 관련해 공정했는지, 인사관리와 교육프로그램 등에서의 개인별 대우가 적절했는지, 또한 판매영역의 디자인, 업무의 할당, 급료와 인센티브 보상의 결정, 성과평가 등이 공정했는지 등에 대한 문제를 포함한다. 많은 관리자들은 보상에 대한 딜레마와 윤리적인 문제를 고심한다. 이는 동기부여와 직무 만족에 있어서 중요한 이슈이기 때문이다. 직무에 만족하지 못한 영업사원들은 고객을 만족시켜야 하는 기본적인 영업 업무를 충실하게 이행할 수가 없다.

오늘날 많은 기업들이 윤리경영과 기업의 사회적 책임에 관한 관심이 높아지고 이에 대한 투자 의사결정에 관해서 고민하고 있다. 영업의 기본은 설득이다. 설득의 근본적인 뜻은 상대방에게 영향을 미치고(Influence) 상대방의 이해를 모호하지 않게 만드는 것이다. 아들에게 아버지가 효도를 하라고 이야기할 수 있으려면 아버지가 직접 솔선수범해야 한다. 기업의 영업 행위도 마찬가지다. 최고경영자나 기업의 이해관계자들이 도덕적으로 윤리적으로 잘못된 행동을 하면 아무리 제품을 잘 만들고 광고를 잘하더라도 고객을 설득할 수가 없다. 여러 경영자들 중 윤리경영을 특히 강조했던 경영인이 김정문알로에의 창업자인 고 김정문 회장이다. 그는 검소했고 방판 조직을 이끌며 항상 고객의 가치를 최우선으로 두면서 윤리경영을 강조했다. 이를 통해 많은 고객의 마음속에 깨끗한 이미지의 기업으로 김정문알로에가 기억되게 했다. 윤리적 행위는 위에서 아래로 행하면서 보여줘야 기업 내에 자리를 잡을 수 있고 영업사원들이 고객을 설득할 때에도 자긍심을 가지고 할 수가 있을 것이다.

Chapter 03

협력적 관계를 수행하기 위해 요구되는 요소

협력적 관계 구축은 관계적 영업을 위해 기업이 고려해야 하는 내－외부 활동 중에 중요한 부분이다. 이를 위해 영업과 영업 관리의 변화하는 본질과 역할에 대한 이해가 필요하고, 다음으로 협력적 역할을 수행하기 위한 요소에 대한 이해가 필요하다.

인적 판매와 판매 관리의 변화하는 본질과 역할

우트루바(Wotruba)는 인적 판매의 본질은 생산(production), 판매(sales), 마케팅(marketing), 협력(partnering)의 4단계를 통하여 전개되어 왔다고 제안한다. 이러한 각각의 단계에서 영업사원의 역할은 다르다. 다양한 역할들에 따라 영업사원들은 다른 활동에 몰두하고 다른 형태의 지식과 기술, 그리고 효과적인 능력들을 필요로 한다. 영업 관리의 본질은 또한 인적 판매의 본질 변화에 반응하여 변화한다.

영업사원의 다양한 역할은 구매자－판매자간의 거래과정에서 매우 상이한 결과를 초래한다. 영업사원들은 다양한 고객과의 관계에 대한 포트폴리오를 가지고 있다. 이러한 관계의 많은 부분은 생산과 영업의 역할과 관련된 거래적 교환에 기초를 두고, 다른 것들은 영업사원의 협력관계와 관련된 관계적 거래를 근거로 한다. 비록 거래적 교환이 대부분의 영업사원들의 포트폴리오에서 우세하게 작용할지도 모르지만 관계적 거래는 기업의 전략적 우위를 개발시키고 교환관계 로부터의 얻을 수 있는 이상의 이윤을 달성할 수 있는 최대의 기회를 제공한다.

✔ 생산 역할(production role)

영업사원들은 가끔 경쟁이 제한되어 있고 수요가 공급을 초과할 때 생산 역할을 수행한다. 이러한 역할에서, 영업사원들은 자사의 단기간 목표 충족에 관심을 가진다. 생산역할에서의 영업사원들의 주요 업무는 고객들에게 제품과 서비스의 유용성과 주문에 대한 정보를 제공하는 것이다. 이러한 역할에 있어서의 효과적인 수행은 능력보다는 오히려 노력에 있음을 강조한다. 그러므로, 이러한 생산역할에서 영업사원관리는 모든 제품과 구역에 걸쳐 노력을 효과적으로 할당하고 영업사원들이 열심히 업무에 임할 수 있도록 개별 영업사원들에게 동기를 부여하고 보상을 제공하는 것이다.

✔ 판매 역할(sales role)

판매 역할은 영업사원들의 가장 전형적인 역할이다. 판매 역할에서 영업사원들은 제품에 대한 수요를 만족시키기보다는 오히려 고무시키는 것에 초점을 맞춘다. 영업사원들은 고객들에게 판매자의 제품들이 필요하다는 것을 설득시키기 위해 고객들이 제품을 구매하도록 설득하기 위한 적극적인 판매 전략을 실행함으로써 그들의 회사가 단기적 성과를 달성하도록 하는 것에 초점을 맞춘다.

✔ 마케팅 역할(marketing role)

가장 최근까지 많은 기업들이 강조되고 있는 영업사원들의 역할이 마케팅 역할이다. 마케팅 개념의 실행은 영업사원의 마케팅 역할을 강조한다. 이러한 역할에서 영업사원들은 판매전략을 계발하는 데 있어 고객의 욕구(needs)와 자사의 이익 둘 다를 고려한다. 마케팅 역할은 "문제 해결자(problem solver)"라고 할 수 있지만, 고객의 문제를 해결하기 위한 방법들은 현재의 제품과 서비스를 단순히 제공하는 것에 국한되어 있다. 비록 고객의 욕구가 영업과정에서 고려될지라도, 영업사원의 주요 목표는 여전히 고객의 이익 증대가 아닌 판매에 있다.

마케팅 역할에서 영업사원의 효과성의 개선에 대한 연구는 크게 영업사원의 고객 지향성의 개발과 영업사원이 적응 판매를 수행하도록 장려하는 데에 초점을 맞춰왔고 많은 학자들은 영업사원의 능력개발, 전문적인 지식과 기술의 획득을 위한 동기부여 관련 선발과 교육에 대하여 연구를 해왔다.

✔ 협력 역할(partnering role)

관계 마케팅이 성숙기에 접어들고 있고, 이제는 관계 마케팅의 결실을 볼 시기이다. 따라서 영업은 협력의 역할을 할 시대라고 제안하고자 한다. 협력 지향적 영업사원들은 가치 창조자이다. 그들은 고객과 자사 모두에게 이익을 늘리기 위한 해결책을 개발하기 위하여 고객들과 함께 작업한다. 그러므로, 이러한 역할에서의 영업사원들은 관계적 거래를 계발하고 유지한다. 여기서 거래는 구매자와 판매자가 시장이라는 "파이 나누기"보다는 오히려 "파이 늘리기"에 관심을 가지는 데서 이루어진다.

협력역할에서 영업사원의 목표는 고객과의 장기적인 관계를 발전시키는 것이다. 이러한 관계들은 상호간 이익이 되는 범위 안에서 함께 일하는 두 그룹에 의한 몰입을 의미하기 때문에 결혼 관계와 유사한 점이 있다. 고객과 판매 기업 모두 관계에서의 장기적 성과에 중점을 둔다.

마케팅 역할과 같이 협력 역할은 영업사원이 고객을 이해하고 고객의 욕구를 만족시킬 수 있는 기업의 제품과 서비스에 대하여 그들에게 확신을 주는 것을 기본적으로 필요로 한다. 이에 더하여, 협력 역할에서 영업사원들은 기업과 고객 양쪽 모두에 대한 신뢰와 몰입의 형성이 필요하다. 그로 인하여 양쪽 모두는 경쟁우위를 확립하기 위한 대담한 투자를 만들고 문제에 대한 혁신적인 해결책을 찾기 위한 정보를 자유롭게 교환할 수 있을 것이다. 협력역할과 다른 역할들과의 주요 차이점은 다음 표와 같다.

구분	협력역할	생산/판매/마케팅 역할
대인적 커뮤니케이션의 초점	갈등 관리	구매결정에 미치는 영향
영원사원의 목표	고객과의 관계 구축 및 유지	단기 판매량 극대화
분석 단위	영업팀	개별 영업사원

갈등은 구매자와 판매자, 두 그룹간의 다른 목표로 인한 관계에서 비롯된다. 판매와 마케팅 역할에서 영업사원들은 판매자의 목표와 일치하는 결정을 하도록 구매자에게 영향을 미침으로써 이러한 갈등을 해결하려고 노력한다. 그러나 협력역할에의 관심은 개별 기업에서 발생하는 이익에서 구매자 – 판매자간의 관계로부터 발생하는 이익으

로 전환된다. 협력역할에서 영업사원은 관계를 단축시키는 갈등을 관리하고 고객에게 판매자에게 이익이 되는 해결책을 받아들이도록 하기보다는 오히려 양쪽 모두에게 혜택을 제공한다.

협력역할에서의 두 번째 측면은 판매자의 단기적 이익과 판매 중심에서 구매자와 판매자간의 관계 중심으로의 변화이다. 협력 시대에 영업사원의 목표는 구매자와 판매자 모두에게 장기적 이익을 제공하는 관계로부터의 가치 구축이다. 이러한 관계구축목표는 영업사원과 판매팀을 체계화하고 선별·평가하며, 보상하기 위한 접근법의 중요한 결과를 가진다.

협력적 역할 수행을 위해 필요한 요소

협력역할의 마지막 측면은 분석의 단위에 있어 개별영업사원 중심에서 판매팀 중심으로의 변화이다. 관계 관리자의 선발과 교육의 중요한 제공은 협력적 역할을 효과적으로 수행하기 위해 필요한 지식/기술/능력을 발견하고 개발하는 것이다. 또한 협력의 성과 평가 또한 매우 중요한 이슈이다.

✔ 지식, 기술, 능력

관계 관리자로써 영업사원들은 자사에 대한 정교한 지식을 가지는 것이 필요하다. 즉, 자사의 강점과 약점, 기회와 위협, 그리고 경쟁우위를 계발하기 위한 전략 관련 지식의 습득이 중요하다. 이러한 지식은 가치 창출을 위한 기회와 접근법의 발견을 필요로 한다. 더하여, 관계 관리자들은 기업의 능력과 자원 그리고 특정 이슈에 착수할 수 있는 기업 내 사람들에 대한 자세한 지식이 필요하다.

기본적인 고객과 기업에 관한 지식은 마케팅 역할에서 영업사원의 교육으로 충족이 되지만, 관계 관리자들은 보다 높은(심도 있는) 수준의 지식을 필요로 한다. 관계 관리자들은 전술적인 지식보다 좀 더 전략적인 지식이 필요하다. 기업의 제품, 서비스, 그리고 고객의 현재 어플리케이션에 의해 제공되는 편익들과 관련된 지식은 마케팅 역할을 수행하는 데 적합하다. 협력역할에서의 효과성은 판매자가 무엇을 할 수 있고 구매자가 미래에 원하는 것이 무엇인지에 대한 예측 지식에 기반을 둔다. 관계관리자의 지식은 공식적 또는 비공식적인 교육을 통하기 보다는 아마도 대체로 상당부분 업무 중 학습 경험을 통하여 습득된다. 그러므로 관계 관리자의 이상적 후보자들은 회사의 다양한 분야에서 일해 왔고 판매 회사에서의 상당한 경험을 가진 사람들일 것이다.

관계 관리자에 의해 사용 되는 기술과 능력에는 창조적 문제 해결 능력, 혁신능력, 다른 기능적 분야간의 상호작용 능력과 자사와 고객 혹은 고객 기업의 수준별 상호작용능력, 조직간 사람들과의 신뢰 구축 능력, 계획 및 프로젝트 관리, 그리고 팀 업무와 팀 지도 능력 등과 관련된 것들이 있다. 관계 관리자의 이러한 기술과 능력들은 전통적 영업사원에 의해 필요 되는 것들과는 차이가 있으며, "외톨이"라는 영업사원에 대한 틀에 박힌 관점과는 확연히 대조를 이룬다.

∨ 성공적인 조직 협력 관계 관리

영업사원은 성공적인 조직 간의 협력 관계를 조성하는 데 있어 중요한 역할을 담당한다. 전략적 제휴를 야기하는 조직 간의 관계는 다음 3단계를 거친다. 관계의 가치를 탐사하는 탐사(exploration) 단계, 관계를 거래적 관계에서 더 큰 관계로 발전시키는 확장(expansion) 단계,

그리고 최종 장기적인 관계로 발전시켜 서로에게 몰입(commitment)하는 단계로 구분된다.

1단계: 탐사(exploration)

이 단계에서는 각각은 관계의 잠재적 가치를 결정하려고 한다. 시간이 지난 뒤, 관계는 각각에 대한 기대의 발전 그리고 개별적 거래와 상호작용의 결과를 통하여 정의된다. 동시에, 신뢰와 개인적 관계는 전개된다. 신뢰 구축은 장기적 관계의 개발에서 가장 중요한 부분이며, 영업사원의 말이나 약속을 믿는다는 확신을 나타낸다. 더하여, 영업을 하기 위한 그들의 접근법의 핵심에 고객에 대한 장기적 관심이 있다는 확신을 나타낸다.

따라서, 관계 초기에는 영업사원들에게 다음과 같은 사항들이 요구된다: 적적한 기대치 설정, 주문과정과 배달 관리, 고객이 제품을 올바르게 사용할 수 있도록 보장, 고객에게 서비스제공 지원

2단계: 확장(expansion)

관계의 확장단계는 신상품 판매에 대한 기회 또는 거래 관계의 증가에 의해 특징지어진다. 영업사원들이 부가적인 니즈를 확인하고 해결책을 장려하는 데 중점을 둠으로써 신뢰는 발전된다. 반복 판매 생성, 교차 판매, 풀 라인 판매를 포함하는 몇 가지 전략들은 현 거래 업무의 확장과 관계에 있어 장기적 몰입으로의 이동을 위해 실행된다.

3단계: 몰입

관계 확장의 기초는 고객 애호도의 단단한 기반이다. 애호 고객들은 반복적 구매 행동을 보일 뿐만 아니라, 이러한 고객들은 또한

영업사원, 판매 기업, 그리고 제품에 대한 높은 수준의 신뢰와 만족으로 인해 공급자를 바꾸려는 것을 매우 꺼려한다. 궁극적으로 진정한 애호도를 가지고 있는 고객들은 공급자와의 관계에 몰입하게 되는 것이다.

Chapter 04

영업 분야의 최근 연구 이슈

영업 분야에서 최근 가장 많이 연구되고 있는 분야는 크게 4가지 분야이다. 첫 번째는 마케팅과정의 고객가치 기반으로의 재정립과 관련되어 마케팅과 영업의 변화된 역할에 관한 것이다. 두 번째는 영업과 마케팅의 가장 근본적인 이슈인 수요와 판매예측기법에 관한 것이다. 마케팅과 영업의 시작은 수요예측에서 시작되고 영업의 판매예측은 마케팅과 영업 비용 그리고 생산 등의 여러 기업활동에 영향을 미친다. 세 번째는 효과적인 영업에 관한 것이다. 효율성의 시대에서 효과성의 시대로 변화하고 있는 지금 이전 적응 영업행위로 시작된 효과적인 영업행위에 관한 연구가 지금은 관계지향적, 그리고 미래의 효과적인 영업이 무엇인가에 대한 연구들이 진행 중이다. 마지막으로 영업사원의 성과 평가 및 보상에 대한 이슈이다. 이 부분도 최근 기업측면의 평가자 입장이 아닌 평가 대상자인 영업사원 측면에서의 보상이 연구되고 있다.

마케팅과정에서의 영업의 역할

영업 프로세스 및 단계에 관한 연구는 영업을 효율적으로 하기 위해서 매우 중요한 연구 분야이다. 또한 마케팅 과정에서도 영업은 마케팅 계획의 실행의 주요한 도구로서 매우 중요하다. 마케팅 과정에서의 영업의 역할은 다음 그림에서 보듯이 마케팅의 모든 과정에서 매우 중요한 부분을 차지한다. 즉, 각 단계별로 정보원으로서의 역할, 제품 기획자로서의 역할, 제품 전달자로서의 역할 및 고객의 구매 후 사후관리자로서의 역할 등을 통해 영업사원은 고객 및 시장 중심적 활동을 직접 수행하는 마케팅의 이념 및 목표를 실행하는 실행자인 것이다.

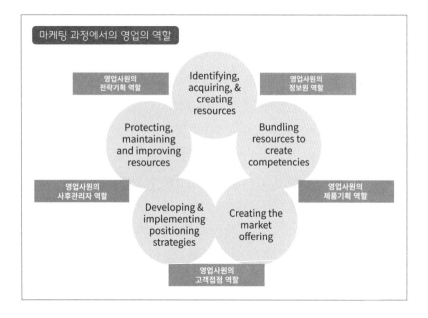

여러 학자들이 보통 4~5단계로 구분하여 영업 프로세스를 제안하고 있다. 하지만 최근에는 이를 3단계로 줄여서 제시하는 연구도 있다. 일반적으로 영업 단계는 다음과 같이 구분된다. 처음 단계에서 올바른 영업 사원의 선택 및 양성을 통해 영업 기반을 준비하고, 두 번째 고객의 확인 및 선택을 통해 목표 시장을 설정하고, 세 번째 단계에서 고객과의 관계형성 활동을 통해 본격적인 영업이 시작된다. 그리고 마지막으로 고객 지원 및 가격 협상 등을 통한 영업 마무리를 한다. 이와 같은 과정은 제품 및 구매 상황 그리고 고객이 속한 지역 및 나라의 문화적 차이에 따라 달라질 수 있다. 제품 및 구매상황의 차이에 따른 영업과정 및 단계별 중요사항에 대한 연구는 많지만 지역별 국가별 문화차이에 따른 새로운 영업과정에 관한 연구는 매우 부족한 현실이다.

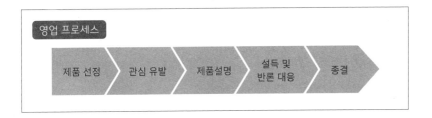

수요 및 판매 예측(Demand and Sales Forecasting)

판매예측은 모든 마케팅 활동의 시작이자 기반이 되는 것이다. 특히 영업관리에서는 판매예측이 영업사원력의 확보와 운영에 대한 예산을 형성하는 기초가 된다. 판매 예측은 영업사원력 개개인 및 영업 조직의 목표 설정 및 성과평가에 기초가 되는 매우 중요한 분야이다. 이러한 의미에서 판매 예측이 매우 중요하지만 많은 사람들이 어렵다는 이유로 회피하고 연구 또한 잘 이루어지지 않는 상황이다. 또한 판매 관련 자료 또한 학계에서 접근하기가 어려운 상황이라 연구가 보다 자유롭게 이루어지지 못하고 있는 형편이다. 판매 예측에는 크게 주관적 방법 및 객관적 방법이 있다. 또한 의사결정과정과 관련해 top−down 방식과 bottom−up 방식이 있다. 의사결정 관점에서 최근에는 이들 두 가지 방법이 병행되어서 사용되고 있는 것이 일반적이다.

주관적 방법은 전문가를 이용한 방법과 경영자 및 관리자의 경험 및 과거 실적을 바탕으로 하는 전문가적 판단 방법이 가장 널리 사용되는 방법이고, 객관적 방법으로는 시계열 분석, 회귀 분석 등을 이용한 정량적 분석 방법이 많이 사용 된다. 영업관리가 과학적인 방법이라는 것이 되기 위해서는 판매 예측 분야에서의 과학적 방법을 이용하는 것이 필수적이다. 가장 최근의 기법으로서는 계량적 모델링을 이용한 방법으로 가장 과학적이고, 다양한 변수를 성과 변수와 연결시켜 설명하고 예측력이 뛰어난 방법이다. 이 분야에서도 각 산업별, 제품별 예측 모형이 아직 완전하지 않으며 보다 나은 예측 모형 개발을 위한 노력을 기업별로 해야 할 것이다. 또한 주관적 객관적 방법의 통합을 통해 정성적/정량적 방법의 장단점을 보완하는 작업이 이루어져야 할 것이다.

효과적인 영업 행위(Effective Selling Behavior)

최근 영업 관련 분야에서 가장 활발히 연구가 되고 있는 분야이다. 이들 연구 중에서 효과적인 영업에 관한 프레임을 제시한 것이 수잔, 쿠마 그리고 와이츠(Sujan, Kumar and Weitz, 1994)가 제시한 1994년의 Journal of Marketing 연구이다. 이 연구에서 그들이 제시한 것이 다음 그림에서 보는 현명한 영업(Working Smart)과 노력하는 영업(Working Hard)이다. 경제학적 측면에서 적은 노력(또는 자원)으로 효율적(높은) 성과를 내는 것이 기업 활동에서 추구하는 바이다. 따라서 현명한 영업이 노력하는 영업보다 적은 자원 및 노력을 통해 높은 성과를 가져 오는 측면에서 지향해야 할 것이고, 마케팅의 효율성 측면에서 기업이 관심을 가져야 하는 영업 행위이다. 그러나 한국적 상황에서 현명한 영업은 자칫 기회주의자로 보일 수 있는 위험이 있다. 따라서 적극적 영업 형태인 노력하는 영업 행위가 우리나라 고객처럼 까다롭고 요구사항이 많은 소비자들에게는 더 적합한 영업 행위일 수도 있다. 또한 영업 사원의 성과에 직접적인 영향이 있는 만큼 적극적 영업에 대한 연구도 또한 이루어져야 할 것이다.

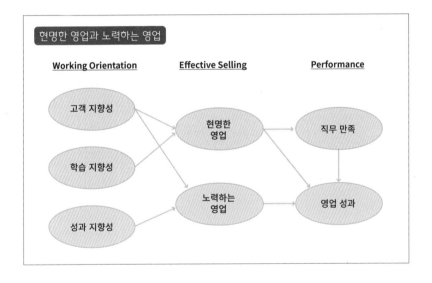

한편 1994년 모건과 헌트(Morgan and Hunt)가 Journal of Marketing*에 수록한 논문에서 관계 마케팅을 주창한 지 15년 정도 지났는데 이

---

* 이 논문은 발표된 10년 뒤인 2004년에 지난 10년간 경영과 경제학논문 중 가장 많이 인용이 된 논문으로 선정됨. 마케팅이라는 작은 분야의 논문이지만 관계 마케팅이 얼마나 다양하게 인용되는가를 보여줌.

제는 관계 마케팅의 효율성 및 성과에 관한 논의가 되어야 할 것이다. 특히 관계 마케팅을 직접 수행하는 영업사원들의 영업 행위가 고객과의 관계 형성 및 유지에 어떠한 영향을 미쳤는지는 매우 중요한 연구 이슈이다. 또한 관계 지향적 영업 행위라는 분야가 아직 미정립되어 있는 만큼 이 분야에 대한 연구가 시급하다.

영업 성과 관리: 보상 및 평가

영업 사원의 성과 평가 및 보상 이슈는 영업뿐만 아니라 마케팅 전체에서 가장 민감한 부분이다. 영업사원은 이직률이 가장 높은 직업 중 하나이다. 많은 원인이 있겠지만 성과 평가 및 보상에 대한 문제로 인해 이직을 하는 경우가 매우 많다. 이는 영업 사원의 직무 만족에 영향을 미치고 다시 이직률에 영향을 미치는 매우 중요한 요인들이다. 특히 어떠한 기준으로 평가를 하느냐 하는 것이 영업사원과 관리자간의 끊이지 않는 갈등 요소이다. 지금처럼 경쟁이 치열한 가운데 영업하기가 어려워진 사항에서 영업사원들의 영업 자체에 대한 노력을 보상하는가에 대한 이슈와 성과를 무엇으로 평가하는가 하는 것이 관리자와 영업사원 간에 의견차이가 좁혀지지 않는 이슈들이다. 우리나라에서도 이 분야에 대한 부분들이 인사-조직 연구에서 조직구성원에 대한 보상에 대한 연구들은 많이 이루어졌지만 외부 고객을 상대하는 영업 사원에 대한 연구는 상대적으로 되어 있지 않고, 또한 마케팅 분야에서는 매우 적은 편이다. 따라서 영업사원의 직무만족도를 높이고 이직률을 줄여서 더욱더 효과적인 영업 활동을 위해 보상 및 평가 연구는 많이 되어야 할 분야이다.

영업사원의 성과 평가에 대한 연구는 판매량과 총판매수익과 같은 산출량 측정과 판매전화 횟수와 제출된 제안서 횟수와 같은 투입량 측정으로 구분된다. 생산 역할에서 영업사원에 대한 성과평가는 판매량(산출량 측정)과 판매전화 횟수(투입량 측정) 둘 다 유용하다. 왜냐하면, 투입량과 산출량 사이에 직접적인 관계가 있기 때문이다. 즉, 더 많은 판매전화를 한 영업사원들은 더 많은 주문을 받기 때문이다. 판매량은 또한 영업사원 생산 역할의 성과 평가를 위해 유용한 측정 수단이다. 왜냐하면, 그들의 목표는 단지 판매를 하는 것이기 때문이다. 협력적 역할에서 영업사원의 목표는 좀 더 복잡하다. 협력 역할을 수행하는 영업사원들의 목표는 단지 기업의 단기적 목표를 지원하는 것 이상의 고객과의 장기적 관계 가치를 구축하는 것이다. 이러한 관계 지향적 목표 관점에서 협력적 역할을 담당하는 영업사원들이 있는 회사들은 판매량과 판매할당량 그리고 총 판매이익과 같은 판매 효과의 전통적 산출량의 측정에 관계의 질(Relationship Quality)과 고객만족을 장기적 관점의 성과평가로 보완해야 할 것이다.

영업의 성과평가는 최근 효율성에서 효과성을 평가하는 것으로 변화되고 있다. 즉 영업의 성과는 영업의 효과성을 명확하게 하는 것이다. 과거의 영업의 성과는 재무적인 성과, 그 중에서도 매출과 시장 점유율에만 초점을 맞추고 무조건 더 많이 판매하는 것이 중요하였다. 물론 여전히 많은 우리나라 기업들이 여기에 초점을 맞추고 있다. 하지만 지금의 영업의 성과는 수익성(Profitability)과 생산성(Productivity)에 초점을 맞추고 있다. 또한 단기적인 매출보다는 지속적인 매출을 통해 수익성을 극대화하는 것이 영업의 성과 목표이다. 영업의 성과 지표로는 과정지표, 결과지표 그리고 선행지표가 많이 활용된다.

우선 영업사원의 성과는 영업사원의 직무성과로 나타낼 수가 있다. 직무성과는 조직구성원이 조직에서 현재 맡고 있는 공식적인 직무를 충실히 수행하고 있는 정도로 정의할 수 있다. 직무성과는 단순히 하나의 산물로서의 이익이나 경제적 수치만을 나타내는 것이 아니라 직무를 수행하고자 하는 의도에서부터 직무 수행에 다른 결과를 포괄하는 의미이다. 직무성과는 개별 종업원이 주어진 직무와 관련한 행위나 결과에서 동료들과 비교해 상대적으로 드러내 보이는 생산성 수준으로 정의되기도 한다. 조직 내에서 조직구성원의 직무성과는 조직 관리에 있어서 유효성을 나타내는 지표로 사용되기도 하지만 직무성과의 개념적 모호성으로 인해 주로 생산성, 목표달성과정, 응집성, 몰입도 및 애착도 등의 요소로 그 성과를 대신하기도 한다. 또 직무성과란 조직구성원의 직무가 어느 정도 성공적으로 달성되었는지의 여부를 가르치는 개념으로서 산업심리학자들이 말하는 생산성의 의미와 일반적으로 동일한 것으로 사용된다.

그러나 생산성이 물리적 산출보다 구체적이고 협의적인 뜻을 담고 있는 데 반해 직무성과는 조직성원의 성취라는 보다 포괄적인 개념을 담고 있다. 따라서 직무성과는 조직이 측정하고 영향력을 미치기를 바라는 조직성원의 조직에서의 행동의 한 측면이 된다. 직무성과는 조직성원의 행동이 직무와 관련되어 있다. 따라서 직무성과란 일반적으로 조직원이나 구성원이 실현시키고자 하는 일의 바람직한 상태 또는 조직성원이 자신의 목표를 달성할 수 있는 정도라고 할 수 있다. 직무성과는 다양한 표현으로 나타낼 수 있지만 일반적으로 직무 수행의 정도를 의미한다. 직무성과는 실질적으로 종업원이 직무를 수행한 결과로서 보는 관점이 우세하며 이로 인해 결과지표에 대한 관심이 높아졌다.

영업사원의 직무성과는 크게 결과적 성과(outcome performance)와 행위적 성과 또는 과정적 성과(behavior or process performance)로 구분한다. 영업 이익의 창출이나 새로운 영업활동 대상이나 영업사원이 창출해내는 결과적 성과로서 언급되기도 하며, 영업사원의 영업 활동, 지식, 그리고 영업 관련 기술의 습득 정도 등을 나타내는 행위적 성과로 언급된다(Fang et al., 2005). 다시 말해서 직무성과는 업무지식, 고객관계, 친절한 행동, 동료관계 등과 같은 행위적 성과와 판매실적, 부수입 등과 같은 결과적 실적으로 구성되어 있으며, 서비스 접점에서 종업원이 어떠한 행위적 결과를 보이는가에 따라 고객이 지각하는 서비스 품질이 결정된다. 또한 영업성과는 조직의 성공을 위한 영업사원의 모든 공헌과 노력이라고 언급하였다. 그리고 영업성과에 대한 메타분석을 수행한 처칠과 그의 동료들은(Churchill et. al., 1978) 영업사원의 성과는 직무수행능력, 또는 직무를 행하는 기술과 관련성이 있고, 직무에 대한 도이 수준 등의 여러 요인과 관련성이 있다고 언급하였다. 다시 말하면 성과는 영업사원의 능력과 태도, 기술, 개성, 직무동기 등의 산물로 볼 수 있다.

직무성과에 대한 평가는 보상, 촉진, 훈련뿐만 아니라 성과를 향상시키기 위한 기초 자료를 제공한다. 학술적 연구와 실무에서도 직무성과를 측정하는 방법은 주로 주관적 성과측정을 주로 사용하게 되는데, 이러한 주된 이유는 성과에 객관적 자료를 취득하기가 어렵기 때문이다. 주관적 성과 측정이라는 것은 영업사원이나 영업관리자가 인지하게 되는 성과로서 자신이나 부서의 성과를 주관적으로 측정하는 방법을 의미한다. 물론 이러한 측정 방법의 한계성을 갖기는 하지만 경쟁업체와의 치열한 생존 및 경쟁 환경 내에서 영업 담당자가 인지하는 성과가 때로는 보다 현실적인 성과를 보여주기도 한다. 성과에 대한 객관적 자료획득의 어려움과 현 시점에서의 성과 측정의 결과를 얻고자 하는 시도로 인해서 주로 주관적 성과 측정을 이용하게 된다.

영업의 본질:

영업관리와 영업사원의 태도 및 역할

Part B

윤석금 회장은 자신만의 '판매용 스토리텔링'을 준비했다. 그의 세일즈용 스토리텔링에는 나름의 법칙이 있는데 다음 10가지 방법이 바로 그것이다.

윤석금 회장이 제시하는 '판매용 스토리텔링' 10가지

1 첫마디에서 호기심을 끌어야 한다.
2 스토리텔링은 진실해야 한다.
3 제품을 가장 잘 아는 사람이 스토리를 만든다.
4 소재가 풍부해야 좋은 스토리가 나온다.
5 스토리텔링은 쉬워야 한다.
6 스토리텔링에는 감동이 있어야 한다.
7 판매인은 좋은 스토리를 반복해 연습해야 한다.
8 좋은 스토리를 완성하는 것은 반복 연습이다.
9 자신의 스타일에 맞춰 스토리텔링을 편집한다.
10 스토리텔링은 롤플레잉으로 완성된다.

첫째, 첫마디에서 호기심을 끌어야 한다.

윤 회장은 얼마 전부터 회사에서 수입해 판매 중인 영국제 칫솔을 지인에게 선물로 주면서 이렇게 말했다고 한다. "이 칫솔을 한번 쓰면 다른 칫솔을 쓸 수 없을 겁니다."

그런데 단순한 이 한마디가 사람들의 호기심을 자극해 사람들이 관심을 나타냈다. 이어 그가 칫솔의 기능, 특징을 설명하자 지인들이 '그 칫솔 써보니 다른 칫솔을 쓸 수 없더라'면서 구입하기 시작했다. 단순한 선물 제공이 판매까지 이어진 셈이다.

그가 말하는 판매 스토리텔링법은 이것이다. 처음에 한두 마디로 상대의 호기심을 자극한다. 상대방이 그 뒷이야기가 궁금하도록 만드는 것이 핵심이다. 처음부터 칫솔의 기능, 특징, 구입처 등 설명을 자세히 하면 오히려 듣는 사람이 관심이 떨어져 구매와 연결되기 어렵게 된다는 점이다.

둘째, 스토리텔링은 진실해야 한다.

윤 회장은 판매 목적인 스토리텔링에는 거짓이 들어가면 안 된다고 했다. 품질이 좋지 않는 제품을 그럴 듯한 말로 잠깐 속일 수 있지만 결국 신뢰감을 떨어뜨려 판매를 지속할 수 없다는 것이다. 판매인의 말에 진정성이 없다면 고객은 알아차리고 떠나버린다. 세일즈의 기본은 진실한 스토리텔링을 만들어야 한다고 그는 강조했다.

셋째, 제품을 가장 잘 아는 사람이 스토리를 만든다.

윤 회장은 제품 스토리를 만드는 사람은 제품에 대한 이해와 애정이 있어야 한다고 말한다. 그는 회사 초기 제품의 스토리를 대부분 직접 만들었다. 제품을 개발하는 편집부와 영업부 총괄을 거치다보니 제품의 가장 핵심적인 매력 포인트를 잘 파악할 수 있었다고 한다. 제품의 특·장점을 아는 사람이 스토리를 잘 만들 경우, 그만큼 고객을 사로잡는 데 효과적이라고 강조했다.

넷째, 소재가 풍부해야 좋은 스토리가 나온다.

윤 회장은 다방면으로 최신 자료를 확보해 제품이 속한 시장 상황, 충분한 국내외 자료, 경쟁사 제품과 비교 등의 정보를 얻었다. 무엇보다 고객의 니즈를 정확히 알고 그것을 자극하는 것이 스토리텔링에서 가장 중요한 요소라고 봤다.

다섯째, 스토리텔링은 쉬워야 한다.

그는 판매를 위한 스토리텔링은 광고 카피처럼 쉽고 간결해야 한다고 했다. 판매원이 제품을 설명하면서 어려운 전문용어를 나열하거나 기술에 대한 이야기로는 고객 마음을 얻기 어렵다는 것이다. 스토리텔링은 단순하고 쉬워야 하며 설명이 아닌 설득의 과정으로 봐야 한다는 생각이다.

여섯째, 스토리텔링에는 감동이 있어야 한다.

윤 회장은 스토리 안에 판매로 이어질 수 있는 진정성이 필요하다고 했다. 그는 1984년 <어린이 마을> 출판기념회에서 700여 만권을 판매한 성공 비결을 감동적인 스토리텔링 덕분이라고 밝혔다. 윤 회장은 "아이들 책일수록 비싸고 좋아야 한다. 자라나는 아이들은 좋은 글, 예쁜 그림, 편안한 색감을 보아야 좋은 인성을 키울 수 있다. <어린이 마을>은 투박하지만 정감 있는 한국 아이들의 얼굴이 있다. 전체적인 색감은 화사하다. 자라나는 아이들이 밝은 색깔을 보는 것이 긍정적인 성격을 형성하는 데 도움이 된다. 또 장정과 제책에도 차별화를 두면서 아이들의 눈을 보호하는 데 신경 썼다. 아이들의 눈이 피로하지 않도록 무광택의 스노우화이트지를 사용했다"고 하자 판매인, 고객 모두 감동했다고 한다.

일곱 번째, 판매인은 좋은 스토리를 반복해 연습해야 한다.

윤 회장은 브리태니커 매니저로 일할 당시 판매 경력이 짧은 10명의 직원들과 일했음에도 전국에서 몇 손가락 안에 드는 실적을 달성한 비결을 반복해서 연습한 스토리텔링이라고 꼽았다. 그는 새 판매인이 들어오면 제품에 대한 스토리를 외우게 한 후 효과적으로 말하는 방법을 훈련시켰다고 한다. 억양, 힘 줄 부분, 크게 말할 부분 등을 알려주며 반복적으로 대사 연습을 시켰다는 것이다. 예컨대, "길이 넓다"는 말을 "길이 넓다"고 짧게 이야기하는 것과 양손을 벌리면서 "길이 넓ㅡ다"고 길게 말하는 것은 고객이 제품 스토리를 받아들이는 느낌이 확연히 다르다는 것. 목소리 톤, 얼굴 표정, 손짓 등을 종합해 연습을 어떻게 하느냐에 따라 고객이 받아들이는 정도가 달라진다.

여덟 번째, 좋은 스토리를 완성하는 것은 반복 연습이다.

윤 회장은 판매인들에게 같은 내용을 적어 설명해 보라고 하면 사람마다 설명하는 방식이 전혀 달랐다고 했다. 선천적으로 말 잘하는 재능을 가진 사람이 있지만 알맹이 없이 말만 앞세우는 사람은 공허해질 수 있어 고객들이 제품 내용을 잘 전달받을 수 없다고 지적했다. 그는 세일즈를 잘 하려면 제품에 대해 끊임없이 연구하고 새로운 정보를 덧붙이는 후천적 노력을 하는 사람이 판매 실적이 좋았다고 했다.

아홉 번째, 자신의 스타일에 맞춰 스토리텔링을 편집한다.

윤 회장은 세일즈에서 판매인 자신이 다른 사람이 만든 스토리텔링을 그대로 사용하지 말고 자신의 방식으로 맞춰 사용해야 한다고 했다. 고객별 맞춤 스토리텔링을 준비해 고객 성별, 경제 상황, 연령에 맞게 이야기를 바꾸는 유연함이 필요하다고 언급하기도 했다.

열 번째, 스토리텔링은 롤플레잉으로 완성된다.

윤 회장은 스토리텔링을 잘하기 위한 최고의 방법으로 반복 연습을 꼽았다. 막상 고객 앞에 서면 외웠던 제품 스토리도 기억이 안 나고 당황하기 십상이다. 이런 리스크를 대비할 수 있는 방법으로 롤플레잉을 예로 들었다. 웅진이 판매를 잘하는 회사로 이름난 것은 판매인들이 롤플레잉 연습을 통해 스토리텔링을 몸에 익혔기 때문으로 봤다. 이러한 훈련을 통해 고객들은 제품에 호기심을 보이며 이야기를 더 듣고 싶어하지만 감정 없이 외운 지루한 설명에는 고객이 외면한다고 말했다.

출처: 인사이트코리아(2018.04.02.)

Chapter 01

전략적 영업관리의 체계구축

영업부서와 마케팅 부서의 역할 정립

마케팅과 영업을 동일시 하는 사람들이 적지 않다. 기업이 제품이나 서비스를 창출하고, 여러 수단을 활용해서 그들의 제품과 서비스를 고객에게 판매하는 과정을 보았을 때, 영업과 마케팅의 경계가 모호해 보일 수 있기 때문이다. 마케팅은 기업이 소비자와 시장의 니즈를 파악하고 그들의 다양한 자원을 활용하여 가치를 창출·발전시키고 전달하는 과정이다. 이를 통해 고객을 만족시키고 지속적으로 고객과의 관계를 유지하도록 하는 데 주 목표가 있다. 반면 영업은 마케팅의 다양한 가치 전달 수단(광고, PR, 판촉, 인적 판매 등) 중 하나이다. 즉, 영업은 마케팅의 일부이며, 마케팅의 전체 과정 속에서 영업조직과 영업사원의 효율적인 영업행위가 이루어져야 한다. 3M의 경우 마케팅과 영업의 각각의 역할과 협조가 매우 잘 이루어지고 있는 기업이다. 마케팅과 영업이 서로의 역할을 협조자 혹은 공통 영업이라고 규정하고, 고객에게 마케팅이 기획한 가치를 잘 포장하고 전달하는 과정을 영업과 유기적인 관계를 유지하면서 구현하고 있다.

많은 기업의 경우 여러 가지 이유 때문에 기업 내의 마케팅 팀과 영업 팀이 사이가 좋지 않은 경우가 많다. 가장 흔한 이유로 기업의 마케팅 담당자와 영업사원이 시장을 바라보고 고객을 인식하는 시각의 차이를 들 수 있다. 영업사원은 고객을 하나의 개인으로, 기업은 하나의 관리 단위(account)로 바라본다. 하지만 마케팅 담당자는 고객을 세그먼트의 하나로 인식한다. 즉, 마케팅 담당자는 우선적으로 큰 시장의 흐름을 파악한 후, 그 시장 내의 고객을 이해하며, 비슷한 니즈를 갖거나 특성을 가지고 있는 세분시장(Segment)으로 분류한다. 하나의 세그먼트에 속한 고객은, 그 수가 하나에서부터 수천 명까지 이를 수 있고, 최상급의 VVIP세그먼트라면 소수의 고객이 될 수도 있다. 이렇듯 시장을 세분시장이라는 그룹으로 바라보고 접근하는 마케팅 담당자와 고객을 하나의 개인으로 보는 영업사원과의 관점은 서로 매우 다르다. 최근에 성공한 현대카드의 "블랙 카드"의 경우 이러한 마케팅과 영업의 시각의 차이를 없애고, VVIP시장을 잘 소구한 대표적인 사례라 할 수 있다.

매출과 이익을 바라보는 관점에 있어서도 마케팅 팀과 영업 팀은 다른 시각을 가지고 있다. 마케팅 담당자는 장기적인 관점(Long-term orientation)을 가지고 매출과 이익을 생각한다. 마케팅 팀에서는 고객세분화나 고객의 평생가치를 계산하는 고객생애가치(Life Time Value)를 고려해서 단계적으로 고객들에게 가치를 어떻게 제공해야 하는지에 대한 전략을 세운다. 하지만 판매실적이 중요한 영업 업무의 특성상, 영업사원들은 매주 혹은 매월의 단기적인 관점(Short-term orientation)에서의 판매 실적이 중요하다. 당장의 영업 목표액이 미달인 영업 사원들에게는 장기적인 관점에서의 이익을 바라보는 것이 힘들기 때문에 마케팅 팀과 영업 팀의 갈등이 생길 수밖에 없다.

마케팅 팀은 새로운 가치를 창출하고자 지속적으로 시도한다. 경쟁사의 전략보다 더 시장을 놀라게 하는 제품이나 이벤트 등을 만들어 내야 한다는 역할 때문이다. 따라서 마케팅 팀은 획기적인 제품이나 서비스에 초점을 맞춘 상품중심(Product-oriented)의 사고를 가지고 있다. 반면, 영업 사원은 자신을 통해서 얼마나 많은 고객들이 제품이나 서비스를 구매했는지에 초점이 맞추어진 고객중심(Customer-oriented) 사고를 가지고 있다. 즉, 영업사원들에게는 좋은 제품이나 놀랄 만한 서비스의 제공보다는 거래 고객(customer account)의 숫자가 더 중요하기 때문이다.

영업과 마케팅의 관계를 밝히고 둘 간의 통합된 협력이 중요한 이슈로 부각되는 이유는 고객가치창출(Customer Value creation)이 기업의 궁극적인 목표로 요구되는 현 상황에서 기업 내의 마케팅과 영업의 위치 때문이다. 많은 기업에서 마케팅과 영업은 공통되는 업무가 있는 것은 사실이지만 기본적으로 특별한 임무를 부여받은 별개의 기능으로 여겨진다. 일반적으로 마케팅은 고객 마케팅, 브랜드 관리, 광고관리, 시장 조사 등에 초점을 맞춘다. 하지만, 영업은 거래 마케팅, 거래 협상, 유통 채널 관리 등에 집중한다. 이와 같이 영업과 마케팅의 기능은 현대 조직에서 개별적인 역할을 수행하는 것으로 보이지만, 이는 모두 기업 활동의 최종 목표가 되는 고객과 가장 가까운 접점에서 활동하며 시장관련활동에 관한 지식과 기술이 가장 집약되어 있는 부서라는 점이다. 기업에서 점차 고객가치창출의 중요성을 인식하게 되면서 고객에 관련된 모든 지식과 기술, 정보를 모으고 활용하고 있는 마케팅 팀과 영업 팀의 통합과 협력은 매우 중요한 이슈이다. 따라서 마케팅 과정에서의 영업의 역할을 정확히 규정하고, 영업행위를 전략적으로 실행하고 관리하는 것이 매우 중요하다고 할 수 있다.

영업관리 환경의 변화에 따른 새로운 의제

고객 니즈의 빠른 변화와 치열한 경쟁으로 인해 영업환경이 급변하고 있다. 경쟁이 치열해지면서 기존 고객에 대한 관리의 중요성이 커지게 되었고, 거래중심에서 관계지향적인 영업관리의 필요성이 중요하게 부각되고 있다. 이러한 변화 속에서 영업 관리자들이 주목해야 할 영업관리 의제들을 살펴보자.

첫째, 고객중심의 문화를 창조하는 것이다. 영업 관리자들은 영업사원과 고객간의 파트너십에 대한 조직적 방해 요소를 제거함으로써 영업역할을 촉진시켜야 한다. 많은 영업사원들이 영업과 기업의 수익관점에서 고객을 대한다. 수익을 먼저 생각하기 때문에 고객이 원하는 것을 들어주는 것이 아니라 고객이 원하는 것에 대해서 기업의 정책과 매뉴얼이라는 이름으로 거부하는 경우가 매우 많다. 예를 들어 고객은 어떤 제품이 5개만 필요한데 영업사원은 10개 이하는 판매하지 않는다는 방침을 내세우며 고객에게 'No'라고 한다. 최근에 필자는 어느 한식집에서 식사를 하다가 등심이 먹고 싶어서 1인분을 주문하였는데 종업원의 대답은 1인분은 주문을 받지 않고 2인분부터 주문이 가능하다는 대답을 들었다. 고객의 요구를 기업의 정책과 틀 내에서만 들어 줄 수가 있고 그렇지 않은 경우는 완강하게 '안 된다' 라고 하는 것이다. 이러한 조직적인 거부 및 방해 요인을 제거하여 고객중심의 사고로 전환하여야 한다.

둘째, 고객을 자극하고 강매(Push)하는 영업은 이제는 통하지 않는 시대가 됐다. 고객의 니즈가 무엇인지를 파악하고 고객이 가지고 있는 문제를 해결하기 위한 영업이 되어야 한다. 이를 위해서 영업관리자는 끊임없이 시장의 변화를 감지하고 영업사원들에게 고객의 니즈 파악과 문제를 인지하는 것에 초점을 맞추도록 해야 한다. 고객이 원하는 자동차는 소형 자동차인데 자동차 영업 사원은 수익이 높은 중형이나 대형 차를 고객에게 소개하고 이를 강력하게 추천한다. 자신과 기업의 이익을 챙기기 위해 고객이 원하는 소형차의 단점을 강조한다. 영업사원은 기업의 제품에 고객의 니즈와 문제를 맞추는 것이 아니라 개별적 고객의 요구에 맞게 제품을 맞추어야 한다. 이를 위해 영업 관리자는 고객을 지혜롭게 관리하기 위한 지식을 교육시키고 시스템과 도구를 지원해야 한다.

셋째, 영업 관리자는 목표를 정하고 성공을 측정하기 위한 적절한 매트릭스를 동시에 개발하고 실행하여야 한다. 과거의 영업 관리자의 목표는 거래의 성사와 매출액의 증대에만 초점을 맞추었다. 하지만 관계지향적인 영업관리에서는 고객과의 신뢰형성과 상호 이익의 달성이 새로운 목표이고 이를 통해 매출액이 아닌 수익의 증대가 가장 큰 관심이다. 삼성전자가 매출에서는 애플의 몇 배이지만 수익에서는 오히려 애플이 삼성전자를 앞선다. 우리나라 기업들의 영업목표가 여전히 매출증대에 있으며 많은 기업들이 시장점유율에만 신경을 쓰고 있다. 보다 장기적인 목표를 수립하고 고객지향적인 목표를 설정해야 할 것이다.

넷째는 소통에 관한 이슈이다. 과거에는 영업사원의 제품과 서비스에 관한 일방적인 설명 위주의 영업을 하였다. 하지만 관계지향적인 영업시대에서는 양방향의 소통이 필요하고 특히 고객 위주의 소통이 우선되어야 한다. 예컨대 고객이 연말정산 시 받을 수 있는 혜택과 관련된 금융 상품을 원하고 있는데, 은행 상담원은 계속 새로 나온 신규 금융 상품에 대해서만 설명을 해준다. 영업의 가장 중요한 기술(skill)은 경청(listening)이다. 즉, 고객의 니즈에 관한 설명을 경청하고 문제를 구체적으로 파악하는 능력이 필요하다. 앞에서도 언급하였지만 기업의 제품에 고객의 문제를 맞추지 말자. 고객의 문제해결에 도움이 되는 제품과 서비스를 선택해야 할 것이다.

마지막은 고객의 구매의사 결정과정에 있어서 영업사원의 역할에 관한 것이다. 과거의 거래지향적 영업에 있어 영업사원은 고객의 구매의사 결정과정에서 고립되어 있었다. 즉, 오로지 거래 성사에만 관심을 두고 있었다는 것이다. 영업사원들은 고객의 구매의사 결정과정에서 고객이 무엇을 생각하고 어디서 정보를 얻고 어떤 기준으로 제품을 판단하는지에 대해서 어떠한 영업 행위도 생각하지 않았다. 하지만 관계지향적인 영업에서는 이러한 고객의 구매의사 결정과정에 적극적으로 개입하여 정보탐색을 도와주고, 제품의 판단 기준 또한 제공해서 고객이 후회 없는 구매 의사결정을 하도록 도와주어야 한다. 요즘의 고객들은 스마트(smart)하다. 예전에는 정보를 기업이 쥐고 있었지만 요즘의 고객들은 블로그나 SNS을 통해서 다른 여러 고객들에게서 정보를 구하고 이를 공유한다. 이 과정에서 영업 사원들은 직접 블로그를 운영하거나 정보를 공유하는 등의 적극적인 관여를 해야 한다는 것이다.

전략적 영업관리 과정

어떤 기업이든지 이용 가능한 마케팅 커뮤니케이션 도구는 일반적으로 인적 영업(Personal selling), 광고, 판매 촉진(sales promotion), 그리고 홍보(publicity)로 분류된다. 인적 영업은 기업이 고용한 인력이나 그들의 에이전트를 통해 메시지를 전달하고 고객들이 이를 통해 그 기업을 지각하는 것이다. 즉, 고객들과 영업사원 간에 개인적인 커뮤니케이션을 하는 것으로 정의된다. 이에 따라 인적 영업은 두 가지 면에서 다른 마케팅 커뮤니케이션 도구들과 차별적 요소가 있다. 첫째로, 광고나 판촉과는 달리 인적 영업은 고객 개개인에 대한 개인적인 커뮤니케이션이다. 둘째로, 광고나 판촉에 대해 고객들은 일반적으로 메시지의 근원으로서 조직이 아닌 미디어를 인지하는 반면 인적 영업 내에서는 고객들은 메시지가 조직에 의해서 전달되는 것으로 인지한다.

전략적 영업관리는 이러한 조직의 고객과의 커뮤니케이션적 관점에서 인적 영업 기능을 관리하는 것이다. 영업 관리자(Sales manager)는 모든 영업 활동을 평가하고 통제해야 한다. 이런 관점에서 영업 관리자는 기업의 전반적인 전략 '계획'과 '이행'과 관계가 깊다. 따라서 영업 관리자는 반드시 인적 영업 기능에 있어서의 영업사원들, 조직의 다른 기능적 영역에서의 종업원들, 그리고 조직 밖의 사람, 특히 고객들을 효과적으로 다룰 수 있어야 한다. 전략적 영업 관리 모델은 영업관리 과정에서의 중요 단계들을 나타낸 90페이지의 그림에 제시되어 있다.

✔ 영업 기능에 관한 정의: 우리 회사에 있어서 영업이란?

기업이 영업관리를 위해 가장 먼저 해야 할 것은 영업에 관한 정의이다. 우리기업에서 영업이란 무엇인가에 대한 정의를 내리고 여기에 필요한 영업에 관한 철학 혹은 지향성(Orientation)을 먼저 가지고 있어야 한다. 영업 기능에 관한 정의 부분에서 우선적으로 파악하여야 하는 부분은 영업환경에 관한 이해와 자사에서의 영업의 위치에 관한 것이다. 기업 내-외부의 환경에 관한 이해를 통해 고객들이 원하는 형태의 영업이란 무엇인가를 결정하고 이를 바탕으로 자사에서의 영업의 역할과 기능에 관해서 반드시 정의를 내리고 가야 한다. 가령 환경의 변화가 심하고 고객의 니즈가 복잡화된 경우에는 전문화된 영업이 필요하고, 그렇지 않은 경우에는 기본적으로 욕구를 자극하는 형태의 영업이 필요할 것이다. 우리고객이 b2c 고객인지 b2b 고객인지에 따라서도 개별 영업과 팀 영업에 관해서 고려를 해야 할 것이다. 즉, 원자력 플랜트를 국가를 상대로 영업을 하는 두산중공업의 영업과 개인을 대상으로 보험과 금융상품을 영업하는 LIG화재의 영업에서 요구되는 전문적인 지식의 정도와 고객에 대한 이해는 매우 달라야 한다.

다음으로 이해가 필요한 것은 영업사원의 업무분야이다. 영업사원의 기본적인 업무가 영업행위라고 할지라도 성공적인 영업을 위해서 영업사원들은 고객과 관계를 형성하고 발전시키고 장기적인 관계를 유지할 필요가 있다. 따라서 영업사원들은 개인적인 고객들과의 관계와 자신들의 시간과 지정된 영역을 관리하는 등의 관리 활동을 수행한다. 또한 영업사원들은 시장 정보를 모은다거나, 신규모집을 돕고, 다른 영업 인력을 지원하고, 만기가 지난 고객(accounts)을 다시 접촉하는 등의 기업을 위한 다양한 지원활동에 참여한다. 즉, 기본 영업업무와 지원업무에 대한 자세한 파악을 통해 타 지원 부서와의 협력을 할 때도 이런 부분을 고려해야 할 것이다.

마지막으로 영업에 관한 정의에서 필요한 것은 영업사원들의 자기개발과 진로에 관한 것이다. 영업사원에게 다음 단계로의 진로가 어떤 형태가 될 것인지에 대해서 신중하게 career path를 설계하고 제시해야 할 것이다. 가령 영업사원으로서 고객접점 경력이 5년이 지난 다음 고객에 대한 전문가로서 영업 관리자가 될지 혹은 신제품 기획, 마케팅, 심지어는 연구개발 등의 분야에서 관리자로 승진을 할 수 있을지를 미리 계획해야 한다. 우리나라 영업의 가장 큰 문제점이 영업의 정의 및 종류에 대한 명확한 조사와 확립이 되어 있지 않다는 것이다.

✔ 영업기능의 전략적 역할 정립: 목표고객 전략과 일치하는 영업실행전략을 수립하라!

기업은 영업에 관한 정의를 바탕으로 영업이 필요한 기능을 명확하게 하여야 한다. 많은 영업에 관한 연구에서 영업사원의 역할 불분명성(Role Ambiguity)이 성과에 부정적인 영향을 미친다고 한다. 따라서 기업은 영업사원의 역할과 책임(Role and Responsibility)에 관한 분명한 기준을 정립하여야 한다. 영업의 많은 연구들이 영업의 명확한 기능정립이 있어야 하고, 이에 따른 역할 분명성이 영업의 성과에 영향을 미친다는 연구가 많이 나오고 있다.

오늘날 기업은 다양한 제품을 다양한 고객들에게 내놓는 상대적으로 독립적인 여러 전략 사업부 단위들로 구성되어 있다. 이러한 다각적 사업부(multiple-business units)와 다양한 제품(multi-products)을 가진 회사들은 반드시 전사적 수준에서 전략적 의사결정을 통합시키고 조정을 해야 한다.

영업 전략과 영업 의사결정 또한 기업, 사업부 그리고 마케팅 수준에서의 핵심 전략적 결정과 일관성을 유지하여야 하고, 이들 상위의 전략적 목표에 부합하는 영업 목표가 수립되어야 한다. 기업과 사업부 수준의 전략 결정은 일반적으로 영업 관리자와 영업사원들이 반드시 운용해야 하는 가이드라인을 제공해준다. 또한 영업은 특정 상품 시장 상황에서 마케팅 전략의 중요한 구성요소이다. 주어진 마케팅 전략이 제공하는 세부적인 목표시장과 목표고객에 관한 메시지는 영업 관리자에게 있어서 직접적이고 중요한 실행 가이드라인이 된다. 기업의 전략적 방향이 '건강한 삶'의 추구이면 마케팅 전략에서도 '건강을 중시'하는 고객들에 대한 가이드라인을 제공해야 한다. 그리고 영업은 '건강을 추구하는 목표고객'에게 다가가기 위한 실행 전략이 되어야 한다.

이처럼 기업전체, 사업부, 그리고 마케팅 수준에서의 전략적 결정은 반드시 개인 고객들을 위한 영업 전략으로 전환되어야 한다. 구체적인 영업 전략으로는 고객 목표 전략, 관계 관리 전략, 그리고 판매 채널 전략 등이 있다. 마케팅의 실행차원에서 중요한 영업은 영업전략의 개발을 위한 토대로서 개인 및 조직구매자의 구매 행동에 대한 이해과정이 우선되어야 한다.

영업 전략은 개인 고객 혹은 유사한 고객들의 세분시장을 충족시켜주기 위해 수립하는 것이다. 그래서 영업전략 수립에 앞서 우선 고객을 확인하고 유용한 세분시장을 분류하는 과정이 필요하다. 그리고 나서 관계 유형, 희망하는 영업접근방식, 그리고 영업채널의 가장 생산적인 mix를 각각의 고객 세분시장에 맞게 결정짓는다. 이러한 결정은 각각의 목표로 하는 고객을 위한 통합된 영업 전략이 될 것이다.

◡ 영업조직 디자인:
가장 효과적으로 고객과 커뮤니케이션 할 수 있는 영업조직 설계

세 번째 영업관리의 단계는 효율적인 영업조직을 구성하는 것이다. 이 분야는 인사조직에서 연구되는 많은 주제들이 포함된다. 특히 영업 조직에 관한 이슈는 영업사원의 영업 구역배정 및 할당에 관한 것과 영업조직을 기업의 조직도 내에 구성하는 것에 대한 두 가지 분야로 나누어진다. 영업구역배정 및 할당에는 영업사원의 역량, 총 영업활동시간, 영업사원 커버리지, 총 매출 기준법 등이 사용되고, 영업조직을 나누는 기준으로는 지역, 제품, 기능 그리고 최근에 중요시되는 고객중심의 영업조직 구성 방법이 있다. 우리나라 영업 연구에서는 전무한 분야이기도 하다.

영업 전략이 수립되고 나면 영업 관리자는 어떠한 영업 조직으로 고객과의 커뮤니케이션을 효과적으로 달성할 것인가를 결정하여야 한다. 앞서도 언급하였듯이 영업 전략은 기업, 사업부 그리고 마케팅 전략과 함께 영업과 영업관리 활동에 대한 기본적인 전략 방향을 결정해준다. 그리고 이러한 전략을 성공적으로 이행하기 위해서 효과적인 영업조직이 필요한 것이다. 효과적인 영업조직을 설계하기 위해서는 우선 목표 달성을 위한 영업활동을 규정하고, 최적의 비용으로 고객을 가장 잘 섬길(serve) 수 있는 영업조직 구조를 결정하고 마지막으로 영업사원의 역할에 맞는 전문성 있는 영업 사원을 배치하는 것이다.

효과적인 영업조직 구조를 디자인하는 데 있어서 기본적인 기준은 지역, 제품, 기능 그리고 고객이다. 많은 영업조직이 지역을 중심으로 심지어는 행정구역 단위별로 설계되어 있다. 이는 영업사원의 이동 거리와 지역별 인구구조 등에 따라서 관리를 중시하는 조직설계이다. 기업들 대부분이 지역별로 영업 본부를 두고 중앙에서 이들 지역을 관리하는 형태의 영업조직이다.

많은 기업들이 제품별로 영업조직을 구축한다. 이는 제품지향적인 기업의 전형적인 영업조직 형태로 제품성과관리 중심의 영업조직인 것이다. 다양한 제품을 가진 기업들이 설계하는 영업조직 구조로 제품관리의 편리성에 초점을 두고 영업조직을 설계하는 것이다.

영업조직을 설계하는 데 있어 또 다른 기준으로는 세부적인 사항으로 영업의 전문화, 관리의 집중화, 관리 수준, 라인 조직과 스텝 조직 등의 기능을 중심으로 하는 기준이다. 이러한 기능에 대한 결정이 다른 형태의 영업조직구조를 만들어낸다. 또한 기업을 위한 적절한 영업조직구조는 주어진 영업 상황의 구체적인 특징에 달려 있다. 만약 VIP고객 영업이 중요하다고 인식하면 이들 VIP고객을 대접하기 위한 가장 훌륭한 조직적인 구조를 결정하는 쪽으로 구체적인 주의/배려(attention)가 제시되어야 한다. 대부분의 금융기업들이 VIP 라운지를 두고 가치가 높은 고객들을 따로 관리하는 것이 좋은 예이다.

마지막으로 아직 소수의 기업만이 고객과 세분시장 위주로 영업조직을 구축하고 있다. 필자는 고객중심의 영업조직이 기업이 지향해야 하는 영업조직이라고 조언한다. 고객입장에서 가장 쉽게 접근하고 의사소통할 수 있는 영업조직을 설계해야 한다는 것이다. 자동차 회사는 다양한 종류의 자동차를 각각의 영업사원이 담당하지 않고 한 영업사원이 어떤 자동차든지 판다. 고객은 자동차를 선택하는 것이지 각각의 자동차에 따라 영업사원을 선택하는 것이 아니라는 것이다.

또 다른 영업조직 결정과 밀접하게 연관 되어있는 의사결정사항은 영업 활동(selling effort)의 양과 할당의 결정이다. 영업 활동의 양과 할당은 영업력의 배치 결정을 짓는 구체적인 방법을 제시해 줄 것이다. 판매 활동 배치, 영업력의 규모, 영역 디자인의 결정은 밀접하게 연관되어 있기 때문에 통합적인 방식으로 고려를 해야 한다. 수 많은 분석적인 접근방식은 이러한 시도를 도와줄 수는 있지만, 영업 조직의 설계에서 "사람=고객과 영업사원"의 쟁점은 반드시 고려되어야 한다. 기업에서 영업조직을 설계할 때 많은 경우 영업사원의 관리 효율성만을 고려하고 고객의 편의성 및 만족은 간과하는 경우가 많다. 효과적인 영업조직 설계에서 가장 중요한 사람은 고객이다.

✔ 영업력 개발: 현명하게 일하기

네 번째 단계는 영업력(Sales Force)을 개발하는 단계이다. 우리 기업에 필요한 영업사원의 특성과 수, 그리고 영업사원에 관한 교육 및 개발이 이 단계의 중요한 이슈이다. 또한 기업의 영업방식 혹은 효과적인 영업행위에 관한 이슈도 이 단계에서 고려된다. 최근의 영업 연구에서 가장 활발하게 진행되는 분야가 효과적인 영업행위에 관한 것이다.

영업 전략, 영업조직, 그리고 영업력 배치의 결정들은 영업을 위한 기본적인 구조를 만들어낸다. 이것은 생산 활동 중에서 어떠한 기계, 즉 "machine"를 사용할 것인가에 관한 결정과 유사하다. 영업 관리자는 수많은 "사람"과 관련된 결정을 해야만 하는데, 이러한 결정은 영업사원들의 적절한 유형에 관한 것이고, 영업사원들을 효과적으로 능률적으로 운용하도록 하는 기술에 관한 것이다. 영업력 개발에서 중요한 것은 채용과 교육 훈련이다. 훌륭한 자질이 있는 사람을 채용하는 것과 영업사원을 교육을 통해 개발하는 것은 둘 다 중요한 이슈이다. 필자의 개인적인 경험과 관점에서는 채용보다는 교육을 통한 훌륭한 영업사원의 개발이 더욱 중요하고 의미 있는 분야라고 생각된다. 현명하게 일하기(Working Smart)라는 관점은 영업사원이 고객을 대상으로 영업활동을 하는 데 있어서 효과적으로 자원을 사용하고 다양한 영업 전략을 수립하여 다양한 고객에게 다가가는 것을 의미한다. 현명한 영업사원을 뽑는 것도 중요하지만 영업사원에게 현명하게 영업하는 방법과 기술을 가르쳐주고 지원을 해주는 것이 더 중요하다.

영업력을 개발할 때는 우선적으로 영업 인력의 모집과 채용 프로그램을 계획하고 실행하는 것에 대한 논의가 있어야 한다. 이 활동은 요구되는 영업사원의 유형을 결정하고 유망한 영업사원 지원자를 확인하고, 지원자를 평가하는 모든 활동을 포함한다. 합법적이고 윤리적인 쟁점들은 신입 모집과 선택 과정에서 중요한 고려사항이다. 영업사원의 신규 직무 개발 교육 및 교육을 위한 채용과정의 영향(사회화) 또한 조사되어야 한다.

다음으로 채용을 한 뒤 영업력의 지속적인 발전을 위한 교육 훈련에 관한 계획을 수립하여야 한다. 영업사원들은 변화하는 고객과 시장에 익숙해져야 하고, 기술이나 기타 환경의 변화에 대해서도 적응해야 한다. 고객은 디지털 시대에서 살고 있는데 영업사원은 아날로그적인 접근 및 방식을 사용해서는 안 된다는 것이다. 영업사원의 지속적인 변화와 성장을 위해서는 지금보다 체계적이고 과학적인 교육 및 훈련이 필요하다. 보험회사의 영업교육을 보자. 아직도 금융 상품과 영업의 달인의 경험 위주의 교육을 하면서 더 많이 팔 수 있다는 동기부여에 관한 교육에 초점을 두고 있다. 지금처럼 경쟁이 치열하고, 보험 상품이 크게 차이가 없는 상황에서는 고객에 대한 과학적인 이해와 고객의 니즈를 충족시켜줄 수 있는 효율적인 영업 방식에 대한 체계적인 교육이 우선되어야 한다. 영업 관리자 교육도 지금은 성과 및 인사관리 교육만 진행된다. 현재의 영업관리에서 필요한 교육은 코칭과 리더십 등의 교육이다. 교육훈련 과정은 교육 수요 및 니즈를 조사하고, 목표를 개발하고, 대안활동을 평가하고, 교육훈련 프로그램을 디자인하며, 이것을 수행하고, 평가하는 것으로 구성되어 있다. 영업 관리자는 영업훈련 과정의 각 단계별로 의사결정을 하는 데 있어서 다양한 요소와 방법들을 고려해야 할 것이다.

✔ 영업력의 실행:
칭찬은 고래도 춤추게 한다!

이 단계는 영업력을 이끄는 관리자의 역할에 관한 것이다. 영업 관리자의 역할 중 최근에 가장 많은 각광을 받는 분야는 코칭이다. 영업사원에게 개선을 지시 하는 것이 아니라 영업사원의 애로 사항을 해결하는 방법을 같이 고민하고 스스로 개선할 수 있도록 이끌어 주는 것이 코칭의 가장 중요한 부분이다. 코칭에 대한 부분도 실무적인 차원에서 많이 언급이 되고 있지만 학계에서는 이에 대한 효과와 방법에 대한 연구가 매우 미진하다.

📋 영업의 달인 웅진 윤석금 회장의 코칭 10계명

 1 진실하게 코칭하라.
 2 상대에 대해 충분한 자료를 준비하라.
 3 코칭을 받는 사람이 부담 없도록 배려하라.
 4 칭찬과 지적은 5 대 5 ~ 7 대 3 정도로 조절하라.
 5 명쾌하고 정확하게 지적하라.
 6 코칭은 잔소리나 트집과는 달라야 한다.
 7 상대방의 생각을 이끌어내면서 코칭하라.
 8 억지로 설득하지 말라.
 9 코칭을 받은 후 기분이 상하지 않도록 하라.
10 코칭 후에 다음 코칭을 준비하라.

윤 회장의 코칭은 일방적인 강의나 설교가 아니라 서로 대화하는 것으로 팀장의 조언을 듣고 직원이 자신의 문제점을 스스로 깨닫고 개선해 나가도록 돕는 제도라고 정의한다. 코치와 코칭을 받는 사람의 대화는 6 대 4 정도로 배분되며 칭찬과 지적의 비율을 적절히 조절해 논의하는 자리가 돼야 한다고 했다.
그래야 최상의 성과를 함께 만들어가는 과정을 통해 팀장과 팀원 모두 자신을 점검하고 성장하는 계기가 된다. 코칭을 받은 한 직원은 "5년간 회사를 다녔는데 코칭제도가 도입된 후 1년 간 코칭을 받으면서 배운 것이 더 많다"고 말했다.

출처: 인사이트코리아(2018.04.02.)

다음으로 영업 관리자의 중요한 역할은 효과적인 영업 전략의 수립을 통해 영업사원들에게 명확한 방향을 제시해주는 것이다. 이외에 영업 관리자의 역할은 동기부여와 확신성을 심어주어 영업사원들이 자신감과 미래에 대한 확신을 가지고 직무를 수행하게끔 하는 것이다. 인사조직분야에서 영업사원의 동기 부여에 관한 많은 연구들이 진행 중이나, 우리나라의 경우에는 매우 부족하다고 할 수 있다.

가장 좋은 영업사원을 고용하고 이들에게 성공적인 영업을 위해 요구되는 기술을 전수해 주는 것과 영업조직의 목표와 목적을 달성하기 위해 영업사원들의 활동을 가르치는 것은 전혀 다른 문제이다. 영업 관리자는 영업사원에게 동기를 부여하고, 감독하고 이끄는 데 많은 시간을 보낸다. 영업 매니저의 리더십과 감독 활동은 다른 목적을 가지고 있다. 리더십 활동은 구체적인 목표와 목적을 이루는 커뮤니케이션 절차를 통해 영업사원들에게 영향을 미치는 데 초점을 맞춘다. 대조적으로, 감독 활동은 일상적인 운영 방식하에서 영업력의 그날 그날의 조정과 관련이 있다.

매우 역동적이고 경쟁적인 21세기의 영업환경에서는 영업 관리자들에게 이전의 관리와 통제가 아닌 더 책임감 있고 유연한 리더십이 요구되고 있다. 영업사원에 대한 효과적인 리더십은 ① 영업사원을 통제하기보다는 대화를 하고 ② 감독자 혹은 상사가 아닌 지도자 혹은 치어리더가 되고 ③ 그들에게 지시하기보다는 결정에 참여할 수 있는 권한을 부여하는 것을 포함한다.

영업관리의 동기부여 및 보상체계는 영업사원이 확실한 동기를 가지고 영업활동을 잘 수행하여서 성공적인 성과가 나타나게 하는 조직관리의 동기이론에 근거하고 있다. 즉, 영업사원의 특정 영업활동에 대해서 잘하는 부분과 잘못하는 부분을 구분하여 잘하는 부분에 대해서는 확실한 보상을 해주고, 잘못하고 중요한 영업행위에 대해서는 동기부여를 통해 더 잘할 수 있도록 해주어야 한다. 물질적인 보상으로 인한 동기부여 혹은 정신적 심리적 보상에 따른 장·단점은 많이 알려져 있다. 시기와 성과의 형태에 따라서 영업사원들에 대한 두 가지 보상 방법이 병행되어야 할 것이다. 특히 정신적 보상은 장기적인 관점에서 영업사원들의 유지에 큰 도움이 될 것이다. 영업관리자는 영업사원들이 알맞은 활동에 적절한 시간을 소비하게끔 하는 가장 좋은 방법을 결정하는 토대로서 이러한 동기부여와 보상들을 이용한다. 영업 성과에 관한 적절하고 분명한 보상체계는 영업사원의 유지(이탈 방지)에 큰 도움이 되기 때문에 이를 발전시키고 관리하는 것은 장기적인 관점에서 매우 중요하다고 할 수 있다.

✓ 영업의 효과성 및 성과 평가: 결과도 중요하지만 과정은 더욱 중요하다!

마지막 영업관리 과정의 단계는 영업의 효과성을 명확하게 하는 것이다. 과거의 영업의 성과는 재무적인 성과 그 중에서도 매출과 시장점유율에만 초점을 맞추고 무조건 더 많이 판매하는 것이 중요하였다. 물론 여전히 많은 우리나라 기업들이 여기에 초점을 맞추고 있다. 하지만 지금의 영업의 성과는 수익성(Profitability)과 생산성(Productivity)에 초점을 맞추고 있다. 또한 단기적인 매출보다는 지속적인 매출을 통해 수익성을 극대화하는 것이 영업의 성과 목표이다. 영업의 성과지표로는 과정지표, 결과지표 그리고 선행지표가 많이 활용된다.

영업 관리자는 현재 영업의 성과를 결정하기 위한 영업력의 활동 상태를 지속적으로 모니터해야 한다. 영업사원의 효과성과 성과평가는 영업조직 내 다른 평가 단위의 효과성뿐만 아니라 개인적인 영업사원들의 성과 또한 다루어야 하기 때문에 매우 어렵고 민감한 작업이다.

효과성과 성과평가에 대한 필수적인 배경은 기본적인 시장과 수요에 관한 예측이다. 영업사원들이 필요한 예측은 시장잠재력, 판매잠재력 그리고 시장수요예측이다. 예측의 다른 형태들, 상향(bottom-up)과 하향(top-down) 예측 방법, 그리고 몇 가지 다른 판매 예측 방법은 많지만 중요한 것은 예측의 오차 및 오류를 적게 하기 위해서 가능한 다양한 주관적인 방법과 객관적인 방법들을 혼용해야 할 것이다.

영업 할당과 영업 예산의 확정에 있어서 예측의 정확성은 매우 중요하다. 영업 할당은 미리 정해진 기간 동안 판매 조직 단위나 영업사원에 의해 성취되어야 하는 구체적인 영업 목표를 제시한다. 영업예산은 영업 할당과 목표를 성취하기 위해 영업조직단위와 영업사원들에게 할당되는 재정적 자원으로 구성되어 있다. 영업 할당과 영업예산 모두 영업사원의 예측에 의해 직접적으로 혹은 간접적으로 얻어진다.

조직의 효과성에 대한 평가는 구역, 지구, 영역, 지역과 같은 영업조직단위의 효과성을 평가하는 데 초점을 맞춘다. 회계감사는 전체로서 영업조직의 효과성을 평가하는 가장 포괄적인 접근방식이다. 판매액, 비용 그리고 이윤 이 세 가지가 영업의 효과성과 성과를 분석하는 기본적인 단위이고, 최근에는 개인별 및 팀별 생산성 관점에서 성과평가가 많이 강조되고 있다. 효과성을 평가하는 과정은 영업관리자가 영업활동 및 과정상의 구체적인 문제점을 진단하고 그 해결책을 제시하는 데 도움이 된다.

성과평가는 개인과 그룹별 영업사원들의 직·간접적인 영업성과를 평가하는 데 초점을 맞춘다. 즉, 영업 사원들의 투입노력, 이에 따른 다양한 결과물, 조직에 기여한 수익성 그리고 영업과정을 통한 개인적인 발전 등에 대해서 객관적으로 평가가 되어야 한다. 이러한 성과평가는 영업 관리자에 의해 다양한 목적을 가지고 이용된다. 평가되는 구체적인 기준을 가지고 있어야 하고, 영업사원들도 이에 동감하고 있어야 한다. 평가는 보상과도 연계되기 때문에 매우 민감한 문제이다. 하지만 평가는 당근과 채찍을 위한 활용보다는 현재 영업에 대한 진단을 하고 문제 해결을 하기 위한 수단으로 사용되어야 할 것이다. 이러한 영업성과는 영업사원의 직무만족과 이직 등과 같은 후속 결과 변수들과 매우 밀접한 관계에 있기 때문에 매우 잘 설계하고 활용되어야 할 것이다.

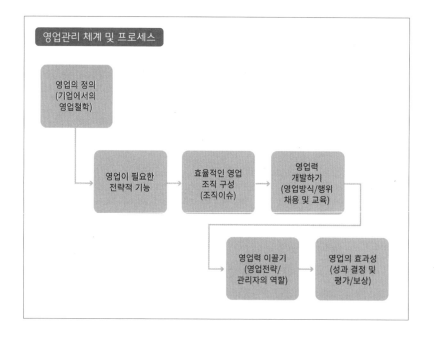

또한 성과 못지않게 중요한 것이 평가 및 보상이다. 영업사원의 평가에서는 공정성과 형평성 등이 중요한 이슈이고, 보상은 수준의 결정 및 인센티브의 활용에 관한 연구들이 많이 되고 있다. 영업사원들의 입장에서는 인센티브를 덜 받더라도 안정적인 기본급을 받는 것을 선호하고, 기업의 입장에서는 인센티브를 많이 주고 기본급을 줄이는 것을 고려할 것이다. 이들 양 극단 사이에서 영업사원의 보상수준이 결정된다. 기업에서 성과에 대한 평가와 보상이 적절하고 안정적일 때 영업사원의 이직이 낮아진다고 한다. 영업성과에 관한 연구는 그나마 우리나라 학계에서도 대부분의 연구들이 이에 집중하고 있는 분야이다.

✔ 과학적인 영업관리를 통해 새로운 기회를 만들어 가자!

오늘날과 같은 영업 환경에서 중요한 이슈는 고객의 니즈를 더 명확히 인지하고 이를 충족시켜줄 수 있는 방법을 찾는 영업활동 과정을 도와주는 지능적이고 효과적인 영업관리이다. 성공적인 영업은 고객이 원하는 제품이나 서비스를 고객에게 훌륭하게 전달해주는 것이다. 영업관리는 이를 위해서 영업의 기능을 정의하고 영업의 전략적 역할을 제시하여야 한다. 또한 필요한 영업 인력을 채용하고 고객에게 맞게끔 개발하고, 이를 평가하여 수정·발전시키는 것이 영업관리의 전반적인 프로세스이다. 효과적인 영업 관리자는 고객과 시장의 정보들을 바탕으로 영업사원들과 효율적으로 의사소통을 하며 지속적인 피드백과 관리를 하여야 한다.

영업의 역할과 영업관리의 거래중심에서 관계중심으로의 의제의 변화는 매우 중요한 의미를 갖는다. 오랫동안 거래적 판매는 지배적인 영업 방법이었다. 그러나 기업은 고객과의 관계를 구축하는 과정에서 혜택을 얻을 수 있음을 깨닫고 관계지향적인 영업방법으로 전환하고 있다. 이러한 변화들은 전에는 가능하지 않았던 방법으로 고객들에게 더 나은 가치를 부여하는 기업의 새로운 비즈니스 모델을 다시 생각하게 함으로써 영업조직에 전례에 없던 기회를 가져다 준다.

Chapter 02

영업사원, 그들은 누구인가

이 세상의 모든 조직에는 영업이라는 것이 존재하고, 외부와의 소통의 주요 도구인 영업에 의해 움직인다. 영리조직인 기업은 물론이고 비영리 조직인 정부, 교회, 학교, 병원 등의 거의 모든 조직이 영업에 의해 생존하고 성장한다. 이는 조직뿐만 아니라 개인도 마찬가지이다. 개인의 생존과 성장을 위해 타인과 인맥을 맺거나 연애를 하는 것도 영업이다. 영업이라고 하면 흔히 기업의 판매 행위를 연상하는데 실상 세상의 모든 조직과 개인의 삶도 영업에 의해 지속하고 발전한다.

특히 기업에서 영업은 기업의 성장과 생존에 있어서 가장 핵심적인 기능이다. 모든 기업은 기업의 성과 목표를 달성하기 위해 제품이나 서비스를 판매하고 이를 통해 목표를 달성하고, 이익을 만들어낸다. 아무리 좋은 제품을 만들더라도 영업을 잘하지 못하여 이익을 만들어내지 못하면 기업은 생존을 할 수가 없다. 기업의 영업을 전적으로 담당하는 부서가 영업부서이고, 판매활동을 통해 영업을 하는 사람들을 영업사원이라고 부른다.

영업은 기업의 존재이유

기업 입장에서 보자면 영업사원들은 기업 마케팅 활동의 최전선에 있는 가장 소중한 존재들이다. 이들에 의해 기업의 매출이 결정되고 나아가 이들에 의해 기업 마케팅의 성공 여부가 판가름난다. 고객들은 영업사원과 구매를 결정하는 '진실의 순간'에 해당 기업의 이미지를 결정한다. 기업이 아무리 제품을 잘 만들고 광고를 많이 하더라도 영업사원에 의해 기업의 이미지는 물론이고 판매여부가 결정된다. 이런 이유로 흔히 영업사원들을 기업의 얼굴이라고 한다. 즉, 고객의 입장에서 영업사원은 기업을 대표하는 이미지인 것이고, 기업의 입장에서 영업사원은 고객의 입장을 대변하는 존재이다.

여러 영업 활동 중에서 직접적인 대면영업 중 하나인 방문판매는 가장 공격적인 영업행위이다. 고객을 기다리지 않고 직접 찾아가서 판매를 하는 것은 고객창출의 가장 적극적인 방법이다. 이 방법은 가장 역사가 오래된 판매 방법이기도 하다. 고대의 실크로드나 대항해가 방문판매였고 우리나라의 보부상들 역시 방문 영업사원들이었다.

기업 입장에서 직접 대면 영업은 여러 장점이 있다. 첫째, 고객들에게 현장에서 즉각적인 맞춤형 솔루션을 제공할 수 있다. 두 번째로 고객의 불만에 대한 즉각적인 대응도 가능하다. 기업에서 가장 두려운 것은 고객이 불만에 침묵하고 그냥 떠나버리는 경우이다. 영업사원들은 고객을 밀착 관리함으로써 고객의 불만을 적극 수렴하고 빠르고 적절한 대응을 하는 것으로 기업의 고객 유지와 고객 애호도(Loyalty)* 강화에 크게 기여하고 있다. 세 번째로 고객의 의견을 직접

---

* Loyalty는 충성도 혹은 애호도로 번역이 되는데 충성이라는 것은 일방적이고 너무 과격한 표현인 것 같다. 따라서 본서에서는 충성도를 애호도 혹은 애호라는 표현

수렴하여 경영 전반에 반영할 수 있다. 경영에서 가장 중요한 것은 고객의 욕구를 정확하게 파악하여 빠르게 대응을 하는 것이다. 항상 고객과 직접 대화를 나누는 영업사원들을 통해 기업은 고객의 니즈를 정확하게 파악 및 대응할 수 있다. 기업은 이들의 정보를 통해 제품은 물론이고 마케팅도 제때에 변화시킴으로써 고객중심의 경영을 할 수 있다.

모든 기업은 영업을 한다. 모든 기업은 영업부서가 있고 영업부서 내에는 직접적인 영업을 하는 영업사원이 존재한다.* 기업은 이들에 의지하며 기업이나 제품에 애착을 보이는 단골 고객을 만들어내고 이를 통해 이익을 창출하는 영업을 한다. 특히 고객과의 접점에 있는 영업사원들은 기업의 경영의 핵심 존재일 뿐만 아니라 그 역할과 규모의 중요성을 고려할 때 사회와 국가 차원에서도 소중한 존재이다. 간혹 스스로를 자조적으로 폄하하는 영업사원들을 만나게 되는데, 이런 영업사원들은 자기 존재감에 대한 인식을 바꾸어야 한다. 영업 활동을 통해 고객만족이라는 경영전략의 실천은 물론이고 고객들에게 만족과 행복을 전달하는 영업사원들은 기업을 넘어서 국가적으로나 사회적으로도 매우 중요한 존재들이다.

목표 기반의 꿈: 꿈 넘어 꿈을 달성하자!

영업사원들은 무엇 때문에 영업 일선에 뛰어들었는가? 그들이 영업을 시작한 동기는 매우 다양하다. 건강식품이나 화장품을 판매하는

으로 고객(소비자)이 기업이나 제품에 대한 애착을 보이는 것으로 사용하였다.
* 영업사원들은 방문영업을 하는 outbound 영업사원과 영업장에서 고객의 방문에 응대하는 inbound 영업사원이 있다. 또한 제품 및 고객의 특성에 따라 개인고객영업(B2C영업)과 기업고객영업(B2B영업) 사원이 있다.

영업사원들은 해당 기업의 고객 출신들이 많다. 이왕 사용하는 제품을 판매원으로 등록하여 싸게 사용하자는 이유와 해당 제품에 대한 관심이 이들을 영업으로 이끌었다. 이들 중에는 평범하게 이러한 개인적인 동기로 영업을 시작하여 큰 성공을 거둔 전문 영업사원들이 많이 있다.

또한 개인의 생존, 즉 '밥벌이'를 동기로 시작한 영업사원들도 많다. 이들은 개인적인 성격이나 여러 조건들이 사무직 취업이나 자영업보다는 낫다고 판단하여 영업을 전문 직업으로 선택했다. 여기서 말하는 '밥벌이'라는 것은 굉장히 소중한 것이다. 자본주의 사회에서 본인의 생계를 유지하고 가족의 기본적인 생활을 가능하게 하는 것이 '밥벌이'의 의미이다. 많은 영업사원들이 영업을 통하여 이 '밥벌이'를 하고 있다. 이들에게 영업은 생존을 위한 수단이고 가족 행복의 수단이다.

근래 영업에 입문하는 전문 영업사원들이 급격하게 증가하고 있다. 2000년대 들어 주로 외국계 보험회사에서 일하는 사람들로서 보험아줌마의 시대를 파이낸스 플래너(Finance Planner, FP) 시대로 바꾼 사람들이다. 이들은 영업의 방법과 규모를 스킬과 기술을 중심으로 한 영업에서 과학적 접근법을 강조하는 전문 영업으로 한 차원 높은 경지로 끌어올렸고 고소득 시대를 창출한 사람들이다. 우리는 주변에서 전문 영업사원으로 활동하여 고소득 전문가로 성공한 사람들을 종종 볼 수 있다.

영업을 부업 삼아 하거나 밥벌이로 하거나 아니면 전문가로 하거나 많은 사람들이 영업에 종사하는 이유는 무엇일까? 바로 영업에는 영업만의 매력이 있기 때문이다

영업사원의 가장 큰 매력은 자유롭게 회사 외부에서 자신의 역

량을 발휘할 수 있다는 것이다. 직장인은 회사라는 울타리에서 일하며 살아간다. 그러나 회사에 다니는 동안에는 그 울타리를 절대 벗어나지 못한다. 그 울타리는 보호 장치인 동시에 구속이기도 하다. 조직이라는 울타리 내에서는 하고 싶은 일을 못할 때가 있고, 또한 하기 싫은 일을 해야 할 때가 있다. 반면 영업사원은 자기 주도적인 삶을 살 수 있다. 자기가 하고 싶은 일을 제때하는 것과 하기 싫은 일을 억지로 하지 않는 것이 영업사원이 가지는 나름의 자유이다. 영업사원은 자기 능력과 책임으로 이 자유를 가질 수가 있다.

영업의 또 다른 매력은 전문 직업이라는 것이다. 요즘은 어떤 분야의 전문가가 되어야만 성공적인 사회생활을 할 수 있는 시대이다. 영업도 이제 전문 직업이다. 단순히 제품을 판매하는 것이 아니라 고객의 욕구를 정확하게 파악하여 솔루션을 제공하는 상담 전문가가 영업사원이다. 기업의 마케팅 요소를 재화로 바꾸는 전문가 역시 영업사원이다. 즉, 영업은 고객과의 끊임없는 스킨십(Skin-ship)을 가지고 직접 소통하며, 그들이 가진 문제를 해결하기 위한 최상의 솔루션(Solution)을 찾아내고, 이를 보다 고객관점에서 고객의 언어로 스토리텔링(Story Telling)하여 설득하는 것이 전문적인 영업이다. 이 과정에서 영업사원은 전문가로서 큰 성공의 기회를 잡을 수 있다. 또한 전문가로서 평생 직업으로 일 할 수 있다는 것도 영업의 매력 중의 하나이다.

그러나 영업의 가장 큰 매력은 꿈을 이룰 수 있다는 것이다. 저자가 아는 분들 중에서 평범한 가정주부로 영업을 시작하여 이제는 일반 주부들은 상상도 못할 정도의 성공을 거둔 분들이 많다.

대구에서 건강식품과 화장품을 사업을 하는 이모 사장이 대표적인 예이다. 그녀는 어린 딸을 맡길 곳이 없어서 딸의 손을 잡고서 영업을 시작한 주부였다. 15년이 지난 지금 이사장은 본인이 매입한 빌딩에서 300명의 영업사원(방판사원) 조직을 운영하는 사업가로 성장하였고, 자체 연수원을 설립하여 교육기관도 운영하고 있다. 그녀는 지금 많은 영업사원들을 성공시키고 있으며 후배 사업자들을 육성하는데 열정을 쏟고 있다. 이사장은 영업을 통해 꿈 넘어 꿈을 이룬 전형적인 사례라고 할 수 있다.

이사장의 사례로 설명하자면, 당시의 모든 주부들의 꿈은 좋은 남편 만나고 아파트와 자동차 구입하고 아이들이 좋은 대학에 들어가는 것일 것이다. 그런데 그것만이 꿈이 될 수 없는 것이 인생이다. 그 꿈은 당연히 이루고 그 꿈 너머의 또 다른 꿈을 꾸고 추구하는 사람은 더 위대한 인생을 살 수 있다. 이사장은 영업으로 행복한 가정주부가 되는 꿈도 이루었고 그 꿈을 넘어 또 다른 꿈도 이룬 위대한 영업사원이다.

오늘날 많은 젊은이들이 좋은 직장에 입사하기, 의사되기, 고시 합격하기 등 저마다의 꿈을 꾸고 있다. 요즘의 인생을 '백세시대'라고 한다. 학교나 직장 일을 하는 젊은 20대 청년층을 보면서 항상 향후 80년을 어떻게 계획하고 있을까라는 생각을 한다. 처음 계획하였던 꿈을 이루고 난 다음에는 현실에 안주하여 너무나 단순하고 반복되는 인생을 살아간다. 좋은 직장인, 의사, 변호사가 되는 것 자체가 꿈은 물론이고 그 꿈을 이루고 난 다음에 어떻게 더 남은 인생 80년을 살 것인가 하는 또 다른 꿈도 필요하다.

저자는 영업이 많은 사람들에게 꿈 넘어 꿈을 이루게 해준다고 생각한다. 주부 출신, 직장인 출신, 자영업자 출신 등 많은 사람들이 영업을 통한 안정된 직업획득이라는 꿈을 이룬 다음에 또 다른 더 큰 꿈을 꾸고 이룬 사례를 너무나 많이 보아왔다. 그들은 이구동성으로 영업으로 통해 꿈 넘어 꿈을 이루었고, 영업으로 인해 보람찬 인생을 살았다고 말한다. 하지만 영업은 추상적인 일이 아니다. 직관과 아는 사람이 많다고 해서 성공할 수 있는 직업도 아니다. 많은 것을 준비해야 하고, 감성적인 능력도 중요하지만 과학적인 방법을 알아야 시작할 수 있는 '전문직'이다.

Chapter 03

이것만은 알고 시작하자

영업으로 꿈을 이룬 사람들이 많다. 평범한 주부가 영업을 통해 집안을 일군 사례는 부지기수이고 영업 사원으로 출발하여 기업의 CEO까지 오른 사례도 많다. 심지어 영업의 성공을 바탕으로 대기업을 일군 위대한 성공 스토리도 있다.

세상의 모든 일은 가치가 있는 일이고 자신의 '업'인 것이다. 또 비전과 목표를 가지고 노력하고 땀 흘린 만큼 성공하는 것이 세상의 일이다. 영업이라는 '업'도 마찬가지이다. 원해서 했건 어쩔 수 없어서 했건 영업을 시작한 이상 자신의 업이라 생각하고 일에 임해야 성공한다. 영업은 분명한 자기 비전과 목표를 세우고 땀 흘린 만큼 성공할 것이란 자기 신념을 가지고 임해야 한다.

영업 일은 전문 '업'이다!

웅진그룹을 창업한 윤석금 회장도 백과사전을 판매하던 영업사원 출신이다. 비록 뼈아픈 실수로 인해 기업이 공중 분해되고 말았지만 그래도 맨손으로 시작하여 10조 그룹을 일군 신화적인 인물이다. 영업을 통해 얻을 수 있는 것에는 그 한계가 없다. 이것이 바로 영업의 매력이다. 이런 이유들로 인해 요즘도 영업에 입문하는 사람들이 꾸준히 증가하고 있다. 그러나 일부 영업 초보자들 중에는 잘못된 생각을 지닌 사람들이 있어서 안타깝다.

📋 업(業)

업은 산스크리트어 단어 카르마(Karma)의 번역어이다. 원래는 행위를 뜻하는 말로서 인과(因果)의 연쇄관계에 놓이는 것이며 단독적으로 존재하지 않는다. 불교에서 주로 사용되는 용어로 현재의 행위는 그 이전의 행위의 결과로 생기는 것이며, 그것은 또한 미래의 행위에 대한 원인으로 작용한다. 거기에는 과거·현재·미래와 같이 잠재적으로 지속하는 일종의 초월적인 힘이 감득(感得)되어 있으며 흔히 시간(時間: Kala)·천명(天命: Daiva)·천성(天性: Svalhava) 등의 말로 표현되고 있다. 이중에서 천명 정도의 의미가 본서에서 이야기하는 업의 의미이다.

첫 번째 잘못된 생각이 일에 대한 잘못된 인식이다. 일을 하러 나와서 개인적인 관심과 활동이 먼저이고 자신이 해야 하는 일은 부차적인 문제로 인식하는 경향이 있다. 이들은 일은 나의 '업'이며 일은 전문가답게 해야 성공하는 것이라는 상식을 놓친다. 이들은 영업이라고 하는 일을 부업쯤으로 생각하니 제대로 전념하지 못하여 적응도 못한 채 결국 조기 탈락한다. 실상 영업(판매)이라고 하는 것은 다른 일을 하면서도 가능하다. 하지만 영업이 주요 업이 되지 못하는 한 절대 성공할 수는 없다. 왜냐하면 영업은 전문직이기 때문이다.

또 어떤 초보자는 영업이 아주 쉬울 것이라고 생각한다. 아니 돈을 쉽게 벌 수 있을 것이란 막연한 기대감으로 시작한다. 그러나 하루에 몇 시간을 시장과 제품을 학습하고, 또한 고객과의 접촉을 위한 홍보와 개척을 해야 하는 영업의 업무를 제대로 인식하지 못했기 때문에 가지는 환상이다. 이러한 사람들은 실제 영업을 알고 나서는 자신감을 잃고 중도에 포기하는 경우가 많다. 돈을 벌기 위해서는 판매를 해야 하고, 판매를 위해서는 사람들을 만나야 하고 이들을 설득해야 하는 과정인 영업의 본질을 모르기 때문이다. 영업은 분명히 업으로 알고 해야 하는 전문적인 일이다. 어떤 일이든 땀 흘림이 있어야 하고 그 대가로 돈을 번다는 상식을 알고서 영업을 하자.

또한 마지못해 영업에 입문한 사람들에게서도 문제점을 발견한다. 상대적으로 젊은 영업사원들 중에서 많이 발견할 수 있다. 이들은 분명 친구들처럼 대기업 관리직을 꿈꾸었을 것이다. 그러나 취업문이 좁아지고 경쟁이 치열해지는 등의 사정이 여의치 않아 영업에 입문했다. 그러나 왠지 자신의 일을 내세우기가 썩 내키지 않고 일에 신이 나질 않는다. 항상 한 발을 뺀 듯한 자세로 일에 임한다. 실적은 올려야 하니 지인들을 찾아가서 읍소를 한다. 판매를 해도 성취감이 안 생기고 거절을 당하면 매우 쉽게 좌절한다. 스스로 비전과 목표를 세우지도 않고 일에 전념도 못하니 성공하는 영업사원과는 점점 거리가 멀어진다. 이는 영업에 대한 잘못된 인식과 우리사회에서 영업의 위상이 높지 못하기 때문이다. 영업에 대한 인식이 잘못되어 영업사원들은 자신의 명함을 다른 사람에게 내미는 것조차 주저하는 경우도 있다. 이는 자신의 영업에 대한 자세도 문제이고 사회전반에 걸친 영업에 대한 인식도 문제인 것이다.

세상에 공짜는 없다. 성공은 반드시 대가를 지불해야만 얻는 것이다. 특히 영업은 가장 정직한 사업이다. 내가 노력해서 흘린 땀만큼 정확하게 수확하는 것이 영업이다. 미국의 유명한 영업 매니저이자 비즈니스 코치인 제프리 지토머는 영업을 한마디로 "일하기(Working)"라고 했고, 두 마디로 "열심히 일하기(Hard Working)"라고 했다. 무슨 일이든 일은 일답게 해야 한다. 영업도 일로써 일답게 할 때 성공할수 있다. 이러한 태도와 신념을 가지고 영업을 시작해야 한다.

자기 비전이 중요하다

앞서도 언급하였듯이 영업에서 살아남고 성공하기 위해서는 자신만의 비전을 가지고 있어야 한다. 무슨 일이든 시작할 때는 반드시 비전을 가져야 한다. 비전은 쉽게 달성하는 것이 아니다. 적당한 목표로 이루어지는 것도 아니다. 비전은 최대한 자신이 생각하는 것보다 더 큰 원대한 꿈이다. 그 비전의 크기만큼 가슴 속 에너지가 커지고 일에 대한 전념도가 강해진다. 매번 새로운 일을 시작하는 사람들과 면접을 할 때면 모두 다 자신의 모든 것을 걸고 열심히 하겠다고 한다. 하지만 일을 시작하고 나서는 안이해지고 풀어져 버린다. 힘들다고 불평한다. 일을 시작하기 전에는 각오라는 것이 있는 듯 보이지만 일을 시작하면 현실과의 괴리에 지쳐서 무너지는 것이다. 그러지 않기 위해 일을 시작함에 앞서 비전이라는 것을 가져야 한다.

영업사원들에게는 비전이 특히 중요하다. 영업을 시작한 초기에는 많은 갈등을 겪기 마련이다. 고객이라는 사람을 만나고 설득하는 것이 영업사원의 일이다. 그 사람들은 각양각색의 요구와 문제를 가지고 있다. 각양각색의 사람을 만나니 익숙하지 않은 수많은 어색한 상황을 겪게 되고 또 내부적으로 혼란을 겪는다. 그때마다 일에 대한 갈등을 겪게 되고 포기하고 싶은 충동을 가지게 된다. 이런 갈등과 포기의 충동을 극복할 수 있게 만드는 것이 자기 비전이다. 자기 비전이 분명하면 갈등과 위기를 스스로 극복할 수 있고 각각의 다른 상황과 사람들에 대해 다양한 접근법과 전략을 수립하게 된다.

또한 비전은 위기극복의 동력이기도 하고 자신의 일에서 성공의 동력이기도 하다. 영업으로 성공한 사람들의 공통적인 요소 중 하나가 모두 비전이 뚜렷한 사람들이라는 것이다. 이들은 영업을 시작하기 전부터 명확한 비전을 세운 사람들이다. 그리고 그 비전을 향해 끊임없이 도전하고 달려온 사람들이다.

비전은 구체적이고 분명한 것이 중요하다. 막연하게 돈 벌자, 성공하자, 정도는 비전이 아니다. 이 것은 그냥 바람일 뿐이다. 비전은 구체적인 목표로 설정되어야 한다. 언제까지 무엇을 하겠다는 식으로 구체적으로 정해야 한다. 그리고 이 것을 잘 보이는 여러 곳에 붙여놓고 매일 보며 외쳐야 한다. 비전은 정하는 것도 중요하지만 가슴속에서 불꽃처럼 계속 타오르게 하는 것이 중요하다. 그 불꽃이 꺼지지 않으면 비전은 분명히 달성할 수 있다.

비전을 설정했으면 비전을 달성할 활동 목표를 세우는 것이 중요하다. 비전에 시간을 입히면 목표가 되고 목표에 숫자를 더하면 계획이 된다는 말이 있다. 일일 주간 월간 활동 목표를 구체적으로 수립하고 그 목표에 몰입하면 비전은 분명히 이루어진다. 활동 목표는 사업의 종류에 따라 다를 수 있는데 이것은 매니저와 상담을 통해 코칭을 받으면 된다. 노련한 매니저들은 영업사원의 비전에 따른 최적의 활동 목표를 제시해줄 것이다.

몇 년 전에 영업사원들을 통해 비전 달성을 테스트한 적이 있었다. 일 년 후에 이루고 싶은 비전을 정하고 사진이나 그림 등으로 전지 한 장에 꾸며보라고 했다. 그리고 그 비전을 달성하기 위한 활동 계획도 함께 만들라고 했다. 매일 보고 결심하는 자기 체크도 하게 했다. 일 년 후에 어떻게 되었을까? 60%가 그 비전을 달성하였다. 그런데 비전이 크고 두 개 이상인 사람의 달성률이 높았다. 비전의 크기가 작은 사람일수록 달성률이 낮았다. 이유는 간단하다. 비전이 작은 사람은 활동 목표가 적었고, 활동 목표가 적으니까 일에 대한 태도가 미진했고 활동력도 적었기 때문이다.

반면 일 년 후에 집을 넓히고 자기 차도 사고 부부 해외여행을 목표로 한 사람은 이 세 가지를 다 이루었다. 그가 세운 활동 계획을 보면 무모해 보일 정도로 임계점을 넘어선 것이었는데 그 계획에 근접한 활동을 일 년 동안 지속한 결과였다.

🔖 영업 비전과 활동

- 구체적인 비전을 세워라: 보이는 것
- 달성 가능한 비전을 세워라: 절제
- 비전을 달성하기 위한 활동계획을 세워라: 실행
- 자기가 할 수 있는 것보다 한 발짝 더 높은 활동계획을 세워라: 꿈
- 다음을 생각하지 말고 오늘의 활동계획을 실천하는 데 전념하라: 현실

습관화 되어야 한다

인간은 습관의 존재이다. 인간은 습관에 따라 사고하고 행동하는가 하면 습관에 의해 성격과 인격이 만들어진다. 좋은 습관이 좋은 인간을 만들듯이 좋은 영업 습관이 성공 영업사원을 만든다.

✌ 영업사원이 가져야 할 첫 번째 습관은 출근이다

성공한 영업사원들의 사소한 것 같지만 중요한 공통점이 영업소로 출근하여 조회에 참석하는 것이다. 출근하여 조회에 참석해야 정보를 얻고 고객을 만날 기회를 가지게 된다. 또 적절한 긴장감을 유지하여 슬럼프에 빠지지 않도록 하는 것도 출근이다.

영업사원은 일 자체가 습관이 되어야 한다. 영업사원의 일은 매일 출근하여 홍보하고, 가망고객 만들고, 판매하고, 사후관리를 통해 재판매하고, 소개를 받는 것이다. 이 일련의 일들이 습관화되어야 하고 이 일을 하기 위해 사람을 만나는 것이 습관화되어야 한다.

어떤 일이 습관화된다는 것은 반복하는 것이기 때문에 익숙해지는 것이다. 익숙해지는 것은 자신감은 물론이고 시간과 비용의 효율성을 가져온다. 일의 자신감은 일을 즐기는 단계가 되며, 어떤 일이든 일을 즐기는 사람이 이기기 마련이다. 영업에서 일하기의 습관이 성공의 조건이다.

 21일 작전

교회에서 [특새 21작전]이라는 것이 있다. 특별 새벽기도에 21일 연속 참석하면 새벽기도 참석이 습관화가 된다고 하여 교회들이 권하는 방법이다. 실제로 사회학에서 인간이 한 행동을 21일 동안 반복하면 습관이 된다는 이론에 근거한 것이다. 습관화는 자기도 모르게 우연히 몸에 배는 경우가 많지만 의지적으로 만들 수 있다는 뜻이다.
21일 습관화 작전을 시도해보자. 한 가지 행동을 정하여 매일 일정 시간에 반복하여 시행해보자. 이 방법은 이전에 영업사원들을 코칭할 때 종종 성공한 방법이었다. 영업사원 스스로 하나를 결심하게끔 하고 21일 동안 과정관리를 했을 때 그 결심이 습관화가 된 사례를 많이 보았다. 구매는 고객이 결정하는 것이지만 고객의 구매결정 유도는 영업사원의 몫이다. 홍보하고, 가망고객 만들고, 판매 설득하는 영업 활동들은 21일 동안 반복할 때 습관화가 가능하다.

✎ 학습이 필요하다

영업은 고객의 욕구를 충족시킬 솔루션을 제공하는 것이다. 말은 쉽지만 실행하기는 어려운 영업 준비사항이다. 고객들은 매우 까다롭다. 영업사원이 배라면 그들은 물과 같은 존재다. 물은 배를 띄우기도

하지만 침몰시키기도 한다. 요즘 고객들은 온갖 정보에 접근이 가능하여 똑똑하기까지 하다. 합리적 구매를 하는 고객은 영업사원보다 더 나은 지식과 정보로 영업사원을 실패하게 만든다. 감성적 구매를 하는 고객은 나보다 더 친한 영업사원으로 나를 실패하게 만든다. 까다로운 고객의 니즈(Needs)를 넘어선 욕망(Wants)을 충족시키기 위해서는 오직 공부밖에 없다.

먼저 제품 전문가가 되어야 한다. 제품 자체의 지식은 물론이고 제품에 관한 고객의 다양한 욕구까지 만족시킬 제품 박사가 되어야 한다. 자신만의 제품 노트를 만들어보자. 제품의 특징을 고객과 대화를 나눌 수 있도록 대화식으로 만들고 경쟁사 제품과 비교 화법도 만들어서 이를 숙지하고 있어야 한다. 그리고 제품을 필요로 하는 고객을 선정하고 그 고객에 맞는 설득화법도 만들자.

훌륭한 영업사원이 되기 위해서는 제품 전문가가 되어야 하는 것은 당연하고 해당 산업의 특성(경쟁 및 산업전반에 관한 지식)까지 능통해야 한다. 관련 책을 읽고 교육과 세미나에 적극적으로 참여하여야 한다. 관리자나 다른 전문가로부터 학습할 교재와 교육을 소개받아서 읽고 참석한 다음 스스로 정리하고 전문가로부터 피드백을 받는 것도 좋은 방법이다. 자신보다 실적이 좋은 동료 영업사원이 어떤 교육을 받았는가를 물어보고 그 영업사원의 책상 위에 어떤 책이 있는지도 보아야 한다. 즉, 잘하는 영업사원의 행동과 습관을 관찰하고 모방하는 것도 좋은 방법이다. 하지만 이것은 과학적이지 못한 방법이다. 과학적인 방법은 책과 전문가로부터 학습을 받고, 다양한 상황과 고객 특성을 학습하고 분석하는 과정을 통해 스스로 익혀 나가야 한다.

고객 만족과 설득을 위하여 심리학이나 설득과 협상 혹은 고객 행동 같은 분야는 영업과 마케팅을 하는 사람은 기본적으로 학습해야 하는 분야이다. 영업사원은 고객이 필요로 하는 좋은 제품을 파는 것도 중요하지만 판매하는 과정에서 고객이 만족을 넘어서 행복해하도록 해야 한다. 고객은 구매를 하는 것은 즐거워하지만 구매를 강요당하는 것은 싫어한다. 건강을 위해 제약회사가 좋은 약을 만들고 그 약으로 의사가 적합한 처방을 한다. 그런데 주사를 놓는 간호사가 서툴면 환자는 아파하고 불쾌해한다. 좋은 제품을 판매하더라도 영업사원이 서툴러서 판매과정이 매끄럽지 못하면 고객은 불편해 하고 다음에 절대로 그 영업사원을 찾지 않을 것이다.

영업 방법도 공부해야 한다. 고객들이 변하기 때문에 영업 방법도 진화를 거듭하고 있다. 나의 한계를 넘기 위해서는 끊임없이 영업 방법을 공부하고 스스로 자기 진화를 해야 한다. 내가 아는 어떤 분은 10년간 연봉 1억 이상을 유지하고 있다. 그 비법을 물었더니 그 중 하나가 영업 관련 독서라고 했다. 한 달에 제품과 자기개발 그리고 영업 관련 책을 각각 한 권씩을 읽기로 결심하고 10년째 계속하고 있다고 한다. 10년 동안 영업 관련 도서를 100권 이상 읽었다는 것이다. 그 책을 통해서 영업 기법을 스스로 발전시켰고 그 덕택에 10년 동안 연봉 1억 이상을 계속 유지할 수 있었다고 한다.

훌륭한 영업사원이 되려면 업무 외의 분야에도 많은 학습이 필요하다. 영업은 다양한 사람을 만나는 직업이다. 만나는 사람마다 성격이 다르고 취향이 다르고 지식의 수준은 물론이고 사회적 지위도 각기 다르다. 다양한 사람을 만나서 상대하려면 폭넓은 교양과 지식이 필요하다. "아는 만큼 보인다!"는 말이 있듯이 내가 아는 만큼 사람이 보이고 일이 보이는 법이다. 나아가 다양한 지식을 통습하여 자기만의 것으로 체화(體化)된 전문적 영업사원이 되도록 노력해야 한다.

현대의 영업은 단순히 상품만을 판매하는 것이 아니라 고객과 인격적인 교감을 나누고, 고객과 함께 행복한 인생을 살아가는 고품격 전문 '업'이다. 만나는 고객에 의해 영업사원의 품격이 달라지는 것이 아니라 영업사원의 품격에 의해 고객의 품격이 달라진다. 영업사원이 자기 스스로 높인 인격만큼 고객들의 인격도 높아지고 행복해한다. 영업사원은 끊임없이 학습해야 한다. 업무 관련 학습은 필수이고 시간이 날 때마다 다양한 독서를 통해 자신만의 교양과 인격을 다듬어가야 한다.

사람이 만든 훌륭한 책이 많다. 그러나 훌륭한 책이 만든 성공한 사람은 더 많을 것이다. 특히 훌륭한 영업사원은 책과 공부를 통해 스스로를 만들어간다.

영업은 정직이 생명이다

많은 사람들이 영업사원을 믿지 못하고 심지어 사기꾼이라는 비난을 한다. 이는 정직하지 못한 영업사원들 때문에 생기는 비난이다. 단지 제품을 팔기위해서 거짓된 정보를 제공하거나 증거를 조작한다. 이는 고객에게서 신뢰를 잃게 되고, 고객으로부터 점점 멀어지게 된다. 영업사원이 가져야하는 주요 특성은 첫 번째도 정직, 두 번째도 정직, 마지막도 정직이다. 이를 위해 성실해야 하고, 자기관리에 철저해야 한다.

✔ 성실이 첫 번째이다

영업은 정직한 '업'이다. 땀 흘린 만큼 거두는 사업이 영업이다. 하지만 영업으로 성공하기 위한 첫 번째 조건이 성실임을 알아야 한다. 영업의 성과는 운으로 발생하지 않는다. 영업의 성과는 고객과의 만남에서 발생한다. 그렇기에 고객과의 만남에 최대한 성실해야 한다.

성공한 영업사원들을 만나보면 그들의 삶 자체가 부지런하고 진지한 것에 놀란다. 그들은 하루 24시간을 쪼개고 쪼개어 일과 개인생활에 엄격할 정도로 부지런하게 산다. 성실을 바탕으로 일과 공부, 취미활동, 사회봉사 등 많은 것을 하며 전인적으로 성숙한 인생을 사는 사람들이 성공한 영업사원들이었다.

성공의 조건을 나에게 맞추어서는 안 된다. 성공의 조건에 나를 맞추어야 성공한다. 성공의 첫 번째 조건이 삶의 성실한 태도임을 절대로 잊지말자.

자기 관리에 철저하라

영업은 사람을 만나는 것이 일이기 때문에 자기 관리에 철저해야 한다. 항상 밝고 긍정적인 내면을 유지하도록 노력하며, 자기 일에 자부심을 가지고 고객과의 만남을 즐겨야 한다. 그리고 고객들에게 영업사원의 긍정성을 전달하는 행복을 누려야 한다. 항상 웃는 것과 밝고 쾌활함은 기본이고, 그들의 말을 경청하며 공감대를 가져주는 것과 그들의 문제에 명쾌한 솔루션을 제시하는 것이 습관화되어야 한다.

일에 최대한 열중하되 일에 매몰되지는 않도록 하는 것도 중요하다. 일에 열중하지 못해서 실패한 사람이 있듯이 도가 치나쳐 일에 매몰되어 실패하는 사람도 있다. 영업은 마치 현악기와 같다. 현악기는 줄이 느슨하면 소리가 나지 않고 너무 조이면 끊어지기에 적당하게 조여야 소리가 아름답게 난다. 영업사원의 자세도 이와 같아야 한다. 적절한 자기 관리로 고객과의 만남을 즐기는 것이 영업의 성공 방정식이다.

화이불치 검이불루(華而不侈 儉而不陋)

<삼국사기> 백제본기에 나오는 내용으로, 화사하되 사치하지 않고 검소하되 누추하지 않는다는 뜻이다. 영업사원의 자기 관리에 잘 어울리는 말이라고 생각한다. 영업사원의 옷차림도 이와 같은 것이 좋다. 고객에게 제품을 권유할 때의 화법도 그렇다. 거절처리는 물론이고 사후관리 할 때도 이 수준이 좋다. 고객을 만나기 전에 '화이불치 검이불루'를 속으로 외쳐보자. 고객에게 지나치게 부담주지도 않고 나 자신이 구차하지도 않는 가장 효과적인 적정선이 이 것이다.

고객에 몰입하고 일에 몰입하자!

✔ 몰입이 성공을 부른다

"그땐 내가 미쳤지. 지금 그렇게 하라면 못하겠어!" 사업 실패로 고생하다가 보험 영업으로 크게 성공한 후배가 한 말이다. 또한 이 말은 영업으로 크게 성공한 사람들의 사례담에서 공통적으로 듣는 말이다.

미쳐야(狂) 미친다(至)는 말이 있다. 여기서 미쳤다는 말은 몰입한다는 의미이다. 한 분야에서 특별히 성공하는 사람들은 미친 듯이 그 일에 몰입한 사람들이다. 영업은 결코 만만한 일이 아니다. 열중해야 성공하고, 진정으로 몰입해야 크게 성공하는 직업이다. 영업사원이 몰입하면 고객들이 제일 먼저 인정해준다. 고객이 "저 친구 정말로 열심히 하는구나!"라는 평가를 하는 순간 그 고객은 영업사원의 협력고객이 된다. 그때부터 영업사원의 성과는 계속적으로 성장한다. 몰입하자! 이왕 시작한 영업에 한번 미쳐보자.

✔ 몰입은 언제 하게 될까?

몰입으로 이끄는 것은 여러 가지가 있다. 재미, 습관, 칭찬, 인정

받기 등이 몰입으로 이끄는 통로 역할을 하지만 더 중요한 통로는 신념이다. 인간은 자신이 하는 일이 가치 있다고 생각할 때 몰입하게 된다. 나아가 그 일을 행하는 자기 자신이 가치 있는 인물이라는 스스로 생각할 때 더 몰입하게 된다.

나 스스로 영업에 가치를 부여하자. 내가 판매하는 제품과 내가 하는 일에 신념을 가지자. 나의 제품과 나의 존재감으로 고객들이 행복해한다는 생각과 그 일을 하는 나의 인생이 가치 있다고 생각하자. 그러면 몰입하게 되고 그 몰입은 더 나은 성과를 불러오는 선순환의 고리가 될 것이다.

어릴 적 기억

어릴 적 냇물에 들어갈 때의 기억이 남아있다. 물 밖에 있을 때는 여러 생각이 많아 물에 들어가길 주저하게 만들었다. 물이 차가울 거야, 물이 더러울 거야, 바닥에 돌이 많아 발바닥이 아플 거야 등등. 물이 발목과 무릎까지 찰 때도 그랬다. 그러나 물에 허리를 지나 가슴까지 잠기자 생각이 달라졌다. 아, 물이 편하구나, 수영하니 좋구나, 물놀이하니까 재미있다, 그리곤 무려 두어 시간을 정신없이 놀았던 기억이 있다.

몸은 마음가짐에 따라서 다르게 반응한다. 모든 행동을 결정하는 것은 그렇게 행동하자고 하는 태도에 의해서 결정된다. 마케팅에서 소비자 구매행동을 연구하기 위해서 가장 중요한 변수가 '태도'이다.

영업 세상도 이와 같을 것이다. 일을 시작하고서도 바깥에 머물기만 하거나 발목이나 무릎 정도만 들어갔다면 절대로 영업의 참맛도 느낄 수 없고 성공할 수도 없다. 이왕 시작했다면 영업에 가슴과 목까지 들어가야 영업의 진정한 의미를 제대로 볼 수 있고 큰 성공을 할 수 있을 것이다. 당신은 지금 영업이라는 물속에 어디까지 들어왔나?

영업부서 내의 인간관계에 충실하자

일은 반드시 누구와 함께 하는 것이다. 동료, 상사, 부하, 협력업체, 거래선 특히 고객들과 함께하는 것이 사업이다. 이들과의 관계가 사업의 성패를 결정짓는 것이 한국적 사회이다. 영업은 자유로운 직업인 프리랜스적인 성격이 강하기에 고객들에게만 잘하면 되고 영업부서에서의 인간관계에 등한시 하는 영업사원들을 종종 본다. 특히 한순간 고성과를 달성한 영업사원들에게서 이러한 특성을 볼 수가 있다. 성과가 좋으니 매니저는 떠받들고 동료들은 부러워하고 후배들은 존경의 눈으로 쳐다본다. 자연히 어깨에 힘이 들어가고 나도 모르게 고집만 피우고 교만에 빠진다. 어느 정도 시간이 지나고 난 후 그 영업사원의 말로는 어떨까?

안에서 새는 바가지 밖에서도 새는 법이다. 이 영업사원의 교만은 습관이 되어 고객에게도 교만해져 결국 고객들이 등을 돌린다. 슬럼프에 빠지면 매니저나 동료와 후배들에게서 힘을 얻어야 하는데 그들은 이전에 이미 이 영업사원을 떠나버렸다.

영업부서 내의 인간관계에 충실하자. 매니저의 코칭에 귀를 기울이고, 동료와는 좋은 친분을 나누고 후배들에겐 존경받는 멘토가 되자. 제발 방전된 스마트폰이 되지 말자. 아무리 성능이 좋은 스마트폰도 방전이 되어서 배터리를 충전하지 못하면 쓸모가 없다. 충전기를 찾아서 충전을 해야 사용할 수 있다. 부서 내의 동료들이 충전기 역할을 하는 것이다. 아무리 똑똑하고 성과가 좋더라도 영업부서 내에서 관계가 좋지 못한 영업사원은 결국 한계를 맞이한다.

오월동주 이야기에 '상산의 솔연'이라는 말이 나온다. 옛날 중국 상산 지역에 솔연이라는 뱀이 있었는데 절대로 적의 공격에 죽지 않았다고 한다. 머리가 공격당하면 꼬리가 도와주고, 꼬리가 공격당하면 머리가 도와주고, 몸통이 공격당하면 머리와 꼬리가 힘을 합쳐 도와주었기 때문이란다. 영업을 하는 영업소도 이와 같아야 한다. 매니저와 선배 그리고 신입 영업사원이 서로 도와야 모두가 성공할 수 있다.

직장 생활에서 윗사람에게 잘못 보이면 진급이 어렵고 동료나 아랫사람에게 잘못 보이면 아예 진급을 못한다는 말이 있다. 한국은 두루 보살필 줄 아는 성공의 겸손을 미덕으로 삼는 사회이다. 영업부서 내에서 나를 버리고 남을 배려할 줄 알아야 한다. 안에서 새는 바가지가 밖에서도 샌다고 영업부서 내에서 항상 겸손하고 배려할 줄 알아야 고객들에게도 그렇게 한다.

매니저를 도와주자. 두 배로 돌아올 것이다. 동료와 후배를 배려하자. 열배로 돌아올 것이다. 고객들에게 겸손하자. 백배로 돌아 올 것이다. 이것이 영업이다.

너무나 당연한 말, 고객 중심

고객지향성은 고객에 대한 가치를 최상으로 두는 것을 의미하며 이것은 고객이 원하는 것을 다 들어준다는 것은 아니다. 이는 고객가 치에 대한 학습의 중요성을 강조하는 것이다. 많은 경우에 고객은 니 즈를 가지고 있지만 정확히 원하는 것(Wants)이 무엇인지를 모르고 있 는 경우도 많다. 즉 고객의 니즈를 정확하게 이해하고 이를 만족시켜 주기 위해 최선을 다한다는 것이지 무엇이든 원하는 것을 다 들어준 다는 의미는 아니다. 스티브 잡스가 이야기했듯이 고객은 기업이 제 품으로 보여주기 전까지는 무엇을 원하는지 정확하게 모른다. 따라서 영업사원은 고객을 학습하고 이해하여 서로 win-win하는 영업을 해야 할 것이다.

고객이 변했다

요즘의 고객은 이전의 고객과 확연히 다르다. 우선 정보화의 시 대인지라 고객의 정보가 영업사원 못지않다. 스마트폰을 통해 온 세 상의 정보가 눈앞에 펼쳐진다. 영업사원이 판매하려고 하는 정보를 고객들도 너무나 쉽게 접할 수 있기에 더 이상 정보의 비대칭이 영업사원의 무기가 될 수 없다. 게다가 요즘의 고객은 예민하고 까다롭기 그지없고, 기업들의 경쟁이 치열해져 눈높이마저 엄청 높아져 있다. 그리고 전반적인 생활수준이 향상되어 요구조건은 매우 디테일하다.

이런 고객들에게 이전처럼 영업사원이 자기중심의 방법으로 영업을 하면 백전백패한다. 이제는 철저히 고객의 입장에서 생각하여 고객의 이익을 찾아야 하고 고객의 만족을 위하는 고객중심의 영업을 해야 한다.

✔ 무재칠시

 무재칠시(無財七施)

불교의 잡보장경(雜寶藏經)에 나오는 말로 내가 가진 재산이 없더라도 남에게 베풀 수 있는 것이 일곱 가지가 있다는 말이다. 남을 위하여 실천할 덕목에 관한 내용이다. 첫째 "화안시" 항상 밝은 얼굴로 남을 대하는 것. 둘째 "언시", 언어로 베풀 수 있는 것으로 칭찬, 위로, 사랑스런 언사 등이 있다. 셋째 "심시" 마음으로 베푸는 것이다. 마음의 문을 열고 온화함을 주는 것을 말한다. 넷째 "안시" 호의를 담은 온화한 눈빛으로 보는 것을 의미한다. 다섯째 "신시" 몸으로 베푸는 것으로 봉사함을 말한다. 여섯째는 "좌시"이다. 여건에 맞추어 자리를 양보하는 것을 말한다. 일곱째 "찰시", 남의 마음을 헤아려 돕는 것을 의미한다. 이 일곱가지는 영업사원이 고객을 만날 때 꼭 기억하고 행해야하는 것들이다.

영업은 고객에게 무언가를 베푸는 직업이다. 영업사원은 고객에게 만족과 행복을 제공하는 것이 업이고 사명이다. 영업사원이 베풀 수 있는 것은 물질적인 것뿐만 아니라 마음에서 우러나오는 비물질적인 것으로도 얼마든지 고객을 감동시킬 수가 있다. 고객에게 제품의 만족을 제공하는 것보다 더 중요한 것은 나의 영업 행위 자체가 그들에게 행복을 주도록 노력해야 한다. 웃음을 주는 것, 격려하는 것, 희망을 주는 것, 위로 하는 것, 배려해주는 것, 경청하는 것 그리고 나아가 진심으로 그들의 행복을 위해 기도하는 것을 영업사원의 신(新) 무재칠시로 삼았으면 좋겠다.

✔ 먼저 애호하라

영업사원이 성공하려면 애호*고객이 많아야 한다. 이들 애호고객은 단순한 구매 행위를 넘어 영업사원의 성공을 기원하고 영업사원과 인생을 즐기려는 사람들이다. 할리데이비스의 동호회가 대표적인 애호고객 집단이다. 이들은 할리데이비스라는 오토바이 제품뿐만 아니라 할 리가 제공하는 문화에 열광한다. 애플의 애호고객들도 마찬가지이다. 이들을 애플마니아라고 부른다. 제품을 뛰어넘는 가치를 만들어서 공유하고 열광하게 만들어야 한다. 영업사원들이 이러한 것을 할 수 있다. 영업으로 큰 성공하려면 이런 집단을 가져야 한다. 영업사원이 제공하는 서비스에 열광하고 성공을 위해 자발적으로 참여하는 애호고객 집단을 가지는 것이 영업사원의 궁극적인 목표가 되어야 한다.

애호고객을 만들려면 내가 먼저 제품과 기업문화를 애호해야 한다. 애호는 상대방에게 보여주는 호감이다. 즉 고객에게 호감을 가져야 하고, 고객도 영업사원에게 호감을 가질 때 애호도가 생긴다. 너무나 당연한 영업의 구호 ─ 고객은 나의 파트너이다. 협력자이다. 단순한 제품을 구매하는 구매자가 아니다. 고객의 만족과 행복을 위해 일하는 것을 영업사원의 행복으로 여기면 반드시 성공하는 영업사원이 될 수 있다.

---

* Loyal customer, Customer Loyalty 등을 충성고객, 고객충성도 등으로 번역을 하는 경우가 많다. 하지만 이는 너무 군대식 문화에 익숙해져 있는 한국식 번역인 것 같다. 충성이라는 말 대신 애호도 혹은 애호고객으로 번역하는 것이 더욱 바람직한 의미를 전달할 것 같다. 고객이 기업이나 제품에 충성을 하지는 않는다. 단지 호감을 가질 뿐이다.

경청하기: 대나무밭에게 배우기

영업은 고객을 설득하는 것이다. 내가 제공하는 제품과 서비스가 당신에게 가치있기 때문에 이 것을 구매하라고 설득하는 것이 영업의 본질이다. 이 설득에 의해 고객은 제품의 필요성을 인식하고 나아가 제품 구매 후 누리게 될 가치를 기대하며 구매를 결정한다. 그러므로 영업사원이 습득해할 가장 중요한 영업 기술은 고객 설득방법이고 설득방법 중 가장 중요한 기술이 경청이다. 몇 년 전 영업사원들을 대상으로 한 설문에서도 경청이 가장 중요하다고 응답을 하였다. 많은 영업사원들이 말을 잘해야 설득을 잘 할 수 있다고 생각한다. 하지만 저자가 만나서 인터뷰한 많은 고성과 영업사원들은 그렇지 않았다. 이들은 저자와 인터뷰를 하면서도 메모지에 인터뷰 질문을 하는 저자의 말을 메모하고 생각하는 모습을 보여주었다. 물론 말을 잘하는 것도 매우 중요하다. 하지만 영업 상담에서 중요한 것은 고객으로 하여금 이야기를 하게 만드는 것이다. 즉 영업사원이 잘해야 하는 것은 적시에 적절한 질문을 하고 이에 대한 고객의 말을 잘 경청하는 것이다. 경청은 그냥 듣는 것이 아니다. 경청은 고객의 말에 반응을 보이고, 추임새를 넣고, 메모를 하는 등 고객에게 집중하고 있다는 것을 보여주는 행동이다. 고객의 말을 경청하면서 고객의 말속에 숨어있는 니즈를 찾아내고, 구체적인 욕구가 무엇인지를 알아내야 하는 것이 영업사원의 중요한 능력인 경청인 것이다.

✔ 잘 들어주는 고객을 위한 대나무 밭이 되자

영업 설득은 반드시 경청의 단계를 거쳐야 한다. 먼저 고객의 말을 듣는 것에서 고객설득은 시작된다. 답답하고 논리에 틀리는 말이라도 내가 말하고 싶은 것을 참고 고객의 말을 들어야 한다. 듣다 보면 고객의 니즈가 정확히 보이기 시작하고, 고객의 니즈가 파악되면 가장 적합한 솔루션을 제공하여 고객 만족을 도출할 수 있다. 또한 고객의 말을 듣다보면 영업을 떠나서 고객에게 인간적인 소통을 할 수 있게 된다.

임금님 귀는 당나귀 귀

임금님이 자신의 귀가 당나귀 귀라는 사실을 숨기기 위해 자기 머리를 이발한 모든 이발사들을 죽였다. 마지막 한 이발사는 애걸복걸하여 절대로 소문을 내지 않겠다는 약속을 하고 풀려났지만, 임금님 귀가 당나귀 귀라는 사실을 소문내도 죽고 소문내지 않으려니 답답해서 병이 나서 죽을 것 같아서 찾아간 곳이 대나무밭이었다. 그 대나무밭에 구덩이를 파고 임금님 귀가 당나귀 귀라는 말을 맘껏 외치고 구덩이를 메우고 났더니 병이 나았다는 이야기이다. 대나무밭은 이발사에게 무엇을 해준 것이 없다. 단지 경청했을 뿐이다. 그 경청만으로 이발사의 병이 나았다.

영업사원이 고객들과 판매 상담을 하면서 대화를 하다보면 그 고객의 사적인 이야기를 듣게 된다. 그때 사적인 이야기는 판매에 도움이 안 되는 낭비라고 절대로 생각하지 말아야 한다. 고객의 수다는 고객이 나를 믿고 있다는 것이고 나를 이발사의 대나무밭처럼 신뢰하고 있다는 신호로 받아들여야 한다. 그 순간은 애호고객이 만들어지고 있는 중요한 시간이다.

고객을 위대하게 만들자

제대로 된 애호고객을 만들기 위해서는 경청과 설득을 넘어 한 발짝 더 나아갈 필요가 있다. 바로 고객을 위대하게 만드는 것이다. 간혹 영업을 하고 난 뒤에 고객을 폄하고 흉보는 영업사원을 보게 된다. 정말로 잘못된 자세이다. 내가 유능한 영업사원이라면 나에게 구매한 고객도 위대한 사람들이다. 많은 경쟁회사의 영업사원이 아닌 나에게 제품을 구매한 고객은 나에게 무엇보다 소중한 사람이다. 그 고객으로 인해 나의 실적이 올라가고 내가 일을 효과적으로 하고 있다는 것을 느끼게 한다. 그런 고객을 흉보는 것은 나 스스로를 욕되게 하는 일이다. 나에게 구매하는 모든 고객은 소중하고 위대한 사람들이다.

따라서 영업 과정에서 고객을 위대하게 만들어줘야 한다. 모든 고객에게는 장점이 있다. 그 장점을 부각시켜 인정해주고 칭찬해줘라. 칭찬은 고래도 춤추게 한다고 했다. 위대한 당신을 만나서 영광이라는 자세로 고객을 만나라. 고객이 반드시 화답할 것이다. 나아가 나와 거래하는 당신이 귀한 사람이라고 높여주어라. 고객을 높여줄 때 당신도 높아질 것이다. 내가 대단한 인물이 될 것인가? 상대를 위대한 인물로 만들 것인가? 영업의 승패는 여기서 판가름 난다고해도 과언이 아니다.

 맥아더와 아이젠하워

맥아더와 아이젠하워는 둘 다 유능한 장군이었다. 하지만 정치적으로 맥아더는 실패했고 아이젠하워는 성공했다. 그 이유는 뭘까? 한국전을 다룬 데이비스 핼버스탬의 [콜디스 윈터(The Coldest Winter)]를 보면 다음의 예가 나온다. 어느 유명한 기자가 맥아더와 인터뷰를 하고 난 후 "맥아더는 정말로 대단한 인물이구나"를 느꼈다고 한다. 반면 아이젠하워와 인터뷰를 하고 난 후에는 "내가 대단한 인물이구나"를 생각하게 되었다고 한다.
맥아더는 철저히 자기중심적이며 자기의 위대함만을 말하는 데 비해 아이젠하워는 상대방 중심이고 상대를 치켜세우기에 열중하였던 것이다. 결국 한 사람은 정치적으로 실패했고 다른 한 사람은 미국의 대통령이 되었다.

브랜드가 먼저인가? 고객이 먼저인가?

오늘날 기업은 과거 어느 때보다도 극심한 무한 경쟁의 시대에 있다. FTA를 필두로 하는 시장 개방에 따른 국제화와 거의 모든 제품 시장의 성숙화 등으로 인해 경쟁이 치열해지고 있다. 이러한 치열한 경쟁 상황 속에서 기업들은 생존 및 성장을 위해 총력전을 펼치고 있다. 급변하는 환경에 적응하고 더욱 복잡해지고 까다로워진 소비자의 욕구를 충족시키기 위해 마케팅 실무자들과 마케팅 학자들은 고객지향성을 효율적-효과적으로 실행하기 위해 고객과 직접 대면하고 있는 영업사원들의 역할을 강조하고 중요시 하고 있다.

또한 고객들에게 제품이 주는 기본적인 가치(예: 제품 효용, 경제적 가치) 이외에 심리적 혹은 사회적 가치를 더할 수 있는 브랜드의 중요성이 어느 때보다도 중요하게 대두되고 있다. 브랜드는 기업 전략의 수립 및 실행에 있어서 매우 중요한 역할을 차지하고 있다. 브랜드 전략은 기업의 자원 운영 관점에서 포트폴리오 관리(portfolio management)와 세부적인 실행 관점에서 마케팅 믹스(marketing mix) 등 매우 포괄적인 의미를 가지고 있다. 예를 들면, 기업은 브랜드의 가치(brand equity)를 높임으로써 자신들의 고객들이 자사 제품을 선택하는 데 있어서 유리한 위치를 선점할 수 있다는 것을 잘 인식하고 있다. 브랜드 가치의 향상은 영업 사원들도 영업 활동을 보다 효과적으로 할 수 있는 밑바탕을 제공한다.

다음의 질문을 한번 생각해보자. 브랜드 파워를 올리기 위해 브랜드가 우선인가? 혹은 고객이 우선인가? 이 질문에 대한 여러분들의 답은 기업이 브랜드 파워를 올리기 위한 전략을 수립하기 이전에 기본적인 관점을 재고해볼 필요가 있다는 것을 의미한다. 오늘날 많은 기업들이 브랜드 관리(brand management)에 대해서 재정립하고자 하는 움직임이 있다. 어떤 기업들은 브랜드 관리라는 용어 대신 고객가치 혹은 자산관리(customer equity management)라는 말을 사용하고 있다. 많은 실무자들과 마케팅 학자들이 고객중심 혹은 고객가치의 중요성에 대해서 알고 있고, 강조하고 있지만, 실제로는 브랜드 관리에 치중하여 고객을 외면하는 경우가 많다. 전자의 고객가치를 최우선으로 하는 것을 고객중심의 브랜드관리(customer-centered brand management)라고 하고 후자의 브랜드를 자식처럼 생각하는 브랜드 관리를 브랜드중심 관리(brand-centered brand management)라고 한다.

기업의 중심에 무엇이 있어야 하는가? 브랜드인가? 고객인가? 많은 경영진들은 고객이라고 답을 하지만 실제 전략적 행위는 브랜드에 초점을 맞추고 진행이 된다.

📋 GM의 올즈모빌사례

제너럴 모터스(GM: General Motors)의 올즈모빌(Oldsmobile)이라는 브랜드의 사례를 보자. 70년대와 80년대 올즈모빌을 구매하던 GM의 주요 고객들은 이제 노년층이 되었고, 자동차 시장의 주요 고객은 이제 새로운 20대와 30대이다. 이들은 올즈모빌의 'Olds'라는 말이 자신들의 'Young'이라는 이미지와 맞지 않는다는 주요 이유로 인해 구시대적인 이미지를 가진 올즈 모빌을 외면하기 시작했다. GM은 이들 "젊은" 고객들을 끌어 들이기 위해 대대적인 광고 판촉을 진행하였고, 영업사원들도 이에 총력을 기울였다. 하지만 소비자들은 외면하였고, 시장에서의 판매 결과는 비참했다. 올즈모빌의 시장점유율은 1985년 6.9%에서 2000년 1.6%로 하락했다. GM이 무엇을 잘못한 것인가? GM의 경영자들과 마케터 그리고 영업사원들은 고객중심 혹은 고객만족이라는 용어를 이해하지 못했던 것인가? 그렇지 않다. 그들은 알고 있으면서도 실제 행동과 가치를 고객이 아닌 브랜드에 두고 있었던 것이다.

GM의 사례에서 브랜드 관리의 잘못된 관점에 대해서 알아보았는데, 그렇다면 이러한 잘못이 누구의 잘못이며 어떠한 노력이 있어야 하는 것인가를 영업부서의 역할 및 영업 과정에서의 문제를 들어 살펴보자. 마케팅 전략을 수행하고 고객을 설득하는 브랜드 관리의 전도사라고 할 수 있는 영업부서의 역할에 있어서 기본적인 관점의 차이가 있다. 영업부서는 고객중심의 마케팅 전략 수행 집단이 아니라 단지 기업의 판촉 활동의 일부로서 메시지 전달자의 역할만 하는 경우가 많다. 즉, 고객의 관점이 아닌 브랜드 관점에서 고객을 설득하고 브랜드에 유리한 선택을 강요하기도 한다. 고객이 자사의 브랜드를 싫어하면 잘못된 브랜드에 대한 피드백을 마케팅 부서 및 경영층에 주는 것이 아니라, 잘못된 고객에 대한 불평을 전달하게 된다. 오늘날 고객은 매우 까다롭고 요구 사항이 많다. 기업 입장에서 이러한 고객의 모든 요구를 들어 주고, 설득하는 중요한 창구가 영업사원들이다. 영업사원들이 이러한 까다로운 고객들을 장기적인 파트너 관계로 만들어가고 그 과정에서 브랜드를 도구로 생각하여야 한다. 하지만 많은 경우 영업사원들은 브랜드의 가치를 높일 수 있는 고객을 찾아가고, 이를 위해 브랜드가 아닌 고객을 희생시키려고 하고 있다.

브랜드는 기업의 경쟁 전략을 효과적으로 실행할 수 있는 매우 중요한 도구임에는 틀림 없다. 하지만 그 도구를 사용해서 기업이 궁극적으로 추구해야 할 것이 무엇인가를 다시 한번 생각해 보아야 할 것이다. 해답은 "고객의 가치"이다. 고객의 가치를 높이기 위해 기업은 브랜드를 훌륭한 도구로서 사용해야 할 것이다. 또한 영업사원들은 브랜드라는 도구를 활용하고, 기업의 최전방에서 경쟁사들보다 더 잘, 더 효율적으로 고객의 가치를 높이기 위해 최선을 다해야 할 것이다. 고객과 항상 호흡을 같이 하고, 고객의 니즈를 파악하고, 기업의 브랜드라는 가치를 전달하여 수용하게 만드는 것이야말로 영업의 기본적인 역할인 것이다. 영업은 마케팅을 실행하는 즉, 고객의 가치를 실현시키는 기업의 최전방에 선 프로페셔널들이다. 경영진은 이러한 영업사원들의 위상을 높이기 위한 여러 가지 제도적 혹은 심리적 지원을 아끼지 말아야 할 것이다.

 신(信). 통(通). 애(愛)

영업 성공의 세 가지 필요조건이 신뢰하고(받고) 소통하고(통하고) 사랑하는(받고) 것이라고 생각한다. 이 세 가지면 신과도 통할 수 있는 신통한 영업 비법일 것이다.

• 신(信)

고객에게 신뢰를 주어라. 고객은 영업사원을 신뢰할 때 거래를 한다. 약속은 꼭 지켜야 하며, 절대로 거짓말과 과대과장 광고를 하지 않아야 한다. 고객의 지갑은 주머니에 있지 않고 마음속에 있다. 고객의 지갑 속에는 돈이 들어있지 않고 마음이 들어있다.

• 통(通)

무조건 고객과 소통하라. 마음과 마음이 통하도록 노력하라. 고객 앞에서 집중하고 열정을 가져라. 고객의 말을 경청하고 칭찬하고 위대하게 만들어라. 말이 통하고 마음이 통하면 거래도 통한다. 거래를 넘어선 인간적인 소통으로 발전시켜라. 인간적으로 통하면 그들과 친구가 되어 친구로 함께 행복한 인생을 살 수 있다. 그게 영업사원의 행복이다.

• 애(愛)

고객을 진심으로 사랑하면 고객중심으로 일하고 고객의 행복을 위해 일할 수 있다. 고객이 거래의 대상을 넘어 사랑의 대상이 될 때 진정한 영업사원이 될 수 있다. 어떻게 사랑할 것인가? 첫째, 배려하자. 둘째, 배려하자. 셋째도 배려하자.

배려는 나를 버리고 상대 중심으로 행동하는 것이다. 오직 고객중심으로 영업을 하는 것이 고객 사랑이다.

Chapter 05

영업은 사람과의 관계이다

영업은 결국 사람과 사람과의 만남을 통해 상호작용을 하면서 판매라고 하는 성과를 만들어가는 과정이다. 이 과정에서 한 번의 판매로 끝나는 경우도 있고, 장기적인 관계로 발전시키면서 지속적인 판매 성과를 만들어가는 경우도 있다. 관계라고 하는 것은 상호간에 혜택을 누리는 것으로 서로 도와주는 것이 관계측면에서 서로 바라는 것일 것이다. 이러한 관계의 측면에서도 관계에 대한 한국적인 의미를 파악해야 하고 이를 정립하는 것이 필요할 것이다. 서구에서 얘기하는 관계는 이성이 감성보다 큰 비중을 차지하는 것으로 계약 중심의 관계를 의미한다. 즉, 거래 계약에 따른 경제적인 혜택을 강조하고 거래조건 이행 등에 관심이 크다. 하지만 우리나라의 영업사원들은 경제적인 관점을 중요하게 생각하지만 장기 지향적인 고객 관계에서는 보다 편한 관계를 중요시한다. 또한 많은 영업사원들이 고객과의 공식적인 관계도 중요시하지만 비공식적인 사적인 관계형성을 위해 많은 노력을 한다.

한국형 영업에 주목하자

흔히 유럽 삼국은 영국, 프랑스, 독일을 말한다. 이들 세 나라는 역사적으로 경쟁관계였고 각 나라마다 고유의 문화를 지니고 있다. 또한 이들 세 나라는 공통점이 많다. 같은 기독교 국가라는 점과 알파벳을 사용하고 침대 문화이며 음식을 먹을 때에는 나이프와 포크를 사용한다. 이들 세 나라에 비해 문화적으로 차이가 없을 것 같은 아시아 삼국 즉 중국과 일본, 한국은 그 차이가 크다. 한자를 같이 사용하기는 하지만 각자 언어가 다르고 의식주의 문화가 확연하게 다르다.

한국, 중국, 그리고 일본

중국은 '하나(一)'의 문화이다. 중국이 세계의 중심이라는 중화사상을 바탕으로 중국 영향권 내에서 모든 문화가 통일되길 바란다. 넓은 대륙이 분열하면 전쟁 상태이고 통일되면 안정 상태였기 때문에 징벌과 포용정책을 통한 '하나의 중국' 정책을 펼쳐왔다. 이런 역사를 바탕으로 지금도 각 소수들이 고유의 언어와 풍습을 지키더라도 '하나'의 중국 내에 있으면 이를 용인하지만 독립이란 말만 나오면 용납을 하지 않는다.

일본은 '화(和)'의 문화이다. 섬나라인지라 전쟁이 나면 도망 갈 곳이 없기 때문에 가능하면 서로 싸우지 말아야 한다. 전쟁을 하지 않으려면 충돌을 최대한 피하는 화합을 최고의 덕목으로 삼아야만 했다. 이런 역사는 서로 상처를 주지 않기 위하여 말과 행동을 조심하는 일본 특유의 문화를 만들었다. '혼네'와 '다테마에'가 생겨난 것과 마니아 문화가 생겨난 것이 이 때문이다. 우리나라 국민들이 온라인 안에서 모르는 사람들끼리 어울려 게임을 하면서 잘어울리는 반면 일본인들은 혼자서 컴퓨터와 게임하기를 즐기는 것도 화(和)의 문화이다.

반면 우리나라는 '우리(同)'의 문화이다. 사계절이 뚜렷한 농경문화는 제때에 농사를 마치려면 이웃끼리 서로 도와야했고, 외적이 침입을 하면 국가보다는 부락 단위로 의병을 조직하여 우리 것을 지켜야만 했다. 이런 역사적 배경을 바탕으로 우리나라는 끊임없는 '우리(同)'의 중첩이다. 우리 집, 우리 마을, 우리 학교, 우리 경상도와 전라도 등등… 심지어 가족조차도 나의 엄마가 아니라 우리 엄마로 호칭할 정도이다. 이 '우리'를 중심으로 수많은 인맥들이 서로 섞여 있는 것이 우리나라의 사회이며, 이 '우리'에게 충성을 하는 것이 우리민족의 특징이다.

한국에서의 영업은 이 '우리'를 중심으로 한 관계가 중요하다. 같은 값이면 아는 사람을 통해서 구입하거나 아는 사람의 소개를 받으려는 것이 한국 소비자들의 특징이다. 어떤 사람이 지금 자동차를 구입하려고 한다고 치자. 먼저 인터넷이나 주변 사람을 통한 정보 수집에 노력을 기울일 것이다. 그러나 최종 구매 단계에서는 아는 자동차 영업사원을 찾거나 지인을 통해 소개를 받으려고 할 것이다.

흔히들 말을 잘하는 것, 즉 제품 설명을 잘하면 판매가 잘되는 것처럼 이야기하는데 이는 서구식 영업을 설명한 것이다. 서구의 영업은 모르는 고객을 찾아가서 효능과 조건의 설명을 잘하면 판매가 성공하지만, 한국의 영업에서는 그런 판매 성공은 결코 쉽지 않다. 한국에서는 일단은 사람을 만나서 우리라는 것을 형성한다. 남자들끼리는 형－동생이 되고, 여자들끼리는 언니－동생이 된다. 철저하게 우리라고 하는 아는 사람이 되고 나서 영업이 이루어지고 인맥 중심으로 영업 인맥이 만들어진다.

우리나라의 영업은 아예 연고고객을 통한 판매를 하거나 아니면 개척고객을 자주 찾아가서 인간적으로 친해지고 '우리'라는 관계로 발전했을 때 비로소 성공할 수 있다. 결국 우리나라에서는 판매자－구매자의 단순 관계를 넘어선 인간관계 중심으로 영업이 이루어진다. 그러므로 영업 활동도 판매설득 이전에 인간적인 관계를 어떻게 얼마나 맺느냐에 영업의 성패가 달려있다. 이제 성공을 원한다면 인맥중심과 정문화에 기반을 둔 한국형 영업에 주목할 필요가 있다.

❤ 영업은 역시 발품이다

고객을 자주 찾아가자. 많은 고객을 찾아가는 것이 아니라 유망고객을 우선 선정하고 그 고객을 자주 찾아가는 것이다. 영업은 전화나 메일로 하는 것이 아니라 발품으로 하는 것이다. 고객에게 DM을 보낸다고 하는데, 요즘 그것을 보는 고객은 거의 없다. 문자도 마찬가지이다. 문자보고 구매를 결정하는 고객은 거의 없다. 생각해보라. 과연 나는 요즘 DM이나 문자를 받고서 제품을 구매한 적이 몇 번이나 있었던가. 고객을 자주 찾아가라. 잠재고객, 가망고객, 현재고객, 이전고객, 협력고객 등 모든 고객을 직접 찾아가서 그들과 인간적으로 친해져야 한다. 그리고 그들과 '우리'라는 연대의식이 생길 때 영업이 시작된다.

✔ 고객과 친해지기

사실 고객과 친해지는 것이 결코 쉬운 일이 아니다. 낯선 사람과 친해진다는 것은 말처럼 쉬운 일이 아니다. 그럼에도 불구하고 영업으로 성공하겠다는 비전을 세웠다면 판매보다 고객과 친해지는 것에 열과 정성을 쏟아야 한다. 영업은 모르는 사람을 만나는 일이다. 그 사람에 대해서 정보를 수집하고 그 정보를 학습한 후 자주 만나서 '우리'를 형성하는 것이 영업의 시작점이다.

: 먼저, 고객의 호감을 사라.

단정한 외모와 밝고 활기찬 표정 관리와 자신감으로 무장을 하고 매력적인 영업사원이 되어야 한다. 외모라고 하는 것이 '잘생기고 아름답다'는 개념도 있지만 중요한 것은 '단정함과 자신감' 있는 표정이다. 영업사원은 자신이 팔고자 하는 제품에 관한 전문가이다. 상대방에 대한 칭찬에 인색하지 말고 고객이 말을 할 때에는 경청의 태도를 가져라. "저 친구 괜찮은데?", "저 친구 좋은데?"라는 말이 고객의 입에서 나올 정도의 호감을 사도록 하자.

: 고객의 관심사를 찾아라

고객을 몇 번 만나면서 유심히 관찰하면 그 고객의 관심사를 찾을 수 있다. 고객의 말 중에서나 집이나 사무실 등에서 그들의 관심사를 찾을 수 있을 것이다. 취미 생활이든 건강 문제이든 자녀 교육 문제이든 그 관심사에 최대의 관심을 보여주어야 한다. 취미의 경우는 내가 아는 것이 있으면 알려주고 모르는 것은 질문을 통해서 그들의 흥미를 이끌어내자. 자녀 문제라면 맞장구도 쳐주고, 좋은 일엔 칭찬하고 안 좋은 일은 위로하자. 이렇게 보조를 맞추어주고 잘들어주는 것이 경청의 기술이다. 또한 고객은 사소한 것이라도 이전에 언급한 말을 기억해주면 매우 호의적인 반응을 보일 것이다. 다음에 방문할 때에는 반드시 이전 말이나 행동을 기억하고 특히 이전에 궁금해하던 사항에 대해 내가 준비한 정보를 알려주는 것도 그들의 관심을 이끌어내는 좋은 방법이다.

: 고객과 '우리'가 되라

고객의 관심사를 찾아내어 친해진 다음은 인간적인 연대감을 통한 '우리'가 되는 것이 중요하다. 인맥이란 무엇인가? 단순히 알고 지내는 사람을 인맥으로 부르지 않는다. 서로의 관계를 '우리'라고 의식하며 부담 없이 도움을 주고받는 관계를 인맥이라고 한다. 사회생활을 하다보면 인사 나누고 지내는 사람 백 명보다 내 인맥 속에 있는 한 사람이 더 큰 도움을 주는 경우가 있다. 그 한 사람이 나의 가장 중요한 인맥이다. 영업으로 성공하려면 그런 한 사람을 많이 가지도록 노력해야 한다.

<5-5-5> 법칙

영업사원에게 인맥에 관한 5-5-5의 법칙이 있다. 어려움에 봉착했을 때 자문을 구할 수 있는 사람 5명, 정기적으로 거래를 하는 VIP 고객 5명, 적극 협조해 주는 해주는 협력고객 5명의 인맥을 가지고 있다면 성공한 영업사원이라는 법칙이다. 반드시 5라는 숫자에 얽메이지 않아도 된다. 항상 우리 주위에 내가 어려울 때 공감하고 들어주는 사람, 나를 파트너로 생각하고 돠와주는 사람, 장기적인 관계를 가진 사람들이 있어야 한다.

✔ 확실한 인맥을 만들자

: 베풀어라

확실한 인맥을 만들려면 고객에게 베풀어야 한다. 우리나라에서 가장 보편적이고도 확실한 베품은 식사 대접이다. 비싼 접대가 아니어도 좋다. 식사 한 끼라도 자주 하며 그들과 인간 대 인간으로 교감을 나누는 것이 확실한 인맥을 만드는 방법이다.

평상시에 식사 한 끼조차 하지 않은 사람이 나를 도와줄리 만무하다. 평소에 고객들과 자주 만나고 가능하면 그들에게 식사 한 끼라도 베풀자. 곳간에서 인심난다는 말이 있듯이 내가 먼저 베풀고 대접해야 인맥이 생긴다.

저자가 있는 직장에 자주 찾아오는 보험 영업사원이 있다. 이분은 젊은 남자인데, 이분은 꼭 점심 식사 시간에 방문하여 같은 동년배 직원들과 식사를 함께한다. 한 명을 정하여 몇 천 원짜리 찌개류를 함께 먹으며 이런저런 이야기를 나누고 가는 것이 특징이다. 친해지려면 함께 먹고 벗고 자라는 말이 있는데 이 친구가 그렇다. 식사를 함께 하며 친해지고 계약하고 소개 받는다. 우리말에 가족의 다른 말로 식구라는 개념이 있다. 같이 밥을 먹는 사람이라는 뜻이다. 밥을 먹으면서 '우리'가 되는 것이다.

: 멀리보자

저자의 직장에 자주 찾아오는 또 다른 한 분은 연세 드신 여자 영업사원이시다. 이 분을 볼 때마다 존경스럽다는 생각이 든다. 우리 회사를 20년 동안 쉼 없이 방문하고 계신다. 25년 동안 회사 주소가 역삼동 가락동 서초동으로 세 번이 바뀌었는데 이 분은 변함없이 방문을 하신다. 25년을 방문하다보니 이 회사에 근무했던 모든 사원들을 다 기억하고 계신다고 한다. 물론 회사 신입 여직원들의 보험은 이분 차지인 것은 두 말할 필요가 없다. 한 번은 우리 회사처럼 정기적으로 방문하는 회사가 몇 곳인가를 물어보았더니 20개쯤 된다고 했다. 25년 동안 거의 매일 교대로 한 회사씩 방문활동을 한 셈이다.

이 영업사원을 통해서 영업 인맥 만들기의 정석을 배웠다. 바로 멀리보고 오래 교류하기이다. 단기적인 실적에 지나치게 연연하여 그 사람과의 관계를 단기적으로 생각하면 제대로 된 인맥을 만들기가 어렵다. 오랜 기간 반복하여 고객을 찾아가고 그들과 어울리며 소소한 일상을 장기적인 교류하는 것이 영업 인맥 만들기의 정석이다. 그러기 위해서는 영업을 평생의 업으로 여기는 태도가 필요하다. 영업을 통해서 평생을 고객들과 함께 살고 그들과 희노애락을 나누는 것이 영업사원의 행복이 되어야 한다.

: 작은 거래가 큰 인맥이 된다

고객은 언제 영업사원으로부터 제품을 구입하는가? 물론 제품에 대한 필요를 인식했을 때이다. 그러나 필요인식만으로 제품 구매를 결정하지 않는다. 고객은 제품의 필요인식은 물론이고 신뢰가 더해졌을 때 구매를 결정한다. 제품의 품질과 가격의 신뢰는 물론이고 회사와 영업사원에 대한 신뢰가 더해졌을 때 고객은 최종적으로 구매를 결정한다.

구매는 상대방에 대한 믿음 때문에 하는 것이다. 믿지 못하는 사람에게는 아무리 작은 돈이라도 지출하지 않는 것이 고객의 심리이다. 한국적인 정서에서 믿는 사람이란 자주 교류하는 사람이다. 이웃사촌이라는 말이 그래서 생겨났다. 영업은 고객을 만나는 것에서 시작하고 자주 만나는 것에서 성공한다. 고객을 자주 찾아가라. 영업은 전화나 메일로 하는 것이 아니라 발품으로 하는 것이다.

영업의 성공은 나를 믿어주는 사람을 얼마나 많이 만드는가의 게임이다. 자주 찾아가고 자주 어울려서 신뢰해주는 사람을 많이 만들어라. 고객과 영업사원의 신뢰는 무엇인가. 고객과 영업사원의 신뢰 대상은 사람에 관한 것과 거래 자체에 관한 것이다. 영업사원이 고객에게 적합한 제품이라는 확신을 가지고 권유할 때 고객이 구매로 화답하는 것이 영업사원 – 고객 사이의 신뢰이다.

내일 고가의 제품을 구매해줄 가능성이 있는 가망고객과 오늘 적은 금액의 제품을 구매한 현재 고객과의 차이는 무엇인가? 아니 누가 더 중요한가? 신뢰의 측면에서 보자면 현재 고객이 더 중요한 고객이다. 현재 고객은 작은 돈이지만 나를 믿었기 때문에 구매를 한 것이다. 내일의 고객은 아직도 나를 완전히 믿지 않는다는 뜻이다. 오늘 구매를 한 고객은 나를 믿기 때문에 다음에 더 큰 가격의 제품도 구매해 줄 수 있는 고객이다. 또한 다른 고객을 소개해주는 협력고객으로 발전할 수 있다.

영업을 성공하려면 일확천금을 꿈꾸며 큰 거래만을 하려고 하지 말고 작은 거래를 많이 만들어야 한다. 그것은 돈 안 되는 작은 거래들의 누적이 아니라 나를 믿는 사람을 빨리 확보하는 방법이다. 특히 신입 영업사원이 이 방법을 사용하면 성공적인 정착을 빨리 할 수 있다. 기업의 제품들 중에서 비싸지 않으면서도 품질이 뛰어나며 범용적인 제품이 한 둘 있을 것이다. 이 제품을 활용하여 최대한 많은 거래 고객을 확보하라. 그리고 이들 고객들과 더 친해지는 것에 영업활동의 역점이라는 것을 기억해야 할 것이다.

Chapter 06

영업, 항상 변화하는 직업이다

영업이 많은 성장을 한 것은 사실이지만 아직도 미흡한 부분이 많다. 그러나 일부 영업사원으로 인해 많은 고객들이 불편을 겪고 있고, 해당 기업들도 피해를 입고 있다. 남양유업의 사례에서 보듯이 한 사람의 영업사원의 잘못된 행동으로 기업 전체가 피해를 입는 경우도 우리 주변에서 흔히 발견할 수 있다. 이제는 영업도 변해야 한다. 먼저 영업사원의 직업의식을 변화시켜야 한다. 고객중심의 활동을 통해 영업사원 스스로의 가치를 높여야 하며, 고객들과의 관계에서 행복을 누려야 한다.

 남양유업 사태

남양유업은 2013년 대리점 밀어내기 갑질 이후 기업 이미지가 크게 실추됐다. 지역 대리점에 제품을 강제로 밀어낸 것과 관련해 남양유업 영업사원이 대리점 주에게 욕설 섞인 폭언을 한 녹취록이 공개된 것이다. 2012년까지 연 10% 이상 성장률을 보였던 남양유업은 이 사태 이후 소비자 불매운동이 일며 2013~2014 년 연속 적자를 냈다. 이 사태로 말미암아 110만원대까지 올랐던 남양유업 주가는 60만원대로 반토막 났다. 이후 남양유업은 고육지책으로 자사 제품부터 본사 정문에까지 이르는 '브랜드 지우기' 전략을 꺼내 들었지만 인터넷 커뮤니티를 중심으로 역효과를 내는 상황이다.

출처: 인사이트코리아(http://www.insightkorea.co.kr/), 2019.02.12

영업 활동의 방법도 시대의 흐름에 맞추어 변해야 한다. 무조건 열심히 일하면 성공할 것이란 구시대적 사고에서 탈피하여 효율성을 높이는 새로운 활동 방법을 찾아야 한다. 이제 영업은 실적 중심이 아니라 고객중심의 활동을 통해 고객만족은 물론이고 업무의 효율을 기하는 스마트한 영업을 해야 하는 시대이다.

윤리 영업

요즘 기업들에 '윤리 경영'이라는 말이 화두로 사용되듯이 '윤리 영업'이라는 말을 사용해 보았다. 정직한 영업 활동을 바탕으로 고객과 진실된 신뢰 관계를 구축하자는 의미이다.

한 고객과 오랫동안 거래하고 그 고객과 인간적인 친분까지도 나누려면 일단 정직해야 한다.

고객에게 거짓말을 하느니 솔직한 것이 고객의 신뢰를 더 얻는 방법이다. 또 모르는 것은 모른다고 말하는 게 더 낫다. 요즘 고객은 똑똑하다. 이전에는 영업사원이 정보의 비대칭성을 활용하여 고객보다 우위에 있었지만 지금의 고객은 영업사원 못지않게 정보와 지식을 갖추고 있다. 이런 똑똑한 고객에게 거짓말을 하거나 상식을 벗어난 과대 설명은 더 이상 통하지 않는다.

고객중심으로 판매하라

영업사원의 가장 큰 한계는 아직도 판매중심으로 일하는 것에서 기인한다. 고객의 필요가 아니라 영업사원의 필요에 의한 판매를 하니까 판매가 지속적이지 못하고 고객 만족은 달성하지 못한다. 이제 달라져야만 한다. 제품의 판매가 아니라 고객에게 적합한 솔루션을 제공하는 고객중심으로 일해야 한다. 영업사원이 제공하는 솔루션에 의해 고객이 만족과 행복을 누리는 것이 진정한 영업이다. 이를 위해 우선 영업사원은 시대의 변화에 따른 고객의 욕구를 정확하게 파악하는 안목을 길러야 한다. 그리고 고객에게 더 나은 가치를 제공하기 위해서는 제품과 서비스에 대해 전문가가 되어야 한다. 전문가는 감으로 되는 것이 아니다. 과학적인 방법에 의거하여 학습을 해야 전문가가 된다. 영업사원은 제품은 물론이고 제품에 관계된 주변 분야까지 전문가적인 지식으로 무장해야 한다. 학습하지 않는 영업사원은 결코 고객만족을 달성할 수 없다.

이제 실적을 올리기 위해 고객에게 필요하지 않는 제품을 권해서는 안 된다. 만일 불필요한 제품을 판매한다면 이것은 일종의 기만행위이다. 고객이 원하고 고객에게 가장 적합한 제품을 권해야 한다. 건강식품 영업사원에게서 종종 발견하는데 고가의 제품을 판매하려고 고객의 건강을 아주 위험한 것처럼 위협하거나 제품의 효능을 만병통치약으로 권하는 경우가 있다. 건강식품은 고객의 건강을 도와주는 것이 기준이지 영업사원이 팔려고 하는 제품이 기준이 되어서는 안 된다. 고객의 상태와 니즈에 알맞은 제품을 권해서 고객이 효과를 보도록 해야 한다.

영업은 고객의 문제를 해결하기 위한 솔루션을 제공하는 것이다. 영업사원은 항상 고객의 문제와 니즈, 효능, 사후 만족 등을 종합적으로 판단하여 가장 적합한 솔루션을 권해야 한다. 적합한 솔루션과 제품이란 고객의 경제력도 고려한 것이어야 한다. 단위매출을 올리기 위해 고객에게 불필요한 제품을 권해서는 안 된다. 가장 효과적이되 가장 경제적인 솔루션을 찾아서 제공하는 것이 영업사원의 의무이다. 자기의 이익을 위해 고객의 주머니 사정을 고려하지 않는 영업사원은 결코 성공하기 어려울 것이다. 실제로 이러한 영업사원들은 매출은 높으나 단골 고객이 없어서 항상 신규 고객을 찾아다니느라 지나치게 에너지를 낭비한다. 또한 안정적인 지속 거래와 소개가 없어서 안정적인 매출 창출이 어려워진다.

◈ 과대광고를 하지 말아야 한다

제품의 효능을 과대광고해서도 안 된다. 이것도 기만행위이다. 제품은 정확하게 설명할 때 좋은 제품이지 과대광고를 하면 거짓 제품이 된다. 회사에서 공들여 출시한 제품을 오직 판매하려는 욕심 하나로 거짓 제품으로 만들어서는 안 된다.

요즘 고객은 똑똑하고 까다롭다고 했다. 과대광고에 현혹되어 구매하더라도 사후에 얼마든지 인터넷을 통해 제품의 정보를 쉽게 파악할 수 있다. 또 사용감이 설명과 다르면 금방 알아차린다. 요즘은 제품을 있는 그대로 고객에게 맞는 스토리텔링(Story Telling)을 통해 제대로 설명하는 것이 최고의 설명방법임을 알아야 한다.

◈ 한탕주의 이제는 근절되어야 한다

영업사원에 대한 사회적 인식이 여전히 좋지는 않다. 이유가 무엇일까? 형편없는 고가의 제품을 협박, 공갈, 감언이설, 과대광고 등을 통해서 판매하여 한 몫을 챙기고 사라지는 영업사원들 때문이다. 이런 제품일수록 클레임도 많은데 나중에 반품, 교환, AS도 할 수 없다. 그 피해는 고스란히 소비자에게 돌아간다.

이제는 이런 회사와 영업사원도 없어져야 하고 이런 영업 방법도 없어져야 한다. 한탕주의는 영업의 고질적인 문제이다. 한탕주의로 성과를 올리는 영업사원치고 성공하는 사람을 보지 못했다. 이제 몇 년 전에 저자에게 일단의 중년 여성들이 찾아왔었다. 자기들은 건강식품을 전문적으로 판매하는 사람들인데 제품을 공급해 줄 수 있냐고 했다. 물론 대금은 판매 후에 하겠다고 했다. 깨끗하게 거절하여 거래는 없었지만 대화를 하는 중에 몇 가지 사실을 알 수 있었다. 자기들은 여태 모회사(물론 전혀 처음 들어보는 회사) 제품을 판매했는데 자기 아이들에게는 절대로 먹이지 않았단다. 자기들도 믿지 못하는 제품이기에. 그리고 아는 사람에게는 절대로 팔지 않았단다. 그런 제품을 어떻게 아는 사람에게 파느냐고 했다. 대신 철저히 지역 개척을 통해 한탕주의 식으로 판매했는데 한번 판매한 지역은 두 번 다시 가지 않는다고 했다.

는 영업을 일로만 하는 것이 아니라 자신의 생활과 인생으로 생각해야 성공하는 시대이다. 인생은 혼자 사는 것이 아니다. 가족이든 이웃이든 사람들과 함께 사는 것이 인생이다. 영업사원은 고객과 함께 소중한 인생을 산다는 의식을 가져야 한다. 고객들과 오랜 시간 인격적인 친분을 나누며 살아야 하고, 그 고객들로 인해 영업사원이 행복한 인생을 사는 것이 영업사원의 가치가 되어야 한다. 한탕주의에 빠지면 이런 행복은 없어진다. 그리고 끊임없는 신규 고객을 확보해야 하는 소모적인 활동을 반복하게 된다. 영업사원들이여 고객과 함께 오랜 시간 행복한 인생을 살자. 이것이야말로 영업의 진정한 가치이고 성공하는 방법이다.

＼／ '우리(同)'가 되어라

앞에서도 언급하였지만 영업 성공의 핵심은 끊임없는 개척을 통한 인맥 넓히기에 달려있다. 다른 사람들과 관계 맺기를 두려워하면 성공하지 못한다. 특히 우리나라는 관계가 중첩된 사회이다. 한국의 영업 성공 방법은 외국의 그것과는 다르다. 외국은 관계보다는 필요 인식과 구매조건이 우선이다. 그러나 우리나라는 아는 사람이 먼저이다. 여기서 아는 사람이란 관계가 맺어진 사람 또는 같은 테두리에 있는 사람이다. 우리나라 사람들은 서로가 우리(同)라고 느낄 때 거래는 물론이고 친분을 나눈다. 한국형 영업이라고 하는 것은 우리(同)를 최대한 만들고 가입하는 것에서 시작한다. 성공한 영업사원들을 볼 것 같으면 이 우리(同)가 오지랖 넓을 정도로 많은 사람들이다.

한국에서 영업사원으로 성공하려면 우리들 속으로 파고들어서 우리(同)의 한 일원이 되어야 한다. 그 우리(同) 안에서 우리(同)들과 좋은 친분을 유지하고 우리(同)들에게 영업사원으로서 기여하여 우리(同)들과 행복하게 사는 것이 한국형 영업이다.

영업사원과 고객이 우리(同)가 되려면 단순한 [주고받기: give and take]만으로는 부족하다. 마음과 마음이 통하는 인간적인 교감이 있어야 한다. 그러기 위해서는 평소에 윤리 영업과 고객중심의 영업 활동이 선행되어야 한다. 윤리 영업과 고객중심의 영업을 할 때 영업사원과 고객의 관계는 거래관계를 넘어서 신뢰의 관계로 발전한다. 이것은 기술이나 방법의 문제가 아니라 평소의 영업 태도에서 시작된다. 필자는 영업사원들이 영업을 잘하는 방법을 질문해오면 기술이나 방법이 아니라 마음과 태도가 더 중요하다고 답변한다. 오랫동안 많은 영업사원들과 함께 일하면서 느낀 것은 영업은 인격이라는 결론을 내렸다. 아무리 기술이 좋고 열심히 하더라도 기본적인 성격이나 품성, 태도에 문제가 있는 영업사원이 큰 성공을 거두지는 못할 것이다.

방문판매 회사들의 전국 상위권의 영업사원들을 만나보고 그들에게서 다음과 같은 공통점을 발견했다. 그들은 항상 친근하고, 포용적이고, 예의바르고, 겸손했다. 물론 그들은 열정과 기술에서도 탁월했기 때문에 상위권에 도달했겠지만 기본적인 공통점은 인격적인 사람들이었다. 고객들은 그들의 인격적인 태도에 감동했을 것이고 기꺼이 애호고객과 협력고객이 되었을 것이다. 나의 인격이 고객에게 전달되었을 때 고객은 마음을 열고 나와 인간적인 교류를 하기 시작한다는 것을 다시 한 번 생각하자.

효과적인 영업: 현명한 영업(Working Smart)의 적응적 판매행동

1970년대부터 시작해서 영업에 관한 연구는 효율적인 영업의 대표적인 열심히 하는 영업(Working Hard)에서 효과적인 영리한 영업(Working Smart)으로 초점이 전환되고 있다. 영업의 기존 방식은 불특정 다수의 고객을 무조건 만나서 설득을 하고 실적을 올리는 영업이었다고 말할 수 있다. 그러나 현재는 시장에서의 경쟁이 치열해지고 삶의 복잡도가 증가되어 새로운 고객들을 무작정 만날 수 없는 환경이 조성되고 있다.

따라서 효과적인 영업을 위해서는 고객지향성과 학습지향성이 강조되고 이제는 불특정 다수가 아니라 특정 다수, 즉 다시 말해서 Marketing에서 얘기하는 STP전략에 의거하여 우리 제품에 대한 Wants와 Needs가 있는 고객들을 찾아서 영업을 하는 패턴으로 바뀌고 있다. 즉 고객들을 먼저 세분화해서 선정을 하고 그 고객들에 대한 정보를 수집하고 학습을 한다. 학습을 통해서 충분히 준비가 된 상태에서 불특정 다수가 아니고 특정 소수의 고객을 집중적으로 공략을 하게 된다. 효과적인 영업이란 팔릴지 안 팔릴지 모르는 상태에서 많은 고객을 만나는 게 아니라 고객에 대한 사전 학습을 통해 준비를 한 후에 고객과 접근을 해서 판매성공률을 높이는 영업을 말한다.

이렇게 효과성을 강조하고 있는 최근의 영업사원에 관한 연구들은 빠르게 변해가는 환경과 갈수록 치열해지는 경쟁에 대응하기 위해 학습과 적응의 중요성을 강조해 왔다. 기존 효과적인 영업의 대가인 와이츠(Weitz)는 시장 변화에 적절히 대응하기 위한 효과적인 영업의 대표적인 개념인 적응적 영업의 지식 구조, 동기, 그리고 실행 사이의 관계를 바탕으로 한 적응 가능성의 개념적 모델을 제안하였고, 이 연구를 바탕으로, 사피로와 와이트(Spiro and Weitz)는 적응적 영업 행동의 측정도구인 ADAPTS를 개발하였다. 이들이 개발한 16개의 항목은 적응적 영업 행동 관련 연구에서 가장 자주 사용되는 척도들이다. 이후 일부 연구자들은 ADAPTS 척도의 한계점들을 제시하면서, 새로운 측정도구들을 제시하고 있는 반면, 또 다른 연구자들은 적응적 영업 행동의 선행 변수와 결과 변수들을 찾는 데 많은 노력을 기울여 오고 있다.

✔ 연고와 인맥 중심의 영업을 벗어나야 한다

영업사원의 또 다른 한계는 연고중심 영업활동이다. 물론 연고판매를 하지 말라는 것이 아니다. 개척에 익숙하지 않은 초보 시절에는 연고중심의 판매가 필요하다. 내가 판매하는 제품이 고객에게 필요한 제품이고 우수한 품질이라면 구태여 아는 사람에게 권하지 말아야할 이유가 없다. 그러나 연고 판매에 지나치게 연연하면 두 가지 문제가 생긴다. 연고 판매는 고객 스스로의 필요인식보다는 친분에 의한 구매로 생각하는 경향이 더 강하다. 친분으로 제품을 구매한 고객은 필요에 의해 구매한 고객보다 제품의 만족도를 약하게 느끼기 때문에 단골고객이나 협력고객으로 발전하기 어렵다.

연고 판매의 또 다른 문제는 영업의 생명이 짧아진다는 것이다. 신입 영업사원이 연고 판매에만 의존하면 시간이 지날수록 차츰 판매할 연고가 줄어들기 마련이다. 연고고객들의 친분에 의한 구매는 단기적으로 그치게 마련이고 한 영업사원의 연고 숫자도 한계가 있기 마련이다. 결국 연고 판매가 바닥나면 실적은 급감할 것이고 이 영업사원은 실패하고 말 것이다. 그러면 제품을 구매해주었던 연고들과 인간적인 관계도 신뢰를 잃게 된다.

영업으로 성공하려면 개척에서부터 사후관리까지의 영업 프로세스를 알아야 한다. 가능하면 영업 프로세스를 활동 초기 단계에서부터 익히고 경험을 쌓아야 한다. 초기 연고 판매가 어느 정도 진행되고 난 후에는 개척을 통한 판매가 시작되어야만 장기적으로 생존할 수 있는 영업사원이 될 수 있다.

영업의 첫 번째 목표는 물론 수익을 창출하는 것이다. 그 다음 중요한 이유는 영업 활동을 통한 나의 세계, 즉 인맥을 넓혀 고객들과 행복하게 살아가는 것이다. 연고중심의 활동으로는 이 두 번째 목표를 절대로 달성할 수 없다. 아니 첫 번째 목표도 달성할 수 없다. 인맥이 넓혀지지 않는데 어떻게 고성과를 낼 수가 있는가? 특히 한탕주의와 연고 판매는 오히려 영업 전보다 나의 세계를 더 좁게 만든다는 것을 꼭 명심하자.

✔ 현명한 영업을 하라

현대의 영업사원이 성공하려면 판매지향적 영업 활동보다 관계지향적 영업 활동을 해야 한다. 한탕주의, 과대광고, 과다권유 모두가 판매지향적 영업 방법이다. 판매지향적 활동을 하는 영업사원은 성과는 단기적으로는 그런대로 유지할지 모르겠지만 고객의 협력을 받지 못하기 때문에 장기적으로는 힘들어 진다.

[Working Hard: 열심히 일하기]와 [Working Smart: 현명하게 일하기]가 있다. 쉽게 예를 든다면 하루에 10명을 방문하여 3명에

게 판매한다면 열심히 일하기인 셈이고, 5명을 방문하여 3명에게 판매한다면 현명하게 일하기이다. 현명하게 일하는 영업사원과 열심히 일하는 영업사원은 같은 실적을 올리더라도 일의 내용은 판이하게 다르다.

통계에 의하면 열심히 일하기식으로 일하는 영업사원은 대부분이 고객지향적 활동이 아니라 판매지향적 활동을 한다. 이들은 실적을 올리기 위해 하루 10명이라는 과다한 숫자의 고객을 만나야 하기 때문에 정작 만나는 고객에게는 집중하지 못하여 고객과 깊은 교감을 나누는 것에 소홀하게 된다. 결국 이들은 고객만족을 놓치기 때문에 장기적으로 고객 이탈, 많은 에너지의 소모, 직무 만족 하락이라는 결과를 맞이하게 된다.

반면, 현명하게 일하기식으로 일하는 영업사원은 판매지향적 활동이 아니라 고객지향적 활동을 한다. 현명하게 일하기는 5명이라는 가능성이 높은 고객을 선정하고 이들을 중점적으로 만나기 때문에 만나는 고객에게 집중할 수 있다. 고객에게 집중하기 때문에 고객과 충분한 교감을 나눌 수가 있어서 고객만족은 물론이고 판매 성공률도 높아진다. 결국 이러한 고객중심의 활동은 지속적이고 안정적 거래와 실적 성장, 직무 만족도 상승 등의 결과를 가져온다.

현대의 영업은 무조건 열심히 해서 성과를 만들어 내는 시대가 아니다. 지금은 정확한 원인 파악과 프로세스의 개선을 통해 효과적인 영업을 추구해야 하는 시대이다. 영업도 마찬가지이다. 이제는 Working Smart를 통한 고객지향적인 영업 활동을 해야 하는 시대이다. 판매지향적인 영업 방법을 과감하게 버리고 관계지향적 영업을 통해 고객중심의 영업을 해야만 살아남을 수 있는 시대이다.

✔ 미래 전문 영업을 위해

요즘 영업 인력이 많이 증가하였다. 그만큼 영업업계도 많은 성장과 질적인 발전을 해왔다. 그럼에도 불구하고 아직까지 구습에서 벗어나지 못한 영업사원들이 많다. 이유는 영업에 대한 공부를 하지 않아서 스스로 성장하지 않기 때문이다. 또 일부 기업들이 성과 지상주의에 빠져 이들에게 판매 중심으로 일하도록 강조하기 때문이다. 그런 영업사원들과 기업들은 이제 거듭나야 한다.

영업이 매력적인 직업임에는 틀림없지만 더 성숙하기 위해서는 영업사원 스스로의 가치 부여가 더 필요하다. 판매를 잘하는 영업사원이 되기는 쉽다. 그러나 판매를 넘어서 고객으로부터 신뢰와 존경을 받는 영업사원이 되는 것은 쉽지 않다. 일시적으로 고소득을 올리는 것은 쉽다. 그러나 고객과 신뢰를 바탕으로 한 인간관계를 맺고 그 관계를 지속하는 것은 어렵다. 이제 영업사원들은 판매 중심의 영업에서 벗어나서 고객의 가치를 창출하여 그 과정에서 스스로 의미 있는 삶을 살도록 노력해야 한다.

요즘 전자상거래의 매출이 백화점 매출을 앞질렀다고 한다. 시대의 트랜드가 변하고 소비자들이 변화하고 있다는 증거이다. 방문판매 업계가 구습에서 벗어나서 새로운 미래상을 찾는 데 게을리 한다면 반드시 총체적인 위기에 봉착할 것이다. 이제 방판업계는 시대의 변화에 따른 영업사원의 마인드와 태도가 업그레이드 되어야만 하고, 업계의 가치와 관리방법의 선진화가 절실한 때이다.

새로운 영업을 위하여 영업사원과 업계 모두 다음과 같은 네 부문에서 인식의 출발을 해야 할 때이다.

- 학습을 통하여 영업의 전문가가 되자.
- 전문성으로 고객의 욕구에 가장 적합한 솔루션을 제공하자.
- 고객의 만족과 행복을 최고의 가치로 여기자.
- 고객과 친밀한 관계를 맺고 그들과 함께 오랜 시간 행복한 인생을 살자.

영업에 종사하는 모든 사람들이 함께 고민해 보자.

Chapter 07

한국적인 관계지향적 영업의 프로세스

관계지향적 영업의 프로세스의 시작은 어떤 고객과 어떤 관계를 구축하는가이다! 우선 관계지향적 영업에서 말하는 관계라고 하는 것에 대한 정의 부분이 명확하지 않다. 관계마케팅에서 이야기하는 관계는 고객과 기업 혹은 기업의 영업사원과의 어떠한 목적을 달성하기 위해 관련성을 가지거나 행동하는 것 혹은 서로 아는 정도 등으로 나타낼 수 있다. 하지만 정확하게 관계라는 것이 어떠한 상태인가에 대한 부분은 서양적인 부분과 동양적인 부분에서 차이가 있을 것이다. 서양적인 문화에서는 관련성은 이해관계 혹은 계산적이고 인지적인 관계를 의미한다. 하지만 동양적인 관계에서는 이러한 인지적인 부분뿐만 아니라 상대적인 정서적인 관점도 중요하다.

관계마케팅의 이론적 근거를 마련한 모건(Morgan)과 헌트(Hunt)의 신뢰(Trust)와 헌신(Commitment) 이론을 보면 미국에서는 관계지향적인 것을 '신뢰와 헌신이라는 것을 통해서 장기적인 거래를 지속화시키고 상호 기회주의적인 행동을 하지 않고 상호혜택을 가지고 갈 수 있는 것을 추구하는 것이다. 하지만 관계지향적 영업은 신뢰와 헌신을 형성하는 것도 중요하지만 가장 중요한 부분은 이러한 신뢰와 헌신을 누구와 그리고 어떻게 가지느냐는 것과 이를 통해 어떤 관계를 형성하는가에 관한 것과 이 관계로부터 얻을 수 있는 결과는 무엇인가에 대한 구체적인 관계지향적 영업의 프로세스를 구축하고 이해하는 것이 필요하다. 또한 신뢰와 헌신을 구축하는 과정과 의도 및 필요한 행위들에 대한 것도 정리를 할 필요가 있다.

우선 기업에서 고려하는 관계는 다음 네 가지의 관계를 생각할 수 있다. 첫 번째는 가장 중요한 고객과의 관계이다. 하지만 여기서도 어떤 고객과의 관계를 맺을 것인가도 선택의 이슈이다. 기업의 제한된 자원을 고려할 때 모든 고객과 관계를 맺고 관리를 할 수는 없다. 두 번째 관계의 대상자는 내부 고객인 직원들이다. 협업 및 팀 영업이 중요시되는 오늘 날의 영업상황에서 영업사원들 간의 관계도 중요하고, 영업사원과 영업 관리자와의 관계도 매우 중요하다. 내부 고객과의 관계가 좋지 못하면 영업사원들이 고객에게 충분한 지원을 할수도 없고, 고객가치 창출도 어려울 것이다. 세 번째 관계의 대상자는 사회구성원으로서 정부 및 이해관계자들과의 관계일 것이다. 오늘날 사회적 책임을 강조하는 시점에서 이러한 이해관계자들과의 관계는 매우 중요한 부분이 되고 있다. 마지막 관계의 대상자는 협력업자 및 경쟁사와 같은 기업들 간의 관계이다. 지금은 산업 내의 경쟁보다는 산업 간의 경쟁이 더욱 큰 의미를 가진다. 따라서 산업 내의 경쟁사는 이제는 협력자가 될 수도 있다. 따라서 이러한 기업들 간의 네트워크를 구축하고 협력 관계를 가지는 것이 매우 중요하다.

이상에서의 관계지향적 영업의 프로세스를 정리하면 우선 어떤 고객과 관계를 구성하느냐의 관점에서 관계의 대상과 관계의 의도를 밝히는 것이다. 두 번째는 이러한 관계를 통해 어떠한 관계의 형태를 만들어가느냐 하는 것과 이를 위한 어떤 노력이 필요한가에 대한 고찰이다. 마지막으로 이러한 관계를 통해 영업사원은 어떠한 성과를 만들 수 있느냐에 관한 것이다(그림 참조).

관계의 대상 및 의도: 관계의 대상은 핵심고객이다

　영업사원들은 Key Man이라고 불리는 고객을 집중적으로 관리하고 이들을 효과적으로 공략하는 것에 대한 중요성을 인식하고 있다. 관계지향성에서 중요한 것은 마케팅에서도 중요한 선택과 집중이다. 즉, 핵심고객을 선택하고 이 고객에 집중하는 것이다. 선별적으로 내 편을 만드는 것, 즉 모든 고객 혹은 많은 고객이 아니라 핵심고객(Key Customer)이라고 선택한 고객을 선별적으로 관리하고 내편으로 만드는 것에 대한 중요성 및 효과성을 표명하고 있다. 즉, 관계지향적인 영업은 이처럼 소수의 주요 고객을 선별적으로 집중적으로 관리하는 것을 의미한다.

　영업사원들이 관계를 맺으려고 하는 사람, 즉 고객의 특성은 다음 여섯 가지로 구분될 수가 있었다. 이들 특성은 관계의도에 영향을 미치는 선행요인이라고 할 수 있다. 우선은 여러 고객들 중 리더의 역할을 하는 고객이다. 리더로서 다른 고객들에게도 영향을 미치고 또한 롤 모델의 역할을 수행하기 때문에 다른 고객들은 이 리더격인 고객을 모방하려고 하고 배우려고 하는 경향이 있다. 따라서 이 고객과의 관계 유지를 통해 다른 고객은 저절로 따라온다는 것이다. 두 번째는 지연/학연/혈연 등의 연관성이 있는 고객과 친하고자 하는 경

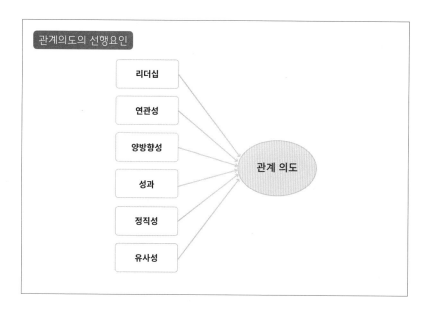

관계의도의 선행요인

리더십

연관성

양방향성

성과

정직성

유사성

관계 의도

향이 있다. 이 부분은 젊은층보다 나이가 있는 고객들에서 많이 나타나는데 단일 민족이라는 것에 자부심을 느끼고 그렇게 배워온 우리나라의 장년층이 가진 문화적인 특성이라고 할 수 있다. 세 번째는 관계의 양방향성을 의미한다. 즉, 나에게 관심이 있는 상대방과 자연스럽게 친하게 된다는 것이다. 네 번째는 성과가 영업의 핵심이기 때문에 성과가 좋은 고객 즉, 다량으로 구매하는 고객, 구매력이 있는 고객과 친하게 지내려고 한다는 것이다. 다섯 번째는 정직성이다. 관계는 장기적인 것을 지향하기 때문에 거짓행동을 하거나 정직하지 못한 것은 양쪽에게 모두 치명적인 것이 될 수 있다. 마지막으로는 성격이 통하는 유사성을 가진 고객과 친하게 지내려고 한다는 것이다. 영업사원과 고객도 인간관계이다. 따라서 이러한 유사성 혹은 성격적 통함 등이 중요한 관계의도의 요소가 될 수가 있다. 이상에서의 어떤 고객과 관계를 가지려고 하는 관계의도에는 리더십, 연관성, 양방향성, 성과, 정직성 및 유사성 등의 선행요인이 필요하고, 이러한 요소를 갖춘 핵심고객을 영업사원은 관계의 대상으로 선별해야 한다.

관계의 형성 및 유지를 위한 노력

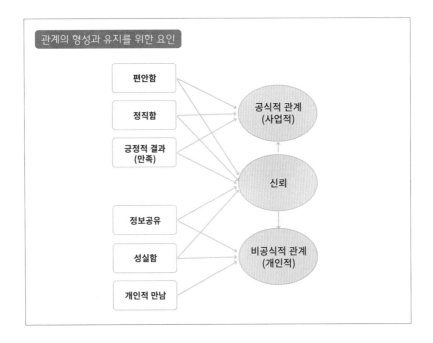

관계의 형성과정에서 영업사원들은 인간적인 관계와 사업적인 관계를 가지기를 원한다. 인간적인 관계는 관계를 형성하고 싶은 주요 목표 고객들이 가지고 있는 특성에 따라 사적인 면에서 통하는 관계로 발전시켜 나가는 것이고, 사업적인 관계는 영업을 하면서 서로 윈윈할 수 있는 혜택을 찾아가는 관계이다. 그런데 일단은 사업적인 관계에서 시작하여 신뢰를 형성하고 사적인 만남을 자주 하면서 인간적인 관계로 발전하는 과정을 거친다. 일을 하는 공적인 관계를 잘하면

서로 신뢰를 하게 되고 그러다 보면 사적으로 가족 및 개인적인 일들에 대한 대화를 나누고 이를 통해서 유대감이 더욱 강해진다는 것이다. 즉, 관계지향적인 영업은 사업적인 관계를 통해 서로 신뢰를 쌓아가고 이를 통해 사적인 관계까지 확장해나가는 것을 의미한다. 즉, 우리나라의 관계에서는 계약 및 인지적인 부분에 한정되는 것이 아니고, 가족 혹은 친구와 같은 사적인 관계 형성을 통해서 신뢰를 더욱 강화시키고 공적인 관계까지 더욱 강한 유대를 형성시키는 것이다.

이상에서 관계란 공적인 부분과 사적인 부분이 있고, 지속적인 관계를 형성하기 위해서는 우선은 편안함, 정직함 등을 바탕으로 긍정적 결과가 지속되면(만족) 공적인 거래가 형성된다. 이 단계에서 신뢰를 형성하고 다음 단계인 사적인 단계로 넘어가기 위해서 개인적인 정보의 공유와 학습이 필요하고, 사적인 만남을 통해서 사적인 관계 단계로 넘어간다. 이러한 관계를 유지하기 위해서는 지속적인 정보의 공유와 성실함이 매우 중요한 유지 요소이다.

앞의 그림은 한국적인 관계지향적 영업에서 관계를 형성하는 과정에 관한 개념적인 모형이다. 여기서도 보듯이 관계는 공적인 관계와 사적인 관계의 두 가지로 구분이 된다. 또한 이러한 관계를 형성시키고 유지하는 데 있어서 가장 중요한 요인은 신뢰이다. 신뢰를 형성하고 공적인 관계를 형성하는 데 있어서 중요한 요인들은 편안함, 정직함, 그리고 긍정적 결과, 즉 만족이 있다. 사적인 관계와 신뢰를 형성하는 요인은 정보공유와 성실함 등이 있고, 사적인 만남을 통해서 개인적 관계가 형성된다.

장기적인 관계의 결과: 핵심 고객이 나의 영업을 대신한다!

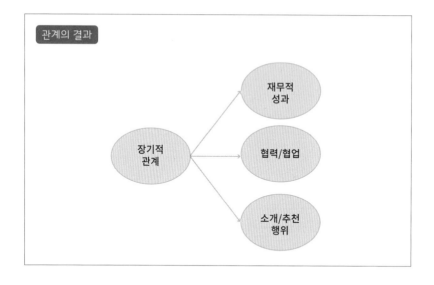

관계지향적인 영업을 통해 영업사원은 고객과의 장기적인 관계를 구축하고 유지한다. 이러한 장기적인 관계를 통해 영업사원은 어떤 성과를 기대할 수 있을까? 이에 대한 관계의 결과 변수를 정리해 보고자 한다. 일단은 지속적인 재무적 성과를 만들 수 있다는 기대를 가지고 있다. 영업을 하는 것에서 자신의 성과를 높이고 싶은 것은 당연한 것이다. 또한 고객들은 영업사원과의 관계가 형성되면 자신의 업무와 영업사원의 업무를 구분하지 않고 서로 협력하는 관계를 기대한다. 또한 자기의 일처럼 관리를 해주어서 고객도 부정적인 결과가 생기는 것을 방지함으로써 서로 상생하게 되는 것이다. 관계를 통해서 지속적인 성과를 만드는 것의 중요성을 언급하였는데 특히 중요한 것은 기존 고객들이 신규 고객을 소개(Referral)해준다는 것이다. 이는 관계지향성에서 매우 중요한 성과 중의 하나이다. 영업사원이 직접적인 노력을 하지 않더라도 고객이 다른 고객을 데리고 오는 이 소개는 기존 고객의 평생가치 부분에서도 매우 중요한 요소이다.

이상에서와 같이 관계지향적인 영업을 통해 영업사원들이 가장 많이 언급한 것은 재무적인 성과 부분이다. 영업을 통해서 가장 많이 기대하는 부분은 당연히 영업성과일 수밖에 없다. 하지만 관계 지향적인 영업은 단순히 재무적인 성과보다는 장기적이고 꾸준한 재무적인 성과라고 하는 것이 성과지향성과는 다른 부분이다. 또한 고객과 영업사원 서로 협업을 통해서 상생하는 관계라는 것을 인식하게 된다. 고객의 업무를 자신의 업무처럼 배려하고 최선을 다해주는 것이 결국 자신도 잘되고 고객도 잘되는 협업의 결과인 것이다. 마지막으로 중요한 것은 관계를 통해서 신규 고객을 소개받는 결과이다. 결국 기존 고객에 관계를 형성하고 집중하면 신규 고객을 유치하기 위한 노력이 덜 필요하다는 것이다.

한국적 관계지향적 영업의 체계

이상에서 우리나라의 관계지향적 영업행위의 프로세스를 보았고 관계의도가 어떻게 형성되고 관계의 특성 및 형성을 위한 노력에 대해서도 알아보았다. 마지막으로 관계를 통해 기대할 수 있는 결과요인에 대해서도 알아보았다. 관계지향적 영업은 고객이 가진 여러 가지 특성들에 의해서 특정 고객과의 관계의도를 형성하게 되고 이렇게 구축된 관계를 공적인 관계와 비공식적 관계를 통해 신뢰를 형성하는 것이다. 마지막으로 이러한 지속적인 관계의 유지를 통해 지속적인 성과를 만들고 고객과 협업을 하여 고객이 영업사원의 영업을 대신해주는 밀접한 관계를 강화하게 된다. 이러한 과정을 바탕으로 다음 그

립과 같은 통합적인 관계지향적 영업의 체계를 제시할 수 있다.

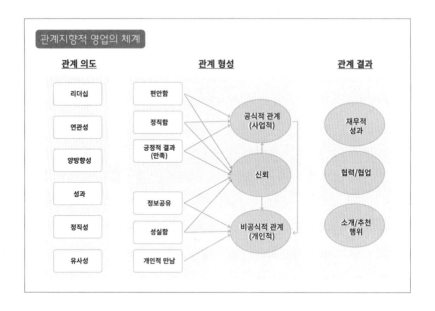

미국이나 서구의 영업사원 및 고객들을 중심으로 관계지향적에 대한 연구가 진행되어 왔다. 본 장에서는 서구와는 다른 한국적인 관계지향적 영업에 대해 알아보았고, 그 결과로서 관계의 의도와 6가지의 선행요인을 제시하였고, 관계형성을 공식적 관계와 사적인 관계로 구분하여 이들 요인에 대한 선행요인도 제시하였다. 또한 신뢰는 이러한 관계 형성에 있어서 매우 중요한 역할을 하는 것도 제시하였다.

결론적으로 한국적 상황에서 기존 서구 중심의 이론을 한국화하고 차이점을 제시하여 기존 관계지향적 영업에 관한 이론적 고찰이 더욱 필요하다는 것이다. 또한 오늘날의 영업환경에서 그 중요성이 갈수록 커지고 있는 관계지향성의 특성을 파악하고, 한국에서의 관계지향적 영업의 과정을 관계의도, 관계 형성 및 결과의 과정으로 프로세스를 정립하고 각각의 단계에서의 선행요인을 밝히고 성과변수들과의 관계도 제시하였다.

우리나라의 정서에서는 감정적인 요소가 이성적인 요소보다 조금 크게 작용하는 것 같다. 우리나라의 영업사원들이 고객과 친해지면 비공식적인 형태의 만남을 통해서 형제관계 혹은 친구 관계를 형성하는 것은 서구적인 상황에서는 생각할 수 없는 요소이다. 이런 것들을 봐도 우리에게 감정 부분이 서구보다 더 강하다는 것을 알 수 있다. 이러한 한국적 관계지향적 영업프로세스를 통해 우리 영업사원들도 보다 효과적이고 장기지향적인 영업의 체계를 구축하여야 할 것이다.

Part C

윤 회장의 두 번째 책 '사람의 힘'

출간과 동시에 베스트셀러를 기록한 윤 회장의 두 번째 책 <사람의 힘>에는 CEO의 생동감 넘치는 사업경험과 경영철학이 오롯이 담겨 있다. 그는 첫 번째 책 <긍정이 걸작을 만든다>에 이어 10년 만에 '사람의 힘'을 펴냈는데, 이 책에서 윤 회장은 기업흥망의 열쇠를 쥐고 있는 것이 '세일즈'와 '사람'이라고 이야기한다. 기업을 경영하는 데 있어 어느 것 하나 쉬운 일이 없지만 최일선에서 고객을 직접 만나는 일이기에 세일즈는 특히 힘들고 중요하다는 것이다.

이쯤에서 "혁신도, 창의도 아닌 세일즈가 기업의 성패를 좌우한다고?" 이런 의문을 품을지 모르겠다. 그러나 따지고 보면 우리는 누구나 세일즈맨이다. 자신의 가치를 어디에 두고, 어떻게 세일즈를 하느냐에 따라 인생이 달라진다. 기업의 근간을 이루는 것도 역시 세일즈다. 기업의 핵심가치와 비전을 내외부 고객과 어떻게 공유하느냐에 따라 경영의 성과가 달라지기 때문이다.

그는 지난 38년간 웅진그룹을 경영하면서 얻은 경험을 바탕으로 기업이나 조직을 이끄는 리더들이 꼭 알아야 할 핵심 전략과 가치에 대해서도 말한다.

특히 "직원 7명으로 시작해 보기 드문 성공 신화를 이룬 것도, 기업회생신청 등의 어려움을 이겨내고 다시 일어선 것도 결국 사람의 힘 덕분이었다"면서 영업과 조직관리, 리더십 등 5가지 영역에 걸쳐 '사람 경영' 노하우를 전수한다. 세계에서 책을 제일 잘 팔 수 있게 만든 세일즈기법, 89년 웅진코웨이 창립부터 렌탈비즈니스를 만들기까지의 비하인드스토리 등 경험에서 만들어진 다양한 교훈이 상세히 소개되어 있다.

권오현 삼성전자 부회장은 추천사를 통해 "오랜 사업 경험을 통해 축적한 지혜와 통찰을 담은 역작"이라고 했고, 박용만 대한상공회의소 회장은 "경영자들이 살아있는 경영교과서 하나를 얻었다"고 호평했다.

지난 2009년 출간된 〈긍정이 걸작을 만든다〉는 윤 회장이 평범한 영업사원으로 시작해 그룹 총수가 되는 과정에서 얻은 긍정과 열정의 메시지를 담고 있으며, 15만 부 넘게 판매되며 꾸준한 사랑을 받아왔다.

윤 회장은 척박한 창업 토양에도 불구하고 기적 같은 창업신화를 이뤄낸 사람이다. 그럼에도 그는 여러 번 실패했고 다시 일어섰다. 중요한 것은 그가 거듭된 신화를 써내려가며 성공의 꼭대기에 올라섰다는 사실이 아니다. 우리가 눈여겨봐야 할 것은 그가 실패를 했음에도 불구하고 다시 일어섰으며, 위기 앞에서 늘 남다른 선택을 했다는 점이다.

IMF로 위기를 맞은 후 정수기 렌탈 제도를 생각했고, 2012년 기업회생의 위기를 맞으며 사람의 힘이 기업의 힘이라는 것을 재확인했다. "아무리 힘든 상황이 닥쳐도 꿈을 가진 사람은 다시 일어설 수 있다. 행복은 성공이나 돈으로 얻는 결과가 아니라 마음속에 있는 감사를 측정한 값이다." 그가 겪어온 성공과 실패, 좌절과 극복의 과정에서 비롯된 남다른 철학은 동시대를 살아가는 우리 모두에게 큰 울림을 선사한다.

2018년은 웅진그룹 윤 회장이 경영을 시작한 지 38년이 되는 해다. 그는 적지 않은 나이에 기업회생과 법정관리라는 위기와 시련을 겪고도 좌절하거나 포기하는 대신, 다시 일어나 새로운 도전 앞에 섰다. 그의 끊임없는 아이디어와 도전은 젊은 세대들에게 희망과 꿈을 제시하고 있다. 사그라지지 않는 열정을 품으며 늘 20대의 마음으로 산다는 그는, 기업과 경영자가 어떤 꿈을 꾸어야 하는지를 생각해보게 한다.

윤석금 회장이 밝힌 매력적인 영업인이 되는 10가지 방법

1. 끊임없이 공부하라.
2. 습관을 바꾸어라.
3. 정신력을 키워라.
4. 긍정적으로 보라.
5. 불만보다 개선점을 이야기하라.
6. 정직하게 영업하라.
7. 고객이 추천하게 만들어라.
8. 고객 정보를 활용하라.
9. 제품을 스토리텔링하라.
10. 꿈을 꾸어라.

출처: 인사이트코리아(2018.04.02.)

Chapter 01

영업은 프로세스(Process)다

영업행위(Selling)와 영업(Sales)의 차이는 무엇일까? Selling과 Sales는 둘 다 사전적인 해석으로 '판매', '영업'이다. 그러나 행위적 측면에서는 큰 차이가 있다. Selling은 방문판매나 점포판매에서 고객에게 판매하는 시점의 행위를 말한다. 상품의 설명과 구매 권유, 구매 조건의 흥정 등이 포함된 제품을 양도하기 위한 행위를 Selling이라고 한다. 반면 Sales는 Selling은 물론이고 Selling을 위한 사전활동과 Selling 이후의 활동 등 판매에 관련한 일련의 모든 과정을 말한다. 백화점이나 마트 등은 판매 행위 자체는 판매원이 하지만 홍보나 고객관리 등은 기업이 하고 있다. 반면, Sales에서는 판매는 물론이고 사전홍보와 사후관리까지도 영업사원들이 담당하고 있다. 영업사원을 흔히 판매원혹은 판매사원이라고 호칭하는데 이것은 정확한 것이 아니다. 방문판매원 혹은 영업사원으로 표현하는 것이 정확하다.

영업 현장에서도 Selling과 Sales를 명확하게 이해하지 못하는 영업사원들을 종종 본다. 그들은 Sales를 Selling으로 이해하기 때문에 판매를 위한 사전 노력에는 소홀히 하고 판매 시점 행위에만 주력한다. 그 결과로 실적은 항상 저조하고 영업이 어렵다고 하소연을 한다. 영업은 물론 판매이다. 그러나 영업에서의 판매는 판매 시점의 행위만으로는 발생하지 않는다. 반드시 판매 시점의 사전 과정과 사후 과정이 연결되는 일련의 프로세스에서 발생하는 결과물이 판매이다.

영업은 일련의 프로세스이다. 이 프로세스를 이해하고 각 단계에 집중할 때 영업은 완성된다. 이 책은 한국 영업사원들을 대상으로 관찰하고, 기존의 영업 프로세스를 수정하여 한국형 영업 프로세스라고 명명하였다. 이 한국적 영업 프로세스는 5단계로 정리했고 각 단계별로 영업사원이 해야 할 기술과 방법을 정리했다. 우선 전통적인 영업 학계에서 제시하는 일반적인 영업 프로세스에 대해서 알아보자. 이후 한국적 영업 프로세스의 배경에 대해 간단히 설명하고 한국적 영업의 프로세스에 대해 서술하도록 하겠다.

영업학자들이 제시하는 표준화된 영업 프로세스 8단계

많은 영업 연구자들이 수많은 연구를 통해 가장 효과적인 영업 프로세스를 만들어낸 것이 표준화된 영업 프로세스이다. 표준화된 영업행위는 다음 그림에서 보듯이 총 8개의 단계로 구분된다.

이 영업과정에서 어떻게 하면 보다 효과적인 영업을 하여 판매 종결률(closing rate or hit ratio)을 높이는가에 관한 연구가 가장 최근

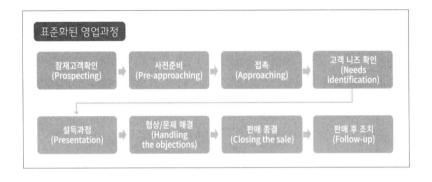

영업연구들 중 가장 활발하게 이루어지고 있는 연구 분야이다. 대표적인 연구로는 Weitz와 그의 동료들이 최근 20년간 발표한 적응적 영업행위에 관한 연구들이다.

효과적인 영업행위의 첫 번째 단계는 잠재고객 확인단계(prospecting)이다. 이 단계에서 영업사원이 해야 할 가장 중요한 것은 잠재고객이 누구인가에 대한 정의이다. 일반적으로 잠재고객은 MAD(Money, Authority, Desire: 돈, 결정권, 욕구)의 세 가지를 충족시켜야 한다. 즉, 제품을 구매할 수 있는 구매력(Money)과 제품 구매의사결정을 할 수 있는 권한(Authority), 제품을 구매하고 싶은 의지(Desire)가 있어야 한다. 잠재고객을 확정한 다음 해야 할 것은 잠재고객에 관한 모든 정보를 수집하고 학습하는 것이다. 영업사원은 영업 행동을 하기 전 가장 많은 시간을 투자해야 되는 부분이 고객 학습이고 이를 통해서 접근 가능한 잠재고객을 파악하는 것이 무엇보다도 중요하다.

두 번째 단계는 사전 준비와 사전 접촉단계(pre-approaching)이다. 여기서 가장 중요한 핵심은 고객학습이다. 고객에 대한 정보 학습 후 이 고객의 니즈가 무엇인지를 파악하고, 어떻게 접근할 것인가를 결정하는 단계이다. 오늘날 다양한 사전 접촉 방법이 존재하는데 전화, 이메일, 모바일 등을 이용한 사전 접촉이다. 고객의 특성을 잘 파악하여 어떤 사전 접근 방법이 좋은지를 결정하여야 하고, 사전 접촉 시 영업사원은 반드시 고객으로부터 본 미팅에 관한 언질(commitment)을 받아야 한다. 이러한 사전 접촉 방법 및 행동에 관한 연구들도 매우 중요한 영업 행위 기법이기 때문에 보다 체계적인 연구가 필요하다.

세 번째 단계는 접촉, 즉 본 미팅 단계(Approaching)이다. 이 단계에서 가장 중요한 것은 고객에게 건네는 첫인상과 첫마디이다. 이것이 고객에게 영업사원의 첫 이미지를 형성하기 때문에 매우 중요하다. 심리학적으로 가장 바꾸기가 어려운 부분이 첫인상이라고 한다. 그리고 네 번째 단계는 고객의 니즈 파악이다. 어떤 문제에 관심이 있고, 고객이 왜 이 제품에 관심이 있는지를 파악하는 것이야말로 영업행위에서 가장 중요한 부분이다. 이 과정에서 중요한 영업 기술은 경청(Listening)과 질문(Questioning)이다. 적절한 질문을 하여야 하고, 무엇보다도 고객의 이야기를 잘 들어주는 것이 매우 중요한 영업력이다. 우리나라 상황에서도 경청과 질문 방법에 관한 연구도 보다 많이 진행되어야 할 것이다.

다섯 번째 단계는 설득과정(Presentation)이다. 영업 과정을 한마디로 요약하면 고객 설득과정이다. 설득과정에서 중요한 것은 고객에 대한 가치제안이다. 가치제안은 간단－명료하게 혜택(Benefits)을 강조하고, 과학적인 증거로서 경쟁사와의 차이점을 제시하여야 하고, 이를 보여주고(visualize) 고객의 용어를 사용해야 한다는 것이다. 이 부분에서 최근 가장 많이 언급되는 것이 기술적 지원이다. 프레젠테이션 기법뿐만 아니라 기술적인 부분도 많이 발전되어서 이에 대한 영업사원들의 교육 및 활용에 관한 연구가 보다 많이 진행되어야 할 것이다. 가장 많이 언급되고 있는 분야가 영업자동화에 관한 연구들이다.

여섯 번째 단계는 협상과 문제해결(Handling the objections)이다. 이 단계에서 중요한 것은 반론은 항상 존재한다는 것과 협상력이다. 어떤 고객이나 고객집단을 만나더라도 반드시 고객은 반문을 하거나 반론을 제기한다. 즉, 고객 스스로가 자신의 선택에 문제가 없다는 것을 확신하기 위해 영업사원이 말하는 것에 대해서 반론을 제기하는 것이다. 이때 가장 중요한 것 역시 경청이고, 고객이 제기한 반론에 대해 명확한 증거와 함께 보완할 수 있는 협상력이 필요하다. 많은 경우 가격 이슈를 반론으로 생각하는데 가격 이전에 제품의 품질에 대한 의문이나 혜택에 대해서 경제적 가치를 확신하지 못하기 때문에 고객은 가격으로 이의 제기를 하는 것이다.

　　일곱 번째 단계는 판매 종결이다. 영업사원들이 가장 어려워하는 것이 종결기법이다. 판매 종결은 최종적으로 계약서에 서명을 하는 것으로 많은 영업사원들이 이 단계에서 판매종결을 하지 못하고 계약을 성사시키지 못하는 경우가 많다. 계약 내용을 고객의 입장에서 재차 확인하고, 거래에 대한 확신감을 줌으로써 고객이 기꺼이 서명 할 수 있도록 하는 것이 중요하다. 판매 종결 기법에 관한 연구는 미국 뿐만 아니라 우리나라에서도 연구가 매우 부족한 분야이다. 하지만 영업의 성공과 관련된 매우 중요한 분야이기에 보다 많은 연구들이 필요하다.

　　마지막 단계는 판매 후 조치(Follow-up)이다. 신뢰를 형성시키는 중요한 단계이다. 계약을 한 뒤 납기일을 맞추고, 수량과 품질에 대한 철저한 약속이행을 통해 신뢰를 주어야 하고, 거래에 대한 만족감을 제고하는 것이 매우 중요하다. 이는 재구매 과정에도 영향을 미치기 때문에 영업사원들이 장기적인 관점에서 수익을 발생시키기 위해 더욱더 신경을 써야 하는 부분이다.

한국적 영업의 배경

　　'영업'은 두 종류 즉, [사냥형 영업]과 [농사형 영업]이 있다. 옛날 조상들이 동굴에서 자고 먹고 놀다가 먹거리가 떨어지면 돌도끼를 들고 나가 토끼를 잡았다. 좀 더 쉽게 하는 방법으로 덫을 설치하는 경우도 있었다. 사냥에 성공하여 배부르게 먹고 나면 또 동굴에서 자고 놀았을 것이다.

판매도 이렇게 하는 경우가 있는데 대표적으로 지하철에서 "이 제품으로 말씀드리자면, 단돈 이 천원에 드립니다"라며 제품을 판매하는 사람들이 있다. 파는 사람이 누구인지 또 사는 사람이 누구인지 알 필요가 없다. 사고 싶다는 욕구가 생기고 가격이 적당하다고 판단하면 순간적으로 거래가 이루어진다. 이런 식의 판매를 [사냥형 영업]이라고 말한다. 백화점이나 가게는 사냥감을 쉽게 잡기 위한 사냥터쯤으로 이해하자.

농사는 사냥과 전혀 다르다. 봄에 씨 뿌리고, 여름에 가꾼 다음 가을에 비로소 수확하고, 겨울엔 내년 농사를 준비한다. 농사는 사냥에 비해 시간도 많이 걸리고, 사계절 각각의 단계가 필요하고, 앞 단계가 잘되어야만 다음 단계가 성공하는 프로세스로 진행된다. 이처럼 판매가 프로세스에 의해 진행되는 것을 [농사형 영업]이라고 하고, 우리가 한국형 영업 프로세스에 도입하고자 하는 것이 바로 [농사형 영업]이다. 이처럼 영업을 농사에 비유하면 한국형 영업을 가장 정확하게 이해할 수 있다.

영업은 농사짓기처럼 해야 한다. 사냥꾼과 사냥감의 관계는 쫓고 쫓기는 관계이지만, 농부와 곡식의 관계는 애정을 가지고 돌보는 관계이다. 곡식은 농부의 발자국 소리를 듣고 자란다는 말이 있듯이 농부의 관심과 애정이 풍년을 기약한다. 한국형 영업에서도 가장 중요한 것은 영업사원과 고객의 인간관계이다. 영업은 먼저 인간관계를 맺기 위해 시작하고, 인간관계를 바탕으로 성공하고, 인간관계를 유지하기 위해 진행되는 일련의 프로세스이다.

농부가 원하는 것은 가을에 수확을 많이 하는 것이다. 그러나 이

것은 봄에 씨를 뿌리고 여름에 가꾸는 전 단계가 있어야만 가능하다. 또 가을 수확 후에는 다음 농사를 준비해야만 한다. 이처럼 농사는 사계절별로 프로세스가 반복적으로 진행된다.

영업사원이 원하는 것도 판매 실적이다. 그러나 판매(Selling)는 그 자체만으로 발생하지 않는다. 판매는 반드시 사전에 일련의 과정을 거쳐야 하고, 사후에도 일련의 과정을 거쳐야만 비로소 완성되는 프로세스이다.

영업 프로세스 5단계 개요

영업이 [농사형 영업]이기 때문에 영업 프로세스의 단계도 일 년 농사짓는 순서로 비유할 수 있다. 먼저 봄에 씨를 뿌리듯이 [준비]를 해야 하고, 여름에 가꾸듯이 [가망고객 관리]를 하고, 가을에 수확하듯이 [설득]을 해서 판매를 하고, 겨울에 정리하고 내년 농사에 대비하듯이 [사후관리]를 해야 한다. 그리고 이웃과 서로 품앗이하듯 장기적인 [협력관리]를 통해 애호고객으로 발전시키는 것이 [영업 프로세스 5단계]이다.

- 영업 프로세스 제1단계: 홍보하기, 봄에 씨를 뿌리듯이 잠재고객들에게 나를 알린다. 또한 제품 지식 및 시장 지식 등을 준비한다.
- 영업 프로세스 제2단계: 가망고객 관리하기, 여름에 가꾸듯이 잠재고객을 가망고객으로 만들어서 구매 가능성을 높여간다. 이때 고객의 특성을 학습하여 니즈를 파악하는 것이 중요하다.
- 영업 프로세스 제3단계: 설득하기, 가을에 수확하듯이 설득을 한다.

- 영업 프로세스 제4단계: 사후관리하기, 겨울에 한 해 농사를 정리하고 내년 농사를 준비하듯이 판매 사후관리를 한다.
- 영업 프로세스 제5단계: 협력고객 만들기, 품앗이를 하듯이 나를 도와주는 애호고객을 만든다.

❤️ 고객관리가 쉬워진다

영업 프로세스 5단계를 이해하면 먼저 영업이 쉬워진다. 신입 영업사원은 무엇부터 시작해야 하는지, 실적이 저조한 기존 영업사원은 무엇을 점검해야 하는지, 한 단계 성장하고픈 영업사원은 어디에 집중해야 하는지를 알 수 있기 때문이다. 또한 영업 프로세스 5단계를 이해하면 각 단계별로 업무의 명확한 인식을 하게 되므로 영업이 어렵지 않고 즐거워진다.

고객응대도 쉬워진다. 영업사원이 만나는 모든 고객은 영업 프로세스 5단계 중의 한 단계에 있는 사람이다. 지금 만나는 고객이 어느 단계의 고객인가를 분명히 알기 때문에 만남의 목적을 분명히 할 수 있고 역할을 정확하게 진행할 수 있다.

물론, 고객관리도 쉬워진다. 영업사원이 관리하는 고객은 수십 명에서 수천 명까지 개인별로 다양하다. 고객 수가 늘어날수록 고객 개별 관리가 어려워진다. 영업 프로세스 5단계를 적용하면 고객관리가 쉬워진다. 각 단계별로 고객에게 해야 할 주요 업무는 정해져 있기 때문에 전체 고객관리를 한결 쉽게 할 수 있다.

아직 가망고객 단계인 고객에게 성급하게 판매를 시도하거나, 사후관리 단계인 고객에게 협력고객에게 하듯이 소개를 부탁하면 고객은 불편하게 생각한다. 고객이 불편하게 생각하는 한 고객만족은 멀어지게 된다. 고객관리를 단계별로 진행하지 않고 건너뛰게 되면 이런 사태가 종종 발생한다.

고객은 자신이 영업 프로세스 5단계 중 어느 단계에 있는지 스스로 알고 있다. 고객은 각 단계별로 대접받길 원하지 다른 단계의 대접을 원하지 않는다. 각 단계에 알맞은 대접을 받지 못할 때 고객은 부담이나 불만을 가지게 되고 결국 영업사원을 피하게 된다.

영업 프로세스 5단계에 충실할 경우 각 단계에 알맞은 고객관리가 가능하다. 또한 각 단계에 가장 적합한 영업 활동을 시도할 때 고객만족은 높아지게 마련이다.

✔ 성공 영업사원의 평범한 비법

영업은 결코 쉬운 일이 아니다. 상대방이 스스로 지갑을 열어 나에게 돈을 건네주면서도 행복해하도록 만드는 것이 영업사원인데 실상은 결코 쉬운 일이 아니다. 그러나 그것을 가능토록 하는 것이 영업이다. 전쟁 혹은 강도짓을 왜 하는가? 나에게 없는 것을 무력으로 뺏기 위해서이다. 그러나 무력을 사용하지 않고 상대와 내가 원하는 것을 동시에 가지고 서로가 만족하는 것이 영업이다. 이것은 운으로 되는 것도 아니고 협박이나 3걸(애걸, 구걸, 복걸)을 동원해도 안 되는 것이며 오직 영업을 통해서만 가능한 일이다. 그래서 영업은 인간이 할 수 있는 가장 아름다운 행위이고 전문적인 일이라고 할 수 있다.

영업의 기술은 아주 다양하다. 성공한 영업 영웅들의 경험담을 읽노라면 평범한 영업사원들은 상상치도 못할 비법들이 소개되곤 한다. 그러나 그 비법들은 아무나 하기 힘들고 또 그 비법 하나만이 영업 기술의 전부가 아니다. 영업은 비법으로 성공하는 것이 아니라 영업을 프로세스로 이해하고 각 단계별로 고객들에게 집중할 때 성공한다. 저자가 제시하는 영업 프로세스 5단계는 평범한 영업사원이면 누구나 할 수 있는 것이다. 아니 성공한 영업들의 비법들도 이 프로세스의 한 단계에 불과하거나, 실상은 이 프로세스에 집중했기 때문일 것이다.

저자가 오랜 기간 경험한 바에 의하면 성공 영업사원들에게 특별한 비법은 없다. 하지만 영업의 프로세스를 이해하고 자신만의 특별한 프로세스를 정립하는 것은 매우 중요한 성공의 열쇠이다. 영업 프로세스 5단계를 이해하고 각 단계별로 고객 한 사람 한 사람에게 집중하는 것이 성공한 영업사원들의 성공 노하우이다. 성공한 영업사원들은 우직할 정도로 영업 프로세스 5단계 관리에 충실한 평범한 사람들이었다. 그들은 이 영업 프로세스 5단계를 통해 고객과 장기적인 관계 형성을 위해 노력했고, 고객과의 소통을 즐겼고, 고객과의 두터운 친분을 통해 인생의 한 부분을 행복하게 산 사람들이었다.

영업 프로세스 5단계

단 계	단계 명칭	주요업무
1 단계	홍보하기	내가 어떤 상품을 판매하는 영업사원이라는 것을 가능한 많은 사람에게 알린다.
2 단계	가망고객 관리하기	알린 사람들을 선별한 다음 계속적인 방문을 통해 판매의 가능성을 높여간다.
3 단계	설득하기	판매의 가능성이 높은 사람을 방문하여 구매를 권하고 판매한다.
4 단계	사후관리하기	판매한 고객을 재방문하여 불편 제거, 추가 서비스 제공을 통해 애호도가 높은 고객으로 만든다.
5 단계	협력고객 만들기	나를 적극적으로 도와주는 고객을 만든다.

Chapter 02

영업 프로세스 1단계: 홍보하기

영업은 알리는 것에서 시작된다

농사에서 첫 단계는 봄에 씨앗을 뿌리는 일이다. 가을에 수확을 하는 것이 농사의 최종 목표이지만 봄에 씨앗을 뿌리는 것에서 농사는 시작된다. 판매에서의 가장 첫 단계는 홍보를 하면서 준비하기이다. 내가 어떤 제품을 판매하는 사람인가를 잠재고객들에게 알리는 것이 홍보이다. 영업에서 홍보를 하지 않으면 어떤 일도 일어나지 않는다. 영업은 어느 날 갑자기 발생하는 것이 아니고 잠재고객들에게 나의 존재와 나의 상품을 알리는 것에서 시작된다.

영업을 막 시작한 신입에게 홍보는 성공의 절대조건이라 해도 과언이 아니다. 신입은 무조건 홍보를 많이 해야 한다. 영업은 확률의 게임이다. 하지만 결과는 0 아니면 1이다. 신입 영업사원이 홍보를 많이 할수록 판매의 성공 확률이 높아져서 조기 정착이 쉬워진다. 농사에 있어서 씨앗을 한 되만큼 뿌리면 한 되 뿌린 만큼 수확하고 한 말 뿌리면 한 말 뿌린 만큼 수확할 수 있다. 그래서 뿌린 만큼 거둔다는 말이 나왔다. 영업도 마찬가지이다. 홍보를 한 만큼 판매 실적이 발생하는 것이 영업이다.

저자가 이전에 영업 매니저로 일 할 때에 경험한 일이다. 신입 영업사원들에게 한 달 동안 잠재고객 100명에게 홍보하고 가망고객으로 관리하게끔 하였다. 100명을 채웠거나 최소 70명을 넘긴 신입들은 3개월 차부터 판매가 본격적으로 발생하여 무사히 정착하는 것을 보았다. 반면 홍보를 제대로 하지 않은 신입은 6개월을 버티지 못하였다. 이처럼 신입 영업사원에게 홍보는 정착하느냐 못하느냐의 중요한 변수이다.

홍보는 경력 영업사원에게도 중요하다. 만일 경력 영업사원의 실적이 제자리 걸음을 하고 있거나 감소하고 있다면 지속적인 홍보를 등한히 했기 때문이라고 보면 된다. 실적이 감소하거나 혹은 성장할 때도 홍보만큼은 지속적으로 해야 한다. 홍보하기를 멈추는 순간에 판매의 성장도 멈춘다. 영업 지도를 할 때 성장이 둔화된 경력자에게 한 달 동안 홍보에 집중하도록 관리한 결과 대다수 그들의 판매 성과가 성장하였다.

영업은 현재의 성과가 좋다고 하여 절대로 만족하면 안 된다. 현재의 거래 고객만 관리하다보면 언젠가는 반드시 실적이 멈추거나 하락하게 된다. 잘 될 때 더 잘하라는 말이 있다. 홍보가 그렇다. 현재 실적이 좋을 때일수록 홍보에 집중해야 지속 성장을 할 수 있다.

시작이 없으면 과정도 없고 결과도 없다. 홍보는 영업의 시작이다. 홍보가 없으면 가망고객 관리도 없고 판매도 없다. 신입은 조기 정착을 위해서, 경력자는 지속 성장을 위해서 반드시 홍보를 해야 한다. 홍보는 많이 할수록 좋다. 홍보는 시간이 날 때마다 만나는 사람마다 홍보를 습관적으로 해야 한다. 이것이 영업사원의 자세이다.

📋 **참기름 법칙**

참기름을 짜는 순서는 ① 참깨를 볶아서 ② 압축기에 넣고 눌러면 ③ 참기름이 나온다. 참기름이 수돗물처럼 콸콸 쏟아지면 좋으련만 아쉽게도 아주 조금씩 나온다.

그럼에도 불구하고 참기름을 많이 얻으려면 윗 단계의 양을 늘리면 된다. 즉, 압축기에 볶은 깨를 많이 넣어야 하고 또 그렇기 하기 위해서는 처음부터 볶은 참깨를 많이 준비해야 한다. 여기서 ③의 과정은 판매이고 ②의 과정은 가망고객관리이고 ①의 과정이 홍보이다.

홍보의 준비

홍보를 많이 하겠다고 무턱대고 하면 안 된다. 아무리 신입이라도 어느 정도의 준비를 한 다음 해야 한다. 준비 없는 홍보는 상처입기 십상이다. 소속 회사와 제품을 사전에 충분히 공부해야 한다. 또한 홍보 시에 사용하는 판촉물이나 판촉 도구에 대한 사전 지식을 가져야 한다.

홍보 시의 화법 연습도 중요하다. 홍보 대상이 연고이면 덜하겠지만 개척이라면 아무래도 긴장하기 마련이다. 긴장하게 되면 자신감이 부족하여 당황하게 되고 의도한 매끄러운 홍보를 하지 못하게 된다. 고객 입장에서 영업사원의 첫인상은 아주 중요하다. 영업사원이 전문가답지 않게 보이면 고객으로부터 무시당할 수 있다. 이런 사태를 방지하기 위하여 홍보시의 각종 화법을 만들어 연습하는 것이 좋다. 경력자도 시대의 흐름에 맞는 새로운 홍보 화법을 만들어 사용하면 고객들의 반응이 좋을 것이다.

최근에는 SNS를 이용한 홍보도 매우 중요하다. 제품을 홍보하고 나를 홍보하는 것도 여러 가지 영상 혹은 사진을 활용하고 실시간으로 확인과 소통을 할 수 있는 SNS는 지금의 영업사원들에게는 매우 중요한 홍보 수단이다.

　　홍보를 나가는 당일에는 판촉 도구의 점검은 물론이고 용모와 복장 등을 체크해보는 것이 좋다. 사람이 사람을 처음 만날 때 상대에 대한 호감도는 3초 이내에 결정된다고 한다. 잠재고객이 3초 이내에 나를 파악할 수 있는 것은 나의 용모와 복장이다. 너무 튀지 않고 상대에게 편안한 이미지를 심어줄 수 있는 외모를 갖추도록 노력하자. 외모는 비싼 옷을 입고 화려하게 치장하는 것이 아니다. 자신감으로 무장하고 단정한 이미지로 전문가의 모습을 갖추는 것이 중요하다.

홍보의 대상

　　홍보는 누구에게 해야 하나? 크게 두 집단으로 나뉘는데, 연고 집단과 순수 개척 집단이 있다.

◥ 연고 집단

　　혹자들은 영업을 제대로 하기 위해 연고에게 절대 판매하지 말라고 하는데 꼭 그렇지만은 않다. 내가 취급하는 제품이 고객에게 진실한 가치를 제공하는 것이라면 오히려 친한 연고에게 먼저 권유해야 한다. 내 가족에게 줄 수 없는 제품은 다른 사람에게도 팔지 말아야 한다. 특히 신입 영업사원은 초기에 연고를 통한 어느 정도의 실적이 있어야만 개척 실적이 발생할 때까지 버틸 수가 있다. 또한 연고는 강력한 예비 협력고객이기 때문에 영업에 있어서 연고는 결코 등한히 해서는 안 되는 집단이다.

　　시작하기 전에 홍보 가능한 연고의 리스트를 작성해 보자. 이것은 아주 중요하다. 막연하게 생각만 하면 몇 사람 생각나지 않고 또한 체계적으로 분류가 되질 않는다. 먼저 큰 카테고리를 정하는 것이 좋다. 학연별, 지연별, 사회집단별 등 카테고리를 정한 다음 카테고리별로 지인을 생각하고 명단을 작정하는 것이 좋다. 이때 미리 이 사람은 되고 저 사람은 안 되고 식의 편견을 갖지 말고 아는 사람의 명단을 가능한 많이 적어보자. 그리고 그 명단의 한 사람 한 사람씩 보며 내 제품과의 연관성을 생각해 보자. 또한 앞으로 그 연고에게 영업을 어떻게 진행할 것인가를 구상해보자.

연고 홍보 방법

1. 연고 대상자 리스트를 작성하자.
2. 각 연고에게 어떻게 접근할 것인가, 시나리오를 구상하자.
3. 필요인식을 어떻게 시키고 어떤 제품을 권할지 화법을 미리 미리 연습하자.
4. 전화로 방문 약속을 잡고, 월 단위, 주간 단위 일정 계획을 세우자.
5. 방문하자.

개척 집단

고성과 영업사원이 되려면 연고에만 의존해서는 안 된다. 반드시 신규고객은 내가 모르는 집단을 대상으로 개척을 해야 한다. 물론 개척은 어렵다. 홍보 과정에 무시당하여 상처받을 수도 있고, 홍보 후의 판매 성사 확률이 낮을 수도 있다. 그래서 꾸준하게 접촉을 하고 나를 알리는 것이 매우 중요하다.

그러나 판매 5단계를 이해하면 개척 영업이 한결 쉬워진다. 영업은 확률의 게임이기 때문에 개척 홍보를 꾸준히 시도하면 판매 성공도 높아지기 마련이다.

개척 홍보의 중요성

개척 홍보는 말 그대로 모르는 사람을 찾아가서 홍보를 하는 것이다. 오라는 데는 없더라도 갈 데는 많다는 말이 있다. 영업사원의 개척이 이 말과 같다. 내가 만나서 홍보할 대상은 많지만 판매로 연결되는 성공률은 겨우 10% 미만인 것이 개척이다. 그러나 세일즈로 성공하기 위해서는 반드시 개척을 해야 한다. 연고 고객보다 개척으로 만난 고객이 우량 고객이 될 확률이 훨씬 높다. 통계에 의하면 개척 고객은 연고 고객에 비해 영업사원을 전문가로 대하고 협조적이며 오랜 기간 거래를 한다.

개척은 힘들고 어렵지만 세일즈로 성공하기 위해서는 꼭 해야만 하는 영업의 본질이다. 신입 영업사원들이 개척을 주저하는 이유는 막연한 두려움과 불안 때문이다. 낯선 사람에게 친절을 베풀어야 하는데 그 과정을 창피와 자존심이 상하는 것으로 생각할 수 있다. 그리고 개척 도중에 고객으로부터 자존심을 상하는 부당한 대우를 받지 않을까를 미루어 짐작함으로써 개척을 꺼린다.

개척을 잘하기 위해서는 먼저 막연한 걱정을 버리는 심리적 자신감이 중요하다. 먼저 고객들을 만나는 과정에서 어떤 불미한 일이 생겨 자존심을 상하지 않을까 하는 막연한 걱정을 버리자. 부딪혀 보지도 않고 막연한 불안과 걱정이 많은 영업사원은 결코 개척은 물론이고 큰 성공도 할 수 없다.

개척 홍보를 나갔을 때 고객이 거절을 하거나 관심을 가져주지 않는 것에 너무 예민하게 반응하지 말자. '성경에 하나님 것은 하나님에게, 가이샤 것은 가이샤에게'라는 말이 있다. 영업도 마찬가지이다. 권하는 것은 나의 몫이고 거절하는 것은 고객의 몫이다. 거절하거나

[느리게 사는 즐거움]의 저자 어니 J. 젤린스키는 걱정의 40%는 절대 일어나지 않고, 30%는 이미 일어났으며, 22%는 아주 사소한 것이며, 4%는 바꿀 수 없으며, 4%만이 대처할 수 있는 진짜 사건이라고 했다. 우리가 걱정하는 96%는 일어나지 않거나 과거의 것이고 4%만이 내가 걱정하며 대처할 수 있는 부분이라는 것이다.

구매하거나 고객이 결정해야 할 것 때문에 미리 걱정하지 말자. 고객이 해야 할 몫은 고객에게 맡기고 나는 나의 일에 충실하자. 내가 해야 할 일은 나를 알리고 제품을 권하는 것이다. 특히 개척 홍보를 할 때는 이런 낙관적인 심리가 절대로 필요하다.

개척 홍보 방법

홍보는 무조건 많이 하는 것이 좋다. 열심히 일하는 것(Working Hard)은 영업 활동의 중요한 덕목이다. 그러나 홍보를 무작정 많이 하는 것에는 한계가 있다. 하루에 개척할 수 있는 지역과 만날 수 있는 고객 수에는 분명한 한계가 있다. 그래서 현명하게 일하는 것(Working Smart)이 중요하다. 요즘 영업 활동의 중요한 추세는 현명하게 일하는 것이다. 열 명의 고객을 만나서 세 명에게 판매를 하는 것보다는 다섯 명을 만나서 세 명에게 판매하는 것이 더 낫다. 홍보도 마찬가지이다. 가능하면 차후에 판매로 연결될 수 있는 가망고객에게 집중하는 것이 효율적이다. 여기서도 중요한 것은 선택과 집중이다.

🍂 한 지역에 집중하자

홍보를 효율적으로 하려면 먼저 한 지역을 선정하여 집중하는 것이 좋다. 홍보를 한답시고 이 지역 저 지역 산발적으로 하는 것은 비효율적이다. 내가 취급하는 제품을 필요로 하는 가망고객이 어느 지역에 많이 있을까를 생각해보자. 시장지역, 상가지역, 주택지역, 기업체 사무지역 중에서 한 지역을 선정하여 그 지역에 집중하는 것이 좋다. 적어도 3개월 이상은 다른 지역에 눈길을 돌리지 말고 한 지역에 집중해야 한다. 그야말로 한 우물을 파야 한다.

지역을 선정했으면 홍보를 시작하자. 이때 명함이나 홍보물 등을 이용할 수도 있고 판촉물과 함께 회사별 홍보 도구를 이용할 수도 있다. 첫 홍보 시에는 고객들의 반응에 너무 예민하게 반응하지 말자. 그들이 나에게 친절할 수도 있고 그 반대일 수도 있다. 언젠가 거래를 하는 것이 중요하지 첫 홍보 시의 반응은 중요하지 않다. 홍보를 하다보면 첫 만남에서 불친절하고 퉁명했던 고객이 나중에 애호도가 높은 고객이나 협력고객이 되는 사례는 많고도 많다.

🍂 내가 먼저 단골이 되자

단골을 만드는 가장 좋은 방법은 무엇일까? 바로 내가 가망고객의 단골이 되는 것이다. 예를 들어서 이왕 먹을 식사를 이 식당 저 식당에서 하지 말고 한 곳을 정하여 그 식당의 단골이 되자. 식당 사장과 차츰 안면이 생기고 친해지기 시작할 때 홍보를 해보자. 홍보 단계에서 바로 가망고객 단계로 진행이 가능하다. 입장을 바꿔서 생각해보자. 내 식당에서 밥 한 끼 사 먹지도 않은 낯선 영업사원이 와서 홍보를 하는 것과 단골이 홍보하는 것은 식당 사장 입장에서 수용의 차원이 다르다. 식당뿐만 아니다. 미용실, 슈퍼마켓 등등 내가 어차피 지출해야 하는 것은 홍보지역에서 집중적으로 구매하고 이용하자. 한국의 영업은 인정의 교환이라고도 할 수 있다. 내가 필요한 것을 구매하고 내가 취급하는 제품을 판매하는 식이다. 화장품이나 건강식품 등의 제품은 이 방법으로 얼마든지 가망고객을 확보할 수 있다.

📋 개척 홍보 방법

1. 집중할 지역을 선정하자.
2. 내가 먼저 단골이 되라.
3. 고객의 정보를 파악하라.
4. 고객의 잠재 필요에 적합한 제품을 정하라.
5. 계속적인 방문을 통해 필요인식을 시켜라.

고객의 정보가 중요하다

홍보를 하면서 중요한 것은 고객의 정보를 확보하는 일이다. 먼저 내가 취급하는 제품과 고객의 잠재적 필요가 연결될 수 있는가를 파악해야 한다. 제품이 아무리 좋고 고객과의 관계가 더없이 좋아도 제품과 고객의 필요가 연결되지 않으면 영업은 발생하지 않는다. 영업은 제품의 가치와 고객의 필요가 일치할 때만 발생한다.

고객의 정보를 파악하는 1차 방법은 첫 인상과 관찰이다. 물론 질문과 간단한 판촉도구 등을 통해 더 자세한 정보를 얻을 수 있지만 처음 홍보하러 가서 이것을 다 하기엔 무리가 있다. 첫 대면시의 느낌과 외모, 옷차림, 내부 환경, 명함 등을 통해 우선 대체적인 판단을 하자. 물론 이런 관찰법을 통한 정보는 확실하지 않거나 틀릴 경우도 있다. 그러나 어차피 영업은 확률의 게임이다. 홍보단계에서 가망고객 관리 단계로 그리고 판매 단계로 대상을 좁혀가는 과정이 영업이다. 첫 홍보에서 모든 것을 판단할 수 없다. 단지 차후에 2차 방문을 할 대상인가 아닌가 정도의 정보는 수집하고 또 분류하자.

1차 방문을 통해 홍보를 한 후에는 제품에 대한 관심도에 따라 가망고객으로 관리하기로 잠정적으로 정한 고객은 2차 방문을 통해 추가적인 정보를 파악하자. 정보 파악 후에는 고객의 잠재 필요에 어떤 제품이 적합한지를 잠정적으로 결정한 다음 3차, 4차 방문을 통해 고객에게 제품의 가치를 필요 인식시키는 과정이 영업 프로세스이다.

홍보의 주의 사항

◡ 선배와 함께 동행 하여 사전 경험을 쌓자

신입이 낯선 사람을 찾아가서 홍보를 하는 것은 두려운 일이다. 신입 영업사원이 푸대접 받지 않을까 혹은 봉변당하지 않을까, 실수하지 않을까 등의 두려움을 스스로 극복하는 것은 쉽지 않은 일이다. 또 막상 용기를 내어 홍보를 나가더라도 고객에게 접근하는 요령과 고객의 질문에 응대하는 방법은 어느 정도의 경험으로 체득해야 하는 부분이다. 이런 것들을 빨리 배울 수 있는 방법은 선배를 따라 나가 보는 것이다. 선배와 동행하여 선배가 어떻게 하는지를 관찰하면서 배우는 것이 어떤 교육보다 좋은 방법이다.

◡ 홍보는 홍보에서 끝내라

홍보는 홍보로 끝내는 것이 좋다. 물론 홍보를 하러 나가서 운 좋게 판매가 발생하는 경우도 있다. 그러나 그런 일은 1%의 행운에 속한다. 첫 홍보 단계에서는 나를 처음 선보이고 최소한의 고객 정보를 파악하는 것에 집중해야 한다. 특히 고객에게 어떠한 부담도 주지 말아야 한다. 영업사원이 첫 방문에서부터 고객에게 부담을 주게 되면 그 고객은 다음부터 영업사원을 피하게 마련이다.

홍보 단계에서는 안면을 익히고 판촉물이라도 주면서 나를 알리는 정도가 가장 좋다. 그리고 가능하다면 그 고객의 기본적인 정보를 파악하는 하는 것으로 마무리하자. 그 다음 일은 다음에 방문해서 진행하면 된다.

홍보 후에 해야 할 일

홍보는 일정 기간 목표를 세워 꾸준하게 하는 것이 좋다. 먼저 1일 계획을 세우자. 하루에 몇 명에게 홍보할 것인가 목표를 세워서 그 목표를 달성하는데 매일 매일 충실하자. 그렇다고 무턱대고 높은 계획을 세워 얼마 못가서 지쳐 유야무야 식으로 흐지부지되는 것은 좋은 방법이 아니다. 오전에 다섯 명 오후에 다섯 명, 아니 세 명씩이어도 좋다. 하루도 빠짐없이 습관처럼 꾸준하게 할 수 있는 목표를 세우자. 하루에 여섯 명에게만 하더라도 한 달에 거의 이백 명을 만날 수 있다. 영업에 있어서 이백 명은 엄청나게 많은 인원이다.

✔ 가망고객 리스트가 중요하다

1차 홍보 후에는 나름대로의 판단에 근거하여 포기할 고객은 과감히 포기하고 판매 단계까지 지속 관리할 가망고객 대상자 리스트를 작성해 보자. 고객의 이름, 전화 번호, 지역, 고객의 잠재 필요, 적합한 제품, 차후 방문 일정 등의 표를 만들어 작성해두면 효율적으로 가망고객을 관리할 수 있다.

성명	전화 번호	지역	잠재 필요	적합 제품	1차 방문	2차 방문	3차 방문	4차 방문	5차 방문

그리고 한 달 동안 확보할 가망고객 목표를 세우자. 초기에 영업을 제대로 시작하려면 한 달 내에 승부를 걸어야 한다. 한 달 동안 가망고객으로 관리할 대상자를 백 명 정도 확보하자. 물론 한 달에 오십 명만 확보해도 무난하게 영업을 시작할 수 있다. 그러나 영업은 확률의 게임이다. 가망고객 중에서 2차, 3차 방문을 통해 걸러지는 고객은 증가하기 마련이다. 초기에 백 명 정도는 확보하고 관리해야 조기 정착과 제대로 된 성공을 보장받을 수 있다.

고객 리스트업의 중요성

- 영업의 3대 법칙 -
1. 판매 대상자를 정해라.
2. 판매할 때까지.
3. 계속 방문해라.

영업에서 판매할 대상자를 정하는 것이 가장 첫 번째 일이다.
판매 대상자가 없이는 영업의 어떤 프로세스도 발생하지 않는다.
영업 프로세스의 모든 단계에서 각 대상자를 정하는 습관을 길러야 한다.
평소에 홍보 대상자, 가망고객 대상자, 판매 대상자, 사후관리 대상자, 협력고객 대상자 등 모든 과정에서 대상자를 리스트업 해두면 효율적인 영업을 할 수 있다.

✔ 홍보의 사례

📋 사례

성남에서 건강식품과 화장품을 판매하는 민XX 씨. 성남이 연고가 아니었다. 이사를 하여 연고가 전혀 없는 지역에서 영업을 시작하였다. 필자로부터 홍보와 가망고객 관리에 대한 교육을 듣고서 개척 홍보에 집중하였다. 남들은 덥다고 난리인 6, 7, 8월 3개월 동안 작심하고 미친듯이 홍보를 하였다. 3개월 동안 상가 지역을 하도 많이 걸어서 정말로 신발을 세 컬레나 바꿔 신었다고 한다. 그리고 3개월 후에 300명의 가망고객 리스트 작성했다. 정말로 일을 일답게 한 것이다. 그리고 5개월째인 10월에 회사의 최상위 실적을 달성하였다. 그리고 이후 7년 동안 그 매출을 유지하고 있다.

위 사례는 초기에 개척 홍보에 집중하고 가망고객을 체계적으로 관리하면 영업은 성공한다는 것을 잘 증명한 사례이다.

영업에 갓 입문한 신입 영업사원은 당장 홍보에 열중하자. 내가 과연 성공할 수 있을까 하는 걱정이나 무엇을 먼저 할까를 고민하지 말자. 홍보부터 시작하자. 그리고 가망고객 리스트를 작성하여 2차, 3차 방문하자. 오래된 영업사원도 마찬가지이다. 실적이 정체되어 있거나 이전에 비해 떨어졌다면 신규 홍보를 멈추었기 때문이라고 스스로 진단을 내려야 한다. 기존고객 관리에 지장이 없는 범위에서 홍보를 다시 시작하자. 일 년에 특별히 일 개월 정도의 시간을 정하여 백 명의 신규 가망고객만 확보해 보자. 그러면 반드시 실적은 성장할 것이다.

✔ 단순 반복이 영업 달인을 만든다

단순 반복이라는 말은 어딘지 모르게 비합리적이고 비효율적인 말로 들린다. 그러나 단순 반복은 성공을 부르는 끈기와 인내를 포함하고 있는 위대한 말이다. 성공한 전문가들은 모두가 단순 반복을 통해 정상 수준에 도달했다. 메이저리그에서 활동하고 있는 류현진 선수를 보자. 그는 경제적으로나 명예적으로 엄청난 성공을 거둔 한국 야구의 영웅이다. 그런데 그가 성공한 것은 공부를 잘해서가 아니고 얼굴이 잘생겨서가 아니다. 야구, 그 중에서 공을 잘 던지기 때문이다. 공을 잘 던지기 위해 그는 중학교 시절부터 공 던지는 것 하나를 단순 반복하며 연습했다. 잠자는 시간 빼고는 오직 던지는 것을 연습하고 또 잘 던지는 방법을 연구했을 것이다.

골프선수를 보면서 배운다: 끊임없는 노력

LPGA 명예의 전당에 오른 박세리 선수도 마찬가지이다. 골프를 잘하기 위해 수없이 반복적으로 골프채를 휘둘렀을 것이고 그 단순 반복이 내공으로 쌓여 그녀는 세계적인 스타가 되었다. 역시 LPGA 선수인 김미현 선수의 TV 특집을 본 적이 있었다. 게임을 마치고 저녁에 호텔에 와서 퍼팅 연습을 하는 장면을 보여주었다. 어머니가 옆에 앉아서 동전 위에 다른 동전을 두면 김미현 선수가 퍼터로 위의 동전만 치는 장면이었다. 두 모녀는 말없이 그 연습을 반복하고 반복했다. 어머니는 계속 동전을 올리고 딸은 계속 윗 동전을 치고…세계적 스타가 밤에 잠을 잊고 도 닦는 사람처럼 단순 반복의 연습에 몰입하는 장면에 온 몸에 전율을 느꼈다.

요즘 가끔 TV에서 생활의 달인이라는 프로그램을 본다. 평범한 그러나 그 방면에서는 타의 추종을 불허하는 실력을 가진 사람을 보면서 감탄하기도 하고 존경하기도 한다. 그분들의 공통점은 특정한 일을 단순 반복적으로 오래 했다는 것이다. 물론 그 과정에서 남들보다 더 연구하고 노력했겠지만 1차적인 공통점은 처절할 정도로 단순 반복의 과정을 거쳤다는 것이다.

영업에서 홍보도 마찬가지이다. 단순 반복적인 영업사원을 전문가로 만들고 성공으로 이끈다. 고객이 나에게 창피를 줄까 미리 걱정하지 말고 고객이 거절할까를 미리 두려워하지 말자. 고객을 만나서 나를 홍보하고 다음에 찾아가서 권유하고 거절하면 다음에 또 찾아가서 권유하자. 그 반복적인 활동 속에서 고객과의 관계가 트이고 영업사원의 내공은 쌓여간다. 지겹고 처절할 정도로 고객을 반복적으로 만나자. 그러면 누구나 영업의 달인이 될 수 있다.

홍보를 하러 나가자. 고객을 만나지 않고서는 어떤 일도 일어나지 않는 것이 영업이다.

Chapter 03

영업 프로세스 2단계: 가망고객 관리하기

고객의 분류

우리가 흔히 말하는 고객은 여러 분류가 있다. 영업 프로세스로 분류하면 잠재고객, 홍보고객, 가망고객, 거래고객, 이전고객, 협력고 객으로 나눌 수 있다.

 고객 분류

잠재고객 - 아직 모르는 사람
홍보고객 - 인사하고 알게 된 사람
가망고객 - 알고 친해져가는 사람
거래고객 - 친해져서 믿는 사람
이전고객 - 일시적으로 뜸한 사람
협력고객 - 도와주는 사람

잠재고객

잠재고객이란 아직 홍보조차 하지 않았지만 언젠가 거래 가능한 고객을 말한다. 각 영업사원이 취급하는 제품은 천차만별인데 각 제 품마다 주 고객층은 정해져 있다. 그 고객층 중에서 차후에 거래가 가능하지만 아직 홍보조차 하지 않은 고객이 잠재고객인 셈이다. 사람과 사람의 관계로 보자면 [아직 모르는 사람]이다.

✔ 홍보고객

홍보고객은 홍보를 통해 첫 안면 정도를 익힌 고객을 말한다. 이 중에는 사전 정보를 통해 포기할 고객도 있을 것이고 2차 방문으로 연결하고 싶은 고객도 있을 것이다. 2차 방문을 가고 싶은 고객이 홍보고객이다. 인간관계로 보자면 [인사하고 알게 된 사람]이다.

✔ 가망고객

가망고객은 아직 거래를 트지 않았지만 언젠가는 거래가 가능하도록 관리하고 있는 고객을 말한다. 영업사원의 성장 동력이 이 가망고객에서 나온다고 보면 된다. 인간관계 단계에서는 [알고 친해져 가는 사람]이다.

✔ 현재 거래고객

거래고객은 현재 나와 거래를 하고 있는 고객을 말한다. 영업사원에게 가장 고맙고 소중한 고객들이다. 영업사원은 이 고객들에게 집중해야 한다. 영업 성과의 공식은 [거래고객 수×거래 단위 금액×거래 횟수]이다. 고성과를 올리는 방법은 이 거래고객이 많아야 하고 이들과 거래하는 금액이 커야 하고 자주 거래를 해야 한다.

고객이 만족해야 영업사원의 성과도 성장한다. 그리고 이들이 만족하면 소개를 해준다. 한국처럼 인맥이 중요한 사회에서는 소개가 가장 확실한 구매결정 요인이다. 거래고객에게 최선을 다하자. 이들이 더 거래하고 소개까지 해주도록 충성을 다하자. 인간관계로 보자면 거래고객은 [친해져서 믿는 사람]이다.

❥ 이전고객

이전고객은 이전에 거래를 했으나 지금은 거래가 중단된 고객을 말한다. 이전고객이라고 하여 소홀히 해는 안 된다. 거래고객은 지금 거래가 일시 중단된 것이지 영원히 떠난 고객은 아니라는 심정으로 관리해야 한다. 이전고객이라도 언제든지 다시 거래를 재개할 수 있다. 또한 이들은 비록 본인은 거래를 하지 않더라도 주위 지인들에게 소개를 하는 협력자가 될 수 있으므로 꾸준하게 관리하는 것이 좋다. 영업에서 버릴 고객은 아무도 없다. 한 번이라도 인연을 맺은 고객은 꾸준하고 끈기 있게 지속적인 관리를 하는 것이 좋다. 이전고객은 [일시적으로 만남이 뜸한 사람]이라고 보면 된다.

❥ 협력고객

협력고객은 영업사원을 적극적으로 도와주는 고객을 말한다. 고객 중에서 최고의 고객이다. 협력고객이 많을수록 영업이 편해진다. 영업사원이 최선 다해 고객을 섬겨야 하는 이유는 두 가지 목적을 위해서다. 첫째, 고객이 꾸준하게 재거래를 하도록 하기 위해서이고, 둘째는 소개를 해주는 협력자로 만들기 위해서이다. 협력고객의 소개는 엄청난 파워를 지니고 있다. 소개고객은 신규고객에 비해 판매성공을 위한 비용도 훨씬 적게 들고 판매 성공률도 높다. 고성과 영업사원의 특징 중에 하나가 협력고객이 많다는 것이다. 인간관계로 비유하자면 협력고객은 [도와주는 사람]이다.

휴대폰의 전화번호에 있는 고객

저자의 휴대폰에는 약 5,000명의 사람들의 전화번호가 저장되어 있다. 이 중 4백여 명이 회장, 대표, 사장 등의 직함을 가진 사람들이다. 저자는 기업의 자문이나 교육을 많이 한다. 저자도 B2B 영업을 해야 하는 사람이다. 그렇게 보면 이들 400여 명이 나의 잠재고객이다. 이들을 다 만나고 관리할 수 있을까? 하루에 1명씩 만나도 1년 내에 다 만나지 못한다. 마케팅과 영업은 선택과 집중이다. 이들 중 저자가 집중하는 사람은 10명 이내이다. 이들을 정기적으로 만나고 관리를 집중적으로 한다. 이분들이 업계모임이나 다른 모임에서 사람들을 만나서 영업과 마케팅에 대한 이야기를 할 때 항상 저자를 언급한다. 이들이 나를 대신해서 영업을 해주는 것이다. 이들이 진정한 의미의 협력고객, 즉 도와주는 사람인 것이다.

가망고객의 관리란

◤ 가망고객 관리의 이유

농사에 비유하자면 봄에 씨앗을 뿌린 다음 여름에 농작물을 본격적으로 가꾸는 것이 가망고객 관리 단계이다. 즉 가망고객 관리는 홍보고객을 분류한 다음 차후에 거래가 가능한 고객을 꾸준하게 관리하는 단계를 말한다. 영업사원의 영업활동 주요 대상이 가망고객이라고 해도 과언이 아닐 정도로 가망고객 관리는 중요한 단계이다. 봄에 씨앗을 아무리 많이 뿌리더라도 여름에 병충해를 입거나 태풍 피해를 입으면 일 년 농사를 망치는 것처럼 가망고객을 잘못 관리하면 판매는 실패한다.

성공한 영업사원의 월간 활동 내용을 분석해 보면 그들은 가망고객 관리에 가장 많은 시간을 할애했다고 한다. 그만큼 가망고객 관리가 중요하고 영업의 성공을 결정한다는 의미이다.

영업은 누군가에게 홍보하는 것에서 시작하여 판매를 성사시키는 것으로 매듭을 짓는다. 홍보와 판매의 연결 고리가 가망고객 관리이다. 가망고객 관리 없는 홍보는 무의미한 것이고 가망고객 관리 없는 판매는 있을 수 없다. 이 가망고객 관리에는 시간과 정성이 많이 소요된다. 농사에 있어서 씨를 뿌리거나 수확을 하는 일은 며칠 만에 끝난다. 그러나 가꾸는 일은 여름 한 철 긴 시간 동안 노력과 정성을 쏟아야 한다. 이처럼 가망고객 관리는 홍보나 판매와 비해 긴 시간이 필요하다. 또 순발력보다는 끈기와 인내의 정성이 필요한 단계이다.

영업은 현재의 실적 관리보다 미래를 위한 준비에 더 많은 노력을 투자해야 하는 미래지향적인 직업이다. 현재 실적이 저조하다면 3개월 이후의 성장을 위하여 지금 당장 성장 동력을 가동해야 한다. 현재 실적이 좋더라도 3개월 후의 더 나은 성장을 위한 성장 동력을 지금부터 가동해야 한다. 영업의 성장 동력은 가망고객 확보와 관리이다. 가망고객 관리 없는 영업사원에게 더 나은 미래는 없다.

◟◞ 가망고객 분류하기

홍보나 2차 방문 시의 정보를 바탕으로 가망고객을 분류하는 것이 좋다. 대체로 세 가지 조건을 갖춘 가망고객이 최우선이다. 이 세 가지 조건을 MAD(Money, Authority, Desire: 돈, 결정권, 욕구)라고 한다.

첫째는 제품에 대한 욕구를 가진 고객이다. 아무리 친한 연고라도 필요 없는 제품은 구매하지 않는다. 모든 고객은 필요를 충족하기 위해 구매를 한다. 필요성을 구체화시켜 어떤 특정한 제품을 가지고 싶은 마음을 욕구라고 한다.

고객과 내가 판매하는 제품 사이에 조금이라도 연관성이라도 있다면 가망고객 리스트에 일단 올려두자. 그 고객과의 계속적인 만남을 통해 욕구를 인식시켜 나가는 과정이 가망고객 관리 단계이기 때문이다.

둘째로, 구매력이다. 아무리 필요성을 강하게 가진 고객이라도 구매력이 뒷받침되지 않으면 거래로 연결될 수 없다. 많은 사람들의 로망은 한 번쯤 고급 외제차를 가지고 싶은 것이다. 그러나 결국 구매력 때문에 로망으로 끝난다. 모든 거래는 구매력을 갖춘 고객과 이루어진다는 것을 명심하자.

셋째가 구매결정권자이다. 사용자와 구매자는 다를 수 있다. 구매는 사용자가 아니라 구매결정권자에 의해 이루어진다. 화장품의 경우는 주부가 사용자이고 결정권자이지만 남성용 건강식품은 거의가 주부가 결정하고 구매해서 남편에게 선물하는 경우가 많다. 가전제품 같은 경우는 주부가 사용하고 구매하지만 결정은 목돈 조달 가능한 남편이 하는 경우가 많다. 그렇기 때문에 가망고객 관리는 사용자, 구매자, 결정권자로 나누어 관리하는 것이 좋다.

📋 가망고객 선정 기준

1. 나의 상품을 필요로 할 것 같다.
2. 구매할 경제력이 있는 것 같다.
3. 구매를 결정 권한이 있는 것 같다.

가망고객으로 관리할 고객은 적어도 위 세 가지 물음에 "그렇다"라는 대답을 할 수 있는 고객이어야 한다. 다른 기준으로 선정했다간 고생만 하고 결과는 없는 영업을 하게 된다.

가망고객 관리 방법

가망고객 관리에서 중요한 것은 [꾸준한 관리]이다. 꾸준한 관리란 반복적으로 찾아가서 자주 만나라는 말이다. 영업은 발품에 비례

하여 성공하는 정직한 사업이다. 영업은 머리와 말이 아니라 발품으로 한다는 것을 다시 한 번 명심하자.

그러나 가망고객 관리는 효율적으로 해야 한다. 차후에 거래 가능성이 높은 고객에게 우선적으로 집중해야만 현명한 영업(Working Smart)이 가능해진다. 영업사원의 하루 활동 가능 시간에는 한계가 있고 만날 수 있는 고객 수도 한계가 있다. 거래 가능성이 희박한 고객에게 매달리는 것은 스스로 영업의 효율성을 낮추는 것이다.

가망고객 관리의 핵심은 첫째로 인간적으로 친해지는 것이고, 둘째로 고객에게 필요인식을 시키는 것이다.

✔ 가망고객과 친해지는 방법

가망고객과 친해지는 방법 중의 하나는 서로의 공통점을 찾아내는 것이다. 먼저 인맥적인 연관성을 찾아보자. 우리나라는 인맥사회이기 때문에 두 세 단계만 거치면 의외로 아는 사람이 있다. 이 인맥적인 연관성만 있어도 그 다음 단계부터는 쉽게 풀린다. 그 다음은 지연, 학연, 단체, 종교 등의 공통점을 찾아보자. 이 또한 공통점을 지닌 고객을 의외로 많이 발견할 수 있다. 그 다음은 취미나 관심사 등에서도 공통점을 찾아보자. 이도 저도 없으면 자녀교육 문제나 가사생활 등 그 고객과 소통이 가능한 무엇이라도 찾아보자. 그리고 그 공통점을 통해 고객과 어색함을 줄이고 소통의 실마리를 잡아보자.

✔ 가망고객을 빨리 내 편으로 만드는 방법

가망고객과 빨리 친해지기 위해서는 고객의 "순린(純鱗)"을 건드리면 된다. 용의 목덜미에는 반대 방향으로 난 비늘 하나가 있다고 한다. 다른 비늘을 건드리면 용이 순해지지만 그 반대방향으로 난 비늘을 건드리면 노발대발하여 건드린 사람을 죽인다고 한다. 그 반대 방향으로 난 비늘을 역린(逆鱗)이라고 한다. 아무리 친한 사이, 즉 부모와 자식 사이와 부부 사이, 친구 사이, 상사와 부하 직원 사이에는 역린이 있다. 이 역린을 서로 건드리지 않는 것이 인간관계의 요령이다.

순린(純鱗)은 그 반대의 경우를 말한다. 영업사원과 가망고객 사이에는 모든 비늘이 역린처럼 반대로 나있어서 어색하고 어려운 관계이다. 그러나 하나쯤은 오히려 고객이 영업사원을 받아들이고 영업사원을 기다리게끔 하는 것이 있을 것이다. 그 것을 "순린"이라고 한다. 모든 고객은 순린을 하나쯤 가지고 있다. 모든 가망고객에게 순린을 찾아보자. 각 가망고객에게서 순린을 찾아내는 것도 재미있는 영업사원의 여유가 될 것이다.

순린을 찾고 그것을 가망고객과 나누기 위해서는 평소에 다양한 분야에 관심을 가지고 공부를 해야 한다. 신문을 꼭 읽고 독서를 많이 하자. 영화도 보고 뮤지컬도 보고 여행도 다니자. 영업사원이 만나는 고객은 천차만별이다. 그 다양한 고객을 만나서 친해지려면 상식에도 밝아야 하고 다양한 분야에 기초적인 내공을 쌓아두는 것이 좋다.

 경험

저자가 일전에 어떤 아나운서를 만났는데 외모와는 다르게 검도 3단의 실력자였다. 검도에 대한 기본적인 지식과 칼에 대해 아는 척 한 것 하나로 그가 반색을 하며 검도에 대한 설명을 청산유수처럼 쏟아냈다. 그리고 검도이야기 하나로 첫 만남이 어색하지 않고 재미있게 시간을 보낸 적이 있었다. 또 이전에 어떤 건축사를 만났는데 필자가 약간 아는 스페인 건축가 가우디를 말하고 일본의 안도 타다오에 대해 질문한 것만으로 친해진 경험이 있다. 아나운서에게는 검도이야기가 건축사에게는 세계적 건축가에 대한 언급이 순린이었던 셈이다.

우리나라 고객들이 일반적인 수준이 높아졌기 때문에 영업사원들도 스스로 자기 수준을 높여야 한다. 그렇기 때문에 현대는 아무나 영업으로 성공할 수 없는 시대이다. 현대의 영업 성공은 제품과 관련한 해박한 지식은 물론이고 고객과 친해질 수 있는 다양한 상식과 지식으로 무장해야만 한다.

영업을 하는 보람은 단순히 돈을 버는 것이 아니다. 영업 활동 중에 만난 고객과 오랜 관계를 통해 그들과 행복한 인생을 사는 것이 영업사원의 첫 번째 보람이라면, 그들과 어울리기 위해 다양한 공부를 하며 자기성장을 하는 것이 영업사원의 두 번째 보람이다.

✔ 필요인식을 높여가라

영업이란 가망고객을 확보하고 그 가망고객에게 상품의 필요를 인식시켜서 거래를 성사시키는 것이다. 고객은 영업사원이 권유하는 상품이 필요하다고 인식했을 때 구매결정을 내린다. 고객들은 영업사원과 아무리 관계가 좋더라도 필요인식이 부족하면 구매를 하지 않는다. 결국 가망고객 관리의 핵심은 영업사원이 고객에게 어떤 상품의 필요를 인식시켜가는 과정이라 할 수 있다.

첫 방문 시에는 홍보와 간단한 정보를 수집하되 두 번째 방문부터는 고객의 욕구를 가볍게 터치하기 시작하여 세 번째 방문부터는 그 강도를 높여가자. 고객의 필요와 관계되는 대화를 유도하여 욕구를 자극하고 관련 정보를 제공하여 관심을 이끌어내자. 그리고 내가 당신의 필요를 해결해 줄 수 있다는 것을 인식시키자. 만나는 횟수에 따라 이 강도를 점차 높여가는 것이 가망고객 관리의 핵심이다.

방문횟수와 거래 성공률

　홍보는 홍보로 끝나야 한다고 했다. 홍보 시에 제품을 설명하거나 구매를 권유하면 고객은 엄청난 부담을 느끼고 다음부터 만남을 회피하게 된다. 가망고객 관리 단계에서도 마찬가지이다. 가망고객 관리 단계에서는 먼저 고객과 친해지는 것에 주력해야지 조급하게 판매를 하려고 하면 안 된다.

　방문횟수별 판매 성공률을 살펴보자. 1차 방문에서 판매 성공률은 채 1%도 안 된다. 아예 판매가 불가능하다고 보면 된다. 2차 방문으로는 10% 미만이다. 역시 판매 성공률은 저조하다. 3차 방문에서는 28% 가량 성공하고, 4차 방문에서는 26%이며, 5차 방문에서는 35% 판매 가능하다. 누적 성공률로 보면 3회 방문 시에 39%이며 4회 방문 시에 약 65%이다. 즉, 한 고객을 3회 정도 방문했을 때 비로소 판매가 성공하기 시작하며 4회 방문했을 때 본격적인 판매가 성사된다고 할 수 있다.

　그러면 보통의 영업사원들은 한 고객을 몇 번 정도 방문할까? 한 연구에 의하면 놀랍게도 2차 방문까지만 하고 중단하는 경우가 86%에 달했다. 2차 방문해서 성공하는 누적 판매 성공률이 11%인데 많은 영업사원들이 여기까지만 하고 스스로 중도 포기하는 것이 안타까울 따름이다. 한 번 더 또 두 번 더 방문하면 거의 판매를 성공할 수 있음에도 불구하고 많은 영업사원들이 두 번 방문으로 중단하는 것은 분명 아쉬운 부분이다.

　영업사원들이 가망고객을 두 번만 방문하는 이유는 아마 다음과 같을 것이다. 첫 방문 후에 나름대로 그 고객에 대해 분석을 할 것이고 두 번째 방문에서 권유하면 판매가 성사될 것이라고 기대할 것이다. 그러나 두 번째 방문에서 고객에 거절하게 되면 연고에게는 무척 서운한 감정을 가질 것이고, 개척 고객에게는 판매가 어려울 것이라 지레짐작하여 세 번째 방문을 스스로 멈추기 때문일 것이다.

판매는 네 번째 방문했을 때 본격적으로 성사된다는 것을 명심할 필요가 있다. 두 번째, 세 번째 방문에서 판매가 이루어지면 좋겠지만 그것은 운이 좋은 경우라고 생각하자. 세 번째 방문까지는 어차피 가야 할 방문이니 판매 욕심을 버리고 그냥 친해지러 간다고 생각하자.

그러면 가망고객으로 관리하는 기간이 어느 정도일 때 고객과 가장 친해질까? 1~2개월 동안 관리하여 친숙해지는 비율은 약 30%이고 3개월에는 80%, 6개월에는 90%라는 통계가 있다. 가망고객 관리의 가장 효율적인 기간이 3개월이고 6개월이면 거의 모든 고객과 친해질 수 있다는 뜻이다. 하지만 여기서도 중요한 것은 선택과 집중이다. 내가 아는 모든 고객에게 이렇게 집중할 수는 없다.

효과적인 가망고객 육성 방법

✔ 협력고객의 도움을 받는다

영업의 방법 중 성공확률이 가장 높은 것은 협력고객에게 도움을 받는 것이다. 가망고객을 가장 쉽게 확보하는 방법도 협력고객의 도움을 받는 것이다. 우리나라는 인맥중심으로 형성된 사회이기 때문에 지인의 소개에 대한 신뢰가 매우 강하다. 협력고객이 소개해준 잠재고객은 영업사원에게 기본 신뢰를 지니고 있기 때문에 쉽게 가망고객으로 발전할 수 있다. 평소에 협력고객을 많이 만들고 그들의 추천

을 통해서 가망고객을 소개받는 것은 아주 중요한 영업 성공 포인트
이다.

✔ 한 명씩 계획적으로 육성한다

모든 잠재고객이 가망고객이 되지는 않는다. 그러나 최대한 많은
가망고객을 만들려는 노력을 해야 하는 것이 영업사원의 자세이다.
홍보를 마친 가망고객 한 사람 한 사람을 세밀하게 분석한 다음 판매
단계로 이끌어 나가는 것이 영업 활동의 핵심이다. 고객의 정보를 수
집하고 그 정보를 바탕으로 관리 방향을 정하고 체계적으로 육성하
는 습관을 가지자. 판매의 승패는 체계적인 가망고객 육성에 달려
있다.

고객과 나의 공통점, 고객의 욕구, 고객의 순린, 고객의 성격, 고
객의 경제력 등을 세밀하게 분석하고 체계적인 육성 방향과 계획을
수립하자. 그리고 계획대로 육성단계를 주도해 나가자.

✔ 비즈니스 연고를 만들어라

단골을 만드는 가장 좋은 방법은 내가 먼저 고객의 단골이 되는
것이다. 크게 성공하려면 가능한 많은 고객의 단골이 되려고 노력하자.

가망고객이 연고든 개척이든 나와 비즈니스로 연결되어 있는 경
우가 있다. 비즈니스라 하여 거창한 것이 아니다. 내가 평소에 자주
가는 식당, 시장 가게, 사우나, 미용실 등 모두가 [비즈니스 연고]이
다. 내가 단골인 곳을 나의 단골로 만들자. 연고라 하여 친척, 친구,
이웃만이 아니다. 내가 거래를 자주하여 알고 지내는 곳의 고객들도
나의 연고이다. 친척, 친구, 이웃이 자연 연고라면 이들은 [비즈니스
연고]이다. 이들 비즈니스 연고에 집중해보자. 아마도 순수한 개척보

다 판매 성공률은 훨씬 높아질 것이다.

이 방법을 지역 개척에도 활용할 수 있다. 한 지역을 선정한 다음 어차피 사용할 지출을 그 지역에서 하자. 한 식당을 지정하여 집중적으로 이용하거나 한 가게를 자주 들림으로써 구매를 하는 과정을 역으로 가망고객을 관리하는 과정으로 만들 수 있다. 식당 사장의 입장에서 보자면 평소에 밥 한 끼도 먹지 않는 영업사원이 와서 거래를 권유할 경우에는 마음을 열기가 어려울 것이고 나아가 얄미울 수도 있을 것이다. 그러나 자주 오는 단골에게는 쉽게 마음을 열고 관심을 가져줄 것이다. 영업사원과 고객이 서로 단골이 이 방법은 내가 아는 많은 영업사원들이 사용하는 우수한 영업 방법이다.

✔ 작은 거래라도 성사시켜라

가망고객 관리 단계에서 무리하게 판매를 시도할 필요가 없다. 영업에서 판매는 적절한 인간관계와 고객의 필요인식과 구매력이 일치했을 때 발생한다. 이 세 가지 중에서 어느 하나만 부족해도 판매는 발생하기 어렵다. 가망고객 관리 단계는 이 세 가지의 가능성을 높여가는 과정이다. 인내심을 가지고 지속적으로 고객을 만나고 고객에게 적합한 솔루션을 제공하려는 노력이 필요하다.

그렇다고 무턱대고 긴 시간 동안 가망고객으로만 관리해야 할까? 가망고객을 관리하는 목적은 판매하기 위함이다. 영업사원의 활동에는 한계가 있기 때문에 가능하다면 빠른 시간에 판매를 성사시키는 것이 중요하다. 가망고객을 효율적으로 관리하기 위해서는 작은 거래라도 빨리 성사시키는 것이 좋다. 고객은 가망고객이 있고 거래고객이 있다. 이 두 고객은 큰 차이가 있다. 내일 고가의 제품을 구매할 가능성이 높은 가망고객은 아직 영업사원을 믿지 않는다고 할 수 있다. 반면 아주 작은 금액이라도 현재 거래하고 있는 고객은 영업사원을 믿는 사람이라고 할 수 있다.

고객은 단 돈 1원이라도 믿지 않는 영업사원과는 거래를 하지 않는다. 그래서 가망고객 관리 단계에서 큰 거래를 노리고 오랜 시간 기다리기보다는 작은 거래라도 성사시켜서 고객과의 관계를 신뢰 단계로 만드는 것이 좋다. 작은 거래라도 일단 성사시키고 나면 더 이상 가망고객이 아니다. 거래 규모에 관계없이 엄연히 나를 믿어준 거래고객이 되는 것이다. 작은 거래를 믿어준 고객은 차츰 더 큰 거래로 연결시키기 쉬워진다. 이 방법은 화장품이나 건강식품 등의 판매에 유용하게 적용될 수 있다.

영업에서 거래 규모는 중요하지 않다. 고객이 중요하다. 특히 나를 믿어준 거래고객 숫자를 늘리는 것이 유능한 영업사원이 되는 첫 방법임을 꼭 명심하자.

 가망고객 육성 순서

1. 홍보 고객의 리스트 업
2. 고객별 정보 분석 통한 육성 계획 수립
3. 방문 일정 수립
4. 공통분모 통한 인간적 친밀함
5. 제품 필요의 인식

 필요 인식

고객은 상품이 필요하다고 스스로 판단할 때 구매를 결정한다. 영업사원의 일은 고객에게 상품을 제시하여 고객이 상품의 필요성을 인식하도록 하여 구매를 결정하도록 만드는 것이다. 필요는 고객이 물리적 혹은 심리적 문제를 인식할 때 발생한다. 배가 고프면 뭔가 먹고 싶다는 필요가 생기고, 아프면 병원에 가야겠다는 필요가 생기는 것이다.

가망고객 관리의 주의사항

서둘지 마라

가망고객을 확정한 후에는 자주 찾아가라. 그러나 짧은 기간 동안 너무 자주 찾아가지는 않는 것이 좋다. 고객입장에서 영업사원이 매일 혹은 하루걸러 찾아온다면 얼마나 부담스럽고 귀찮을 것인가. 그 부담은 결국 고객이 영업사원을 피하고 거절하는 원인으로 작용한다. 자주 방문하되 3개월 동안 4~5회 가량 방문하는 것이 좋다. 그러나 모든 가망고객에게 적용되는 것이 아니다. 일주일에 한 번씩 찾아가는 경우가 효율적인 경우가 있을 것이고 이 주일에 한 번씩 방문하는 것이 더 효율적인 경우도 있을 것이다. 고객의 특성과 상황에 따라서 얼마나 자주 방문할 것인가를 판단해야 한다. 그 방문 횟수와 기간은 가망고객과 상황에 따라 영업사원이 스스로 판단해야 한다. 다만 관리 초기에는 방문과 방문 사이의 기간을 길게 하고 판매단계 즈음에는 방문 기간을 짧게 하는 것이 좋다.

집중하라

결국은 집중력이다. 영업사원이 하루에 만날 수 있는 가망고객 수는 제한되어 있다. 한 사람 한 사람 만날 때마다 집중해서 만나야 한다. 가망고객의 욕구는 무엇일까, 가망고객과 친해지는 화두는 무엇일까를 빨리 알아내고 그것들에 집중해야 한다.

사전준비에 철저하라

가망고객은 즉흥적으로 방문하는 것보다는 사전준비를 한 다음 방문하는 것이 좋다. 가망고객 리스트를 보면서 한 사람씩 어떻게 관리할 것인지 큰 흐름을 미리 계획해두는 것이 좋다. 그리고 매번 방문하기 전에 사전 시나리오를 염두에 두고 방문하자. 어떤 화두를 던지고 어떻게 대화를 풀어가고 어느 선까지 관리할 것인가의 명확한 목표를 세우고 그 목표를 달성하는 방문이 되도록 해야 한다. 이를 위해서는 고객에 대한 정보를 가능한 많이 수집하고 이를 분석하고 학습하는 것이 필요하다.

Chapter 04

영업 프로세스 3단계: 고객 설득하기

설득은 우선 상대방에게 영향력을 미친다는 것을 의미한다. 자신의 의견이나 생각을 상대방에게 영향을 줌으로써 상대방이 그 의견에 대해 지지하게 만든다는 뜻이다. 부모가 자식에게 영향을 미쳐서 올바른 효와 예를 배우게 하는 것과 같은 의미이다. 만약 부모가 자신들의 부모(자식에게는 조부모)에게 효나 예를 다하지 않으면 절대로 자식에게 영향을 미칠 수가 없다. 두 번째 설득의 의미는 모호한 것을 확실하게 바꾼다는 의미이다. 상대방의 머릿속에 어떤 개념이 모호한 상태인 것을 설득을 통해 명확하게 해준다는 의미이다.

고객 설득이란

영업의 모든 활동은 설득을 통해 판매성과를 만들기 위한 것이다

농사에서 봄에 씨를 뿌리고 여름에 가꾼 다음에는 가을에 추수를 한다. 농사의 추수에 해당하는 것이 영업 프로세스에서는 판매이고, 판매를 위해 고객에게 제품을 설명하고 구매를 권유하는 것이 판매설득의 단계이다.

아무리 봄에 씨를 잘 뿌리고 여름에 잘 가꾸더라도 막상 가을걷이에 실패하면 일 년 농사도 헛것이 된다. 이처럼 영업 프로세스에서도 홍보와 가망고객 관리를 아무리 잘했더라도 막상 판매설득에 실패하면 그 이전의 노력은 물거품이 된다. 구슬이 서 말이라도 꿰어야 보물이라는 말이 있듯이 판매를 성공해야 영업은 비로소 완성된다.

그런데 영업 프로세스에서 가장 어려운 단계가 바로 이 판매설득 단계이다. 홍보와 가망고객 관리는 고객과 거래 전의 단계이기에 때문에 부담없이 만날 수 있고, 사후관리나 협력고객 관리는 이미 거래한 고객이기 때문에 서로 유대감이 형성되어있다. 이에 반해 판매설득 단계의 고객은 구매를 할 것이냐 말 것이냐 결정의 단계이기 때문에 영업사원과 고객이 밀고 당기는 시간이다. 고객은 여러 가지 이유로 결코 첫 거래를 흔쾌하게 하지 않는다. 그럼에도 불구하고 영업사원은 판매설득을 성공시켜야만 한다. 영업의 모든 활동은 판매를 위한 것인데 정작 판매를 성공하지 못하는 영업사원은 생존할 수가 없다.

영업의 궁극적인 목적은 수입이고, 수입을 발생시키는 직접적인 요인은 판매에 있다. 아무리 홍보를 많이 하고 가망고객을 잘 관리하고 또 소개를 많이 받더라도 판매 자체를 성공하지 못하면 수입은 없다. 그러므로 판매설득은 영업사원이 가장 심혈을 기울여야 하는 단계이다.

고객은 언제 구매를 하는가

영업에서 고객은 언제 구매를 결정하는가? 공식으로 보면 [필요인식 × 인간관계 × 구매력]이다.

✔ 필요인식

가망고객 관리 단계에서도 언급했지만, 고객은 해당 상품이 필요하다고 인식했을 때 구매의사를 가지게 된다. 아무리 친한 연고라도 안면만 보고 구매를 하기에는 무리가 있다. 최소한 고객 스스로 상품이 필요하다는 인식을 해야만 구매의사를 가지게 된다. 영업사원이 가망고객 관리 단계부터 판매설득 단계까지 고객에게 일관되게 전달하는 키 메시지는 필요인식이다. 홍보단계와 가망고객 초기 단계에서 파악한 고객의 니즈에 알맞은 솔루션을 전달하여 고객이 상품의 필요성을 인식하도록 유도하는 것이 영업의 근본 활동이다.

고객 입장에서 보자면 구매의사 결정단계는 다음과 같다.

첫째, 영업사원을 만나기 전에는 상품에 대해 전혀 모른다. (무관심 단계)

두 번째, 영업사원이 제공하는 정보에 대해 호기심이나 흥미를 가지기 시작한다. (호기심 단계)

세 번째, 고객 본인이 가진 문제점에 대해 심각하게 인식하기 시작한다. 즉, 필요인식이 시작되는 단계이다.(문제 인식의 단계)

네 번째, 문제해결에 대한 욕구가 생기면서 구매에 대해 생각을 시작하는 단계로 진행한다. (상품 욕구의 단계)

다섯 번째, 영업사원이 권유하는 상품에 대해 자신이 가지고 있는 상식과 정보를 바탕으로 검토하고 구매 여부를 결정한다. (구매욕구 단계)

여섯 번째, 구매를 최종결정한다. (구매 결정)

일곱 번째, 본인의 결정에 대해 만족하거나 후회 단계로 간다. (사후 반응 단계)

이처럼 고객이 구매를 결정하는 단계는 필요인식의 변화에 의해 진행된다.

유능한 영업사원은 이 필요인식의 전문가이다. 그들은 고객의 니즈를 정확하게 파악하여 가장 적합한 솔루션을 제공하여 고객이 상품의 필요성을 인식하도록 만든다.

✔ 필요인식을 잘 만드는 방법

필요인식을 잘 만드는 첫 번째 방법은 당연히 고객의 다양한 정보를 바탕으로 고객의 니즈를 정확히 파악하는 것이다. 고객의 니즈가 영업의 원천이다.

고객 니즈를 가장 잘 파악하는 방법은 적절한 질문을 통해 고객이 스스로 말하게끔 하는 것이다. 그렇다고 홍보단계나 가망고객 관리 단계에서의 직설적인 질문은 고객의 거부감을 초래하기 십상이다. 우회적인 그러나 정보 파악에 필요한 적절한 질문을 사용하는 것이 좋다.

두 번째 방법은 정확한 솔루션의 제공이다. 영업사원의 의무와 윤리는 정확한 솔루션의 제공에서 출발한다. 고객은 자신의 필요를 가장 근접하게 충족시켜주는 솔루션을 원한다. 요즘은 똑똑한 고객의 시대이다. 영업사원이 잘못된 솔루션을 제시하거나 영업사원의 이익만 생각하는 솔루션을 제시하면 고객은 금방 알아차린다.

영업사원은 언제나 고객중심의 영업을 해야 한다. 고객중심의 영업은 바로 고객의 니즈에 적합한 솔루션을 제공하는 것에서 시작한다. 가장 적합한 솔루션 제공을 위해서는 해당 분야에 대한 깊은 지식이 있어야 하고 고객을 먼저 생각하는 윤리적 마인드를 갖추어야 한다.

논리력도 중요하다. 영업사원은 고객이 쉽게 이해하고 필요를 느낄 수 있도록 설득할 수 있는 논리력을 갖추어야 한다. 평소에 공부를 통해 다양한 지식을 습득하고 고객을 만나기 전에는 화법을 만들어서 연습하는 노력도 필요하다.

✔ 인간관계도 중요하다

영업 프로세스는 인간관계의 프로세스이다. 영업사원과 고객과의 인간관계 진행과정에서 영업이 발생한다. 아무리 필요인식이 좋아도 인간관계가 형성되지 않으면 영업은 어렵다. 반면에 필요인식이 다소 미흡하더라도 그것을 커버할 수 있는 것이 인간관계이다. 가망고객을 4회 방문했을 때 판매가 가장 많이 발생한다는 것도 사람과 사람이 최소한 4번 정도는 만나야 거부감이 사라지고 편해지기 시작하는 시점이라는 뜻이다.

판매설득을 위한 방문을 결정하기 전에 반드시 그 고객과의 인간적 친밀도를 생각해봐야 한다. 인간적 친밀감이 형성되지 않은 판매설득 방문은 실패하기 마련이고 성공하더라도 천신만고 끝에 이루어진다. 초보나 아마추어 영업사원이 범하는 가장 많은 판매설득 실패가 인간적 친밀도를 착각하기 때문이다. 판매설득을 시도하기 전에 반드시 해당고객과의 인간적 친밀도를 검토하자. 나 혼자만 하는 짝사랑식의 주관적 검토가 아니라 객관적인 검토를 해야 한다.

최소 세 번 이상은 방문했는가? 고객이 나에게 기꺼이 시간을 내주고 서로 통하는 대화를 한 적이 있었던가? 나의 이야기에 귀를 기울이고 자신의 문제를 진지하게 말한 적이 있었던가? 등의 자체 체크리스트를 만들어서 검토를 해야 한다. 아직 아니라는 생각이 들면 판매설득을 위한 방문을 다음으로 미루고 인간적인 친해지기 방문을 더 하는 것이 좋다.

덜 익은 과일을 따지 말자. 때 이르게 딴 과일은 먹지 못한다. 충분하게 익은 과일을 따야 맛있게 먹을 수 있다. 무리한 판매설득은 판매도 망치고 영업도 망친다.

✔ 구매력

필요인식과 인간적 친밀감이 아무리 좋더라도 고객의 구매력이 뒷받침되어야 판매가 성공한다. 지레 겁먹고 고객 구매력 이하의 제품을 권유해서도 안 되지만 고객의 능력을 초과한 권유를 해서도 안 된다. 가망고객 관리 단계에서 고객의 구매력 정도를 충분히 파악해야 한다. 고객의 경제력 정도와 지위 혹은 현재의 상황을 충분히 파악해서 구매력에 알맞은 권유를 해야 서로 좋은 거래가 이루어진다. 간혹 구매력을 벗어난 상품을 권유하여 고객의 자존심을 상하게 하거나 난처하게 만들면 고객은 아예 더 이상의 방문을 거절할 것이다.

거래 고객은 다양하다. 비싼 제품을 거래하는 고객이 있는가 하면 싼 제품을 거래하는 고객도 있다. 다양한 고객들이 모여서 나의 실적을 만들어 준다. 각각의 고객에게 구매력에 알맞은 제품을 권유하자. 나의 순간적인 욕심 때문에 오랫동안 거래할 수 있고 소개도 해줄 수 있는 A급 고객을 잃지 말도록 하자.

판매설득 방문 전에 반드시 고객의 구매력을 예측하고 알맞은 솔루션을 준비하자. 고객을 보지 않고 나의 욕심만 생각한 판매설득은 결코 성공할 수 없다.

판매설득의 준비

판매를 하고 싶다고 의욕만으로 가망고객을 찾아가서는 안 된다. 방문 전에 판매 성공을 위한 나름대로의 치밀한 준비를 해야만 한다.

✔ 판매조건이 고객의 관점에서 타당한가?

고객이 영업사원으로부터 상품을 구매를 하는 조건은 [필요인식 ×인간관계×구매력]이라고 했다. 가장 먼저 이 조건을 검토해 보아야 한다. 필요인식시키기는 가망고객 단계에서 미리 완벽하게 해둘 수는 없지만 이번 방문으로 충분하게 만들 수 있는 사전 준비가 필요하다. 고객의 문제점을 인식시키고 제품의 필요성을 인식시킬 논리적 화법과 상담을 주도해나갈 판매설득 흐름을 미리 디자인해서 몇 번 반복해서 연습하는 것이 좋다. 더 좋은 방법은 동료와 역할 연기를 통해 반복하여 연습하면 실전에서 훨씬 쉽게 상담을 주도해 나갈 수 있다.

✔ 상품과 설득 자료의 준비

우선 고객에게 권유할 최적의 상품을 선택해야 한다. 건강식품의 경우는 고객의 건강 상태에 가장 좋되 고객의 구매력에 적합한 제품을 미리 선정하고 논리적으로 설득할 자료들을 미리 준비해야 한다. 관련 자료나 정보 등을 검색하여 설득자료를 만들어서 판매설득 시에 활용하도록 하자. 이런 자료가 영업사원의 강력한 설득 무기가 될 수 있다. 화장품의 경우는 고객의 피부 상태를 측정할 수 있는 도구나 해당 피부와 제품을 연결시킬 수 있는 객관적인 자료들을 찾아서 활용하도록 하자.

고객에게 최적의 상품을 권유하기 위해서는 평소에 고객 유형별 제품의 종류와 권유 화법 및 자료를 수집하는 습관을 가져야 한다. 영업의 성공은 평소에 공부하고 준비하여 고객 설득에 필요한 기본 인프라를 얼마나 구축해두느냐에 달려있다. 올림픽에 출전하는 선수들이 좋은 성적을 내기 위해서는 물론 경기 시점의 최선이 필요하지만 준비 과정 동안 무엇을 얼마나 준비하느냐가 더 중요하다. 영업사원도 판매에 성공하기 위해서는 판매 시점에 최선을 다하는 것도 중요하지만 평소에 얼마나 기본 인프라를 준비해두느냐가 더 중요하다.

🌿 판매설득의 흐름을 디자인하라

판매설득은 고객의 말을 경청하는 단계를 넘어서 영업사원이 설득 흐름을 적극적으로 주도해나가야 한다. 영업에서 고객이 구매를 주도하는 경우는 거의 없다. 판매설득은 영업사원이 주도적으로 고객의 구매를 유도하는 과정이다. 그렇기 때문에 고객이 구매를 결정하는 흐름을 미리 디자인하는 것이 필요하다. [문제도출－필요인식－권유－거절처리－체결－마무리] 등의 판매 흐름을 고객의 특징에 맞추어 디자인하고 단계별 강조 포인트와 화법을 미리 준비해서 판매설득에 나서자. 무턱대고 일단 만나서 권유하자 식의 판매 설득은 이제는 통하지 않는 시대이다.

🌿 거절처리를 미리 준비하라

아무리 판매설득을 잘하더라도 고객은 순순히 오케이를 하지 않는다. 고객은 구매는 즐기지만 판매당하는 것은 싫어하는 법이다. 영업사원이 권유하면 이런저런 이유로 반드시 거절을 하게 된다. 초보 영업사원들은 고객의 거절에 부딪히면 당황해서 더 이상 판매설득을 진행하지 못한다. 반면 노련한 영업사원들은 그때부터 진검 승부를 즐긴다. 고객이 거절할 이유를 미리 예측하고 준비하고 있기 때문이다.

판매설득 방문을 앞두고 반드시 준비해야 할 것이 고객이 거절할 이유를 미리 예측하고 극복할 수 있는 방법을 준비하는 것이다.

가망고객 관리 단계에서 수집한 고객의 정보와 특징을 바탕으로 고객이 거절할 이유를 예측하고 대비하는 습관을 가지자.

판매 설득의 단계

❧ 판매상담의 흐름

판매상담을 하는 전체적인 흐름은 다음과 같다.

[문제도출 – 필요인식 – 권유 – 거절처리 – 체결 – 마무리]

더 세분하자면,

[고객의 니즈의 환기 – 솔루션 제공 – 제품 필요인식 – 제품 권유 – 거절처리 – 재권유 – 구매 체결 – 사용법 설명 – 불안 해소 및 구매 칭찬 – 재방문 약속]의 순서로 이루어진다.

❧ 문제도출 단계

영업은 고객의 니즈에서 시작된다. 먼저 그동안 파악한 고객의 문제와 니즈를 환기하여 고객의 관심을 이끌어내도록 한다. 고객의 니즈를 정확하게 집어낼수록 고객의 관심도는 증가할 것이다. 시작이 반이라는 말이 이 경우에 꼭 맞다. 고객의 니즈 도출이 정확하고 강할수록 고객은 나에게 흐름의 주도권을 넘겨주게 된다.

다음으로 고객의 니즈를 만족시킬 솔루션을 제시하자. 솔루션은 고객의 관심을 끌기에 충분한 것이어야 하고 고객 입장에서 제시되어야 한다. 고객의 니즈와 동떨어지거나 영업사원의 이익이 강조된 솔루션은 당연히 외면받을 것이다. 그 순간 고객은 마음의 문을 닫기 때문에 판매는 실패로 치닫게 된다. 판매 설득은 고객을 위해 하는 것이다. 고객이 가진 문제점을 해결해주기 위해 지금 이 상담을 하고 있다는 사실을 명심해야 한다.

솔루션 제공 후에는 그 솔루션을 대표하는 상품을 제시하고 필요 인식 단계로 넘어간다. 솔루션은 결국 상품이다. 고객이 상품의 필요성을 느끼도록 고객의 니즈와 가장 적합한 상품을 제시하여야 한다.

◥ 권유 단계

고객이 상품의 필요성을 인식했다고 판단되면 본격적으로 구매를 권유하는 단계로 넘어간다. 이 상품이 당신에게 지금 가장 필요하다는 것을 다시 한 번 인식시킨 다음 상품을 권유한다. 이때 상품을 직접 보여주거나 시연해 보거나 체험해보도록 하는 것이 좋다. 상품을 부각시키기 위하여 언론이나 인터넷의 자료를 준비해서 보여주는 것도 좋은 방법이다.

그러나 더 중요한 것은 제품에 대한 매력적인 설명을 얼마나 잘하느냐이다. 평소에 제품에 관련한 화법을 연습하거나 다른 고객의 호평을 수집하여 나만의 화법을 전개하는 좋다.

◥ 거절처리 단계

한번 권유로 고객이 순순히 구매를 결정하면 좋겠지만 거의 대부분은 이런 저런 이유로 거절을 하기 마련이다. 이때 그 거절 내용이 미리 예측한 내용이면 준비한 대로 무마하면 된다. 그러나 미처 예측하지 못한 내용으로 거절하면 순발력을 발휘하여야 한다. 많은 영업사원들이 거절에 대해 걱정을 하는데 그리 걱정할 필요가 없다. 얼마간의 경력을 쌓게 되면 거절의 유형은 물론이고 유형별 처리 방법도 터득하게 된다. 거절처리에 대해서는 좀 있다가 더 자세히 알아보자.

거절 처리 이후에는 재권유 단계로 넘어간다. 이때는 좀 더 강하게 권유하는 것이 좋다. 재권유 단계에서 권유의 강도가 약하면 고객은 또 다른 이유로 거절을 하게 마련이고 그러면 판매는 어렵다고 봐야한다. 어쩌면 이 단계에서 성공하느냐 못하느냐가 전체 판매 흐름의 승패를 결정짓는다고 보면 된다.

✔ 체결 단계

판매 단계의 마지막 단계는 물론 고객의 구매 결정과 계약의 체결이다. 이 단계를 종결(Closing)이라고 한다. 영업사원이 홍보와 가망고객 관리 단계에서부터 공을 들인 노력이 비로소 결실을 맺는 시점인 것이다. 의외로 이 단계를 영업사원들이 매우 어려워한다. 많은 영업사원들이 설득을 다해놓고도 체결단계에서 마무리를 하지 못해 계약을 하지 못하거나 연기되는 경우가 많다. 여기서 전문가적인 스킬이 필요하다. 상대방의 구매조건을 다시 확인하고, 계약에 대해 주저하지 않게 만드는 것이 매우 중요하다.

✔ 마무리 단계

판매를 성공한 다음에는 마무리 단계를 가져야 한다. 마무리 단계의 첫 순서는 제품의 사용법과 주의사항 등을 설명하는 것이다. 제품의 사용법과 주의사항을 고객에게 충분히 설명하지 않으면 반드시 사후에 클레임이나 반품의 소지가 있다는 것을 명심해야 한다.

"고객은 쇼핑하는 것은 즐기지만 구매 당하는 것은 싫어한다"는 말이 있다. 스스로 쇼핑을 하고 나서도 돌아서는 순간에 과연 내가 올바른 결정을 내렸는가를 의심하는 것이 고객의 심리이다. 심지어 영업사원의 설득에 의해 구매한 고객의 경우에는 그 의심이 더 크다는 통계가 있다. 마무리 단계에서 가장 신경 써야 하는 것이 바로 이 부분이다. 고객의 구매 결정을 칭찬하고 제품 사용에 대한 기대감을 가지도록 좋은 마무리를 해야 한다.

방문판매에서 반품 요구는 제품의 하자보다는 영업사원의 과장 광고 때문에 더 많이 발생한다. 또한 고객의 구매후회심리 때문에도 많이 발생한다. 이 현상은 판매 후에 고객을 안심 충분히 안심시키지 못했기 때문에 발생한다. 또한 영업사원을 가장 힘 빠지게 하는 대목이 판매 후의 반품 요구이다. 판매 성공으로 한껏 고무되어 있을 때 고객이 구매를 후회한다면서 반품을 요구할 때는 정말로 실망스럽고 힘이 빠진다. 구매 체결 후 자리에서 일어나기 전에 고객의 구매를 충분히 칭찬하고 안심시켜야 한다는 것을 꼭 기억하자. 좋게 마무리가 되어야 비로소 판매가 성공하는 것이다.

고객과 헤어지기 전에 사후관리를 위해서 사후방문을 약속하는 것도 중요하다. 영업은 판매의 시점을 말하는 것이 아니라 판매의 전 과정을 말한다. 판매 후의 사후관리도 영업의 중요 단계이므로 미리 사후관리를 약속하고 방문 일정을 잡는 것이 좋다.

고객의 구매 심리

영업사원을 만날 때 고객의 구매 심리는 4단계를 거친다고 한다. 고객의 구매 심리와 대응 방법에 대해 알아보자.

✔ 1단계, 이 사람을 믿고 상담해도 될까

고객은 본능적으로 영업사원을 경계한다. 고객은 영업사원이 약속을 하고 방문했더라도 막상 상담을 시작하면 영업사원 자체를 의심해본다. 이 사람을 믿어도 될까? 실력은 있을까? 불필요한 구매를 권하지 않을까? 바가지 씌우지 않을까? 등등 영업사원 자체에 대한 의심을 한다.

이 경우에는 그야말로 영업사원 자신을 팔아야 한다. 당신을 도와주려고 한다는 것과 회사에서 충분한 교육을 받았다거나 경력이 있다거나, 다른 고객에게 호평 받은 에피소드나 기타 자신의 신뢰성과 실력에 대해 충분히 설명하는 것이 좋다. 회사 소속의 영업사원도 고객을 만날 때에는 회사 대 고객이 아니라 영업사원 대 고객의 만남이다. 고객이 나를 믿도록 하는 데 전력을 기울려야 한다.

요즘은 자기 홍보의 시대라고 한다. 자기 자신이 어떤 사람인가를 보다 적극적으로 알릴 필요가 있다. 흔히 건강식품이나 화장품 판매를 하는 여성 영업사원을 만나면 제품에 대한 설명서나 카탈로그 등을 판촉 도구로 사용하는 것을 목격한다. 그것들에 추가하여 자기소개 홍보지도 만들어서 판촉 도구로 사용해보자. 고객의 수용도가 훨씬 높아질 것이다.

✔ 2단계, 나는 필요치 않는데, 저 친구에게 강매 당하는 거 아니야?

고객이 백화점에서 쇼핑을 하는 것은 사전에 스스로 필요인식을 했기 때문이다. 그러나 방문판매에서 고객의 필요인식은 영업사원의 제시에 의해 시작하기 때문에 고객은 필요인식에 대해 의심을 가지기 마련이다. 고객은 영업사원이 제시하는 필요인식을 영업사원의 이익 때문이라고 생각하는 순간 마음을 닫는다.

어설픈 필요인식이 이런 결과를 낳는다. 확실한 필요인식을 위해서 먼저 고객의 니즈를 정확하게 파악해야 하고 가장 적합한 솔루션을 제공해야 한다. 이것은 판매 기술이 아니라 고객을 진정으로 위하는 자세에서 출발한다. 판매는 기술이 아니라 마음과 마음의 소통이다. 간혹 판매를 기술적인 방법으로 해결하려는 영업사원이 있는데 이것은 구시대적인 영업이다. 판매 테크닉만으로 더 이상 훌륭한 영업사원이 될 수 없다. 고객의 니즈를 정확하게 파악하고 고객에게 가장 적합한 솔루션을 제공하려는 진심이 있어야만 훌륭한 영업사원이 될 수 있다.

좋은 필요인식을 위해서는 고객의 상황을 논리적으로 설명하고 상품이 제공하는 솔루션을 맛깔나게 풀어나가는 것이 좋다. 또한 단단한 논리를 바탕으로 상품을 재미있게 설명하자. 그리고 설명을 보조하는 자료를 제시하고 기구매한 고객의 만족 사례도 덧붙이자. 그러나 이성적인 화법만이 능사가 아니다. 고객의 마음을 움직이는 감성적인 화법도 훌륭한 화법이 될 수 있다.

✔ 3단계, 나에게 알맞은 제품이 맞아?

고객은 필요인식 다음에 권유하는 상품에 대한 의심을 품게 마련이다. 상품이 생소하면 상품의 효능 자체에 의심을 품고, 상품이 알려져 있는 것이면 나에게 적합한 상품인가에 대해 의심을 품는 것이 고객의 본능이다.

이때는 상품의 가치를 충분히 제시해야 한다. 상품의 자체의 상세한 설명은 물론이고 왜 이 상품이 고객에게 적합한지를 설명해야 한다. 고객의 문제와 니즈, 구매력 등의 종합적인 상황에 이 상품이 가장 효과적이라는 논리적 설명을 해야 한다는 뜻이다.

고객이 상품의 가치를 빨리 받아들이도록 하기 위해서는 고객으로 하여금 제품 사용 후에 누리게 될 효과를 상상하게 만들면 좋다.

필요인식과 제품 효능에 대한 의심, 구매력, 구매 후의 가족 반응 등 고객은 구매를 결정하기 전에 온갖 생각으로 깊은 고민에 빠진다. 이 고객으로 하여금 구매 결정을 빨리 하게 만드는 방법은 구매 후 제품으로 인해 누리는 행복감을 상상하게 만드는 방법이다. 유능한 영업 사원일수록 고객을 꿈꾸게 만든다는 말이 있다.

✔ 4단계, 더 좋은 조건은 없나?

그 다음 고객은 제품의 추가적인 혜택이나 구매 조건을 따진다. 제품의 다른 기능은 없나? 할인은 안 되나? 할부가 가능할까? 추가 혜택은 없나? 부수적인 서비스는 없나? 등의 조건을 만들어서 구매의 조건으로 제시한다.

이 경우에는 제품의 추가적인 혜택이나 구매 혜택을 팔아야 한다. 판매설득을 나가기 전에 이 점을 미리 고려하고 준비하고 나가야 한다. 어찌보면 고객의 이 마지막 구매 심리가 가장 중요할 수 있다. 이 단계를 해결하지 못하면 그야말로 다 된 밥에 코 빠뜨리는 격이다.

이상으로 고객의 구매 심리 변화 4단계를 알아보았다. 고객은 이 4단계 중 어느 단계에서도 거절을 할 수 있음을 알아야 하고 영업사원은 모든 단계에서 고객에게 집중해야 한다. 그리고 고객의 갑작스런 태도 변화에 너무 당황하지 말고 침착하게 대응하고 주도적으로 흐름을 이끌어 가야 한다.

그러나 가장 중요한 것은 진심으로 고객을 위하는 진정성이다. 고객을 돕겠다는 진심어린 마음가짐과 태도가 판매를 성공시킨다는 점을 한 시도 잊어서는 안 된다.

고객의 4대 의심

1. 사람 의심: 이 사람을 믿을 수 있나?
2. 필요 의심: 이 상품이 나에게 꼭 필요하나?
3. 상품 의심: 제품은 괜찮은거야?
4. 조건 의심: 제 가격 맞나?

판매 상담 시의 자세와 대화 기법

✔ 기본적인 자세

고객에게는 항상 진정어린 태도를 보여야 한다. 여기서 말하는 태도는 외향적 자세를 말하는 것이 아니다. 영업사원에게서 풍겨져 나오는 이미지를 말한다. 겸손한 자세, 공손한 말투, 온화한 표정, 상대를 존중하는 눈빛 등이다.

상대를 배려하는 자세가 상대를 내 편으로 만든다. 판매 자체보다는 고객을 이해하고 배려하려는 마음가짐이 밴 자세가 최고의 영업 자세이다.

✔ 쉽게 말하라

판매 상담은 논리적이되 쉽게 해야 한다. 고객과 눈높이를 같이 하는 것이 가장 잘하는 판매 상담이다. 많은 영업사원들이 자신도 모르게 회사 내에서 사용하는 전문용어나 약자를 많이 사용한다(예를 들어 약사들은 전문의약품과 일반의약품을 ETC, OTC라고 고객에게 설명한다). 고객의 언어로 쉽게 이해할 수 있게 설명하는 것은 매우 중요하다. 그리고 사례와 에피소드를 적절하게 구사하면 더욱 좋다. 평소에 다양한 사례와 에피소드를 수집하고 스토리 텔링(story telling)식으로 정리해두

자. 노트 한권을 준비하여 화법식으로 정리해두면 평생의 자산이 될 것이다.

❥ 밝고 명랑한 표정을 지어라

웃어라. 어느 한의원의 원장 역시 무조건 잘 웃는 직원을 뽑는다고 밝혔다. 그 이유 역시 아주 간단했다. "잘 웃는 직원이 일을 더 잘합니다." "업무관련 지식은 한두 달이면 익히지만, 웃는 것은 인격과 관련되어 있기 때문에 쉽게 가르쳐서 될 일이 아닙니다." 결국 웃음이 인격이며 기회라는 얘기다. 누구든지 웃을 수만 있다면 수많은 기회를 얻을 수 있을 거라는 말이다. 사람들은 기분 좋은 영업사원에게서 물건을 사려고 한다. 고객은 '물건'이 아니라 물건을 통해서 '즐거움'을 산다는 것이다. 지금 당장 웃어보자. 세상에서 투자 없이 최고의 결과를 내는 것은 웃음밖에 없다.

영업사원은 항상 쾌활한 표정이어야 한다. 영업사원은 제품 이전에 나의 존재 자체가 고객에게 기쁨을 주어야 한다. 영업사원과 고객은 거래관계이지만 그것을 넘어선 인격적인 관계로 발전하는 것이 좋다. 인격적으로 통하면 거래는 쉽다. 나의 존재 자체가 고객에게 먹혀야 거래도 먹힌다.

❥ 확신과 신념을 가져라

고객에게 상품을 권유할 때는 스스로 확신하고 신념이 넘치는 모습이 필요하다. 필요인식과 제품의 가치와 효능을 말하면서 자신 없게 말하는 것은 절대 금물이다. 자신있는 태도와 어투 그리고 확신에 찬 모습을 고객에게 보여야 한다.

- 자세를 바로 하라.
- 순간 정색을 하라.
- 천천히 말하되 단호하게 말하라.
- 고객의 눈을 응시하라.
- 그리고 한 템포 침묵하며 고객의 반응을 기다려라.
- 침묵도 활용하라.

그러나 이것들이 고객을 무시하거나 건방진 모습이어서는 절대로 안 된다는 것은 불문율이다.

✔ 칭찬하고 경청하라

영업사원 모두가 Yes - But(예, 그러나) 화법을 알고 있을 것이다. 고객의 말을 무시하지 말고 인정해주고 난 다음 나의 의견을 말하라는 것이다. 그러나 더 나은 방법은 Good - So(맞습니다, 그래서)이다. "고객님 말씀이 맞습니다. 그래서 이렇습니다"로 바꿔보자. 고객은 자신의 입장을 맞장구쳐준 다음 그것을 보완해주는 영업사원을 가장 좋아할 것이다.

유능한 영업사원일수록 고객을 말을 듣고 칭찬한 다음 그 연장선에서 자신의 의견을 말한다. 절대로 고객의 의견을 존중하라. 아니 더 나아가 칭찬하라. 그리고 고객의 입장과 연결된 자신의 의견을 설명해보자. 상담이 한결 부드럽게 진행될 것이다.

✔ 단어 선택도 중요하다

판매상담 시에는 사용하는 단어도 중요하다. 가능하면 표준어를 사용하고 천박하지 않는 고급 단어를 사용하고 고객이 이해할 수준에서 전문용어를 구사하는 것도 필요하다.

가능한 밝고 긍정적인 단어를 선택하자. 행복, 사랑, 건강, 아름다움, 가족, 혜택, 효능 등 밝고 긍정을 연상케 하는 단어가 많다. 업종별로 상담 시에 자주 사용하는 단어가 있을 것이다. 그 단어들 중에서 고객이 들었을 때 쉽지만 듣기에 좋은 단어들이 있을 것이다. 이 단어들을 정리하여 고객 앞에서는 습관적으로 사용하면 반드시 고객의 환심을 살 것이다.

고객에게 사용하는 단어는 고객 중심의 단어여야 하고 가능하면 고객에게 부담을 주지 않는 단어여야 한다. "고객님 오늘 안색이 안좋으세요"보다는 "어제 일을 많이 하셨나 봐요. 파이팅입니다"가 훨씬 상대방을 기분좋게 만든다.

- 구입하시면 :   • 선택하시면, 소유하시면, 효과 보시면
- 비싸다   :   • 품질과 효능이 좋다
- 싸다   :   • 적당한 가격이다
- 지불하시면 :   • 투자하시면

물론 이 외에도 업종별로 좋은 단어 변환이 얼마든지 있을 것이다. 평소에 준비해 두자.

판매설득을 성공시키는 몇 가지 방법

판매설득의 성공률을 높이는 몇 가지 방법을 알아보자.

✔ 사전 분위기 조성

시작이 반이라는 말이 있다. 판매상담을 성공시키기 위해서는 본

상담 전에 사전 분위기를 어떻게 만드느냐가 중요하다. 고객에게 기대를 갖게끔 하는 화법과 연출이 필요하다.

"저번에 고민했던 그 문제 이제 고민하지 마세요. 제가 좋은 해결책을 가지고 왔어요" "고객님과 똑같은 상황에서 저와 거래한 분이 계셨는데, 그분이 어제 연락이 왔어요. 너무 좋다고" "제가 최선을 다해 설명 해보겠습니다. 저에게 10분만 시간을 내어주십시오" 등 고객이 나에게 관심을 기울이게 하는 화법은 얼마든지 있다.

본격 상담 전에 고객의 관심과 기대치를 한껏 올려보자. 아마도 고객이 기꺼이 시간을 내어주고 귀를 기울여줄 것이다. 그러면 정말로 시작이 반이다.

✔ 상담을 주도하라

고객의 말을 경청하고 칭찬하되 상담의 큰 흐름은 내가 의도하는 대로 이끌어야 한다. 즉 고객을 배려하되 주도권은 영업사원이 잡아야 한다. 출발 전에 시나리오를 디자인하라고 했다. 큰 흐름은 4단계이다. 즉, 제시, 권유, 체결, 마무리이다. 판매 상담의 기승전결이다. 4단계를 기초로 하여 흐름을 디자인해보자. 고객의 말을 경청하되 1단계 – 필요인식을 제시하자. 2단계 – 제품을 권유하자. 3단계 – 거절 처리하고 체결하자. 4단계 – 고객을 안심시키며 마무리하자.

✔ 인격과 회사를 팔아라

나의 인격과 회사의 브랜드를 최대한 부각시켜라. 제품의 의심을 극복하는 것이 나의 인격이고 회사의 브랜드력이다. 영업사원이 보병의 역할을 하는 것이라면 기업의 광고와 같은 마케팅은 포병의 역할을 하는 것이다. 보병이 진지를 점령하기 위해서는 항상 포병의 지원

사격이 필요하다. 영업사원은 자기의 얼굴을 파는 것이고, 자신의 얼굴은 회사의 이미지가 보장을 해준다.

◆ Yes or No 가 아니라 This or That

고객에게 "사실래요? 안 사실래요?" 식의 화법은 최악의 화법이다. "사실래요 안 사실래요?"에 대해 고객은 거의 "안 살래요"를 선택할 것이다. 이미 고객이 구매한 것처럼 화법을 구사해야 한다. 고객이 이미 구매를 결정했기 때문에 이제 "이 제품을 선택할래요? 저 제품을 선택할래요?"로 화법을 풀어나가야 한다.

특히 체결 마지막 단계에서 "사실래요? 안 사실래요?"라고 말하면 고객은 십중팔구 "잠깐!"을 외칠 것이다. 차라리 "카드로 결제하실래요? 현금으로 결제하실래요?" "카드로 결제하실거죠? 몇 개월로 할까요?"가 좋다. 고객으로 하여금 구매냐 아니냐를 선택하기보다는 이것이냐 저것이냐를 선택하게끔 유도하는 것이 성공의 가능성을 높인다.

◆ 세 가지를 제시하라

앞에서 말했듯이 구매냐 아니냐보다는 이 제품이냐 저 제품이냐를 제시하는 것이 좋은 판매화법이다. 출발 전에 고객에게 제시할 솔루션 혹은 제품을 세 가지로 준비해보자. 주로 가격 기준이 좋다. 최고급 A제품, 중간 가격 B제품, 싼 제품 C제품을 준비하여 각각의 장단점을 설명하고 슬쩍 B, 즉 가운데 제품을 권해보자. 고객은 거의 대부분 B를 선택할 것이다. 이때 영업사원이 사전에 고객에게 가장 적합한 제품으로 선택한 것도 B제품이다. 그런데 B제품 하나만 달랑 제시하면 고객은 구매냐 아니냐를 고민한다. 그런데 세 가지를 제시하면 고객은 구매냐 아니냐를 고민하는 단계를 자연스럽게 넘어서 이

것이냐 저것이냐를 고민하게 된다.

자동차 등의 제품은 구매조건이나 서비스 조건을 세 가지로 나누어서 제시하는 것도 좋을 것이다.

〽 가격은 마지막에

영업사원이 열심히 제품을 설명하면 고객이 중간에 불쑥 꺼내는 질문이 있다. "얼마예요"이다. 이때 가격을 말하면 고객은 영업사원의 제품 설명을 더 이상 듣지 않는다. 오직 제품이 싸다 비싸다만 계산하고 비싸다고 생각하면 거절할 생각만 하게 된다. 그러면 판매는 힘들어진다. 가격은 마지막에 말해야 한다. 하지만 고객이 가격을 물어면 주저하지 말고 명확하게 가격에 대해서 언급해야 한다. 절대 이 가격이 비싸다 혹은 싸다의 의미를 가져서는 안 된다. 이 제품의 가치에 대해 정확한 가격을 확신을 가지고 말을 해야 한다. 그리고 제품의 추가 설명과 가격의 타당성을 설명해야 한다. 권유 시에 가격은 항상 마지막에 제시하라. 하지만 고객이 물어보면 당당하게 이야기하라.

〽 구매 시점을 파악하라

상담 중에 고객의 구매 심리는 요동을 친다는 것이 맞다. 고객 입장에서 구매 욕구는 제로에서 시작한다. 그런데 영업사원의 설명을 듣게 되면 구매욕이 점차 상승한다. 그러다가 갑자기 구매욕이 급전직하 마이너스 단계로 추락한다. 예를 든다면 "아하, 괜찮구나, 구매해볼까" 하다가 갑자기 "아이고 저거 없이도 불편한 거 없는데" 아니면 "내가 무슨 돈이 있다고" 하면서 구매욕이 싹 없어지는 식이다. 그러다가 영업사원의 설명에 다시 구매욕이 조금씩 상승하다가 또 떨어지길 반복한다. 문제는 고객은 심리적으로 요동치고 있는데 영업사원은 이것을 눈치채지 못한다는 것이다. 고객의 구매욕이 최고조에 올라있는데 매듭을 짓지 못하거나 구매욕이 바닥으로 떨어져 있는데 권유한다면 판매는 백전백패한다. 고객의 구매욕이 최고조에 올라 있는 시점을 잡아야 한다. 그때 권유를 해야 한다. 그렇다고 "사실래요? 안 사실래요?"는 금물이다. 판매한 것을 간주하고 제품이나 결제 선택의 질문을 해야 한다. "카드로 결제 하실거죠?" "이 제품이 좋겠죠?" 등 이다.

그러면 고객이 구매욕이 최고조에 달한 시점은 언제일까? 이것을 설명한 일부 책들이 있다. 예를 들면 자세를 고친다거나, 홍보물을 자세히 읽기 시작한다거나, 표정이 진지해진다거나, 주위 사람을 불러서 제품에 대해 의견을 물어 본다거나 등. 그러나 이런 것들이 다 맞지는 않다. 인간의 심리적 행동은 보편적으로 유형화되지 않는다. 다만 그럴 것이라고 예측하는 것이다. 그러나 약간의 경험을 쌓게 되면 영업사원의 직감으로 알게 된다. 그래서 경험이 무서운 것이다. 몇 번 유심히 관찰해 보자. 그러면 어느 순간 고객의 심리 상태가 보이기 시작할 것이다. 결국 영업은 시간과 몸으로 체득하는 경험을 하는 직업이다.

✔ 상상하게 하라

판매상담 시에는 고객이 제품 구매 후의 사용 효능을 상상하도록 만들어야 한다. 고객은 제품 자체를 사는 것이 아니라 제품의 효능을 구매한다. 그러므로 제품 자체의 설명보다 제품과 함께 고객이 누릴 행복감을 상상하도록 대화를 이끌어가는 좋다. 평소에 제품마다의 필살기 화법을 하나씩 만들어 두자. 평소에 고객의 주의를 단번에 이끌어 내고 구매욕을 최고조로 이끌어 내는 순발력도 좋지만 평소에 필살기 화법을 준비해두면 실전에 유용하게 사용할 수 있다.

❤ All or Nothing

판매상담은 가능하면 성공해야 한다. 성공하지 못하면 영업사원과 고객 모두가 손해를 본다. 영업사원은 귀한 시간을 투자했는데 실적을 올리지 못해서 손해이고, 고객은 자신이 지닌 문제를 해결할 기회를 갖지 못해서 손해이다. 또한 둘 다 귀한 시간을 허비해서 손해이다. 그러므로 영업사원 스스로를 위하여 또 고객을 위해서도 판매상담은 반드시 성공해야 한다. 먼저 고객을 만나기 전에 판매 성공을 위한 준비를 철저히 하자. 그리고 반드시 성공하겠다는 의욕을 가지자. 고객은 제품을 권유당하는 것에 본능적으로 거부감을 가지고 있다. 고객의 거부감을 극복하기 위해서는 무엇보다 영업사원의 판매 의지가 강해야 한다.

그리고 전부 아니면 전무의 모험을 시도할 줄 알아야 한다. 일부 영업사원들은 판매 상당 중에 스스로 나약해져서 고객에게 심리적 호의를 베풀려고 한다. 그 호의란 강하게 권유하지 못한다거나 싼 제품을 권한다거나 가격을 할인한다거나 등을 말한다. 영업사원은 고객이 주저할 때는 강하게 권유할 줄도 알아야 한다. 때로 이 고객에게 오늘 판매를 못해도 좋으니 이쯤에서 강하게 권유해보자는 식의 모험도 걸어야 한다. 영업사원의 입장보다는 판매 선택을 도와주는 동료의 입장에서 강하게 권유하면 판매상담의 성공률은 높아진다.

고객에게 권유하는 제품도 마찬가지이다. 때로 못 팔면 못 팔았지 판매할 바에는 고가라도 고객에게 최적의 제품이면 과감하게 권유하는 모험을 걸어야 한다. 특히 건강식품을 판매하는 영업사원의 경우를 보자. 건강식품 영업사원의 의무는 고객이 건강을 회복하거나 유지하도록 하는 것이다. 그래서 고객에게 약간 고가라도 최적의 제품을 권유해야 한다. 그런데 영업사원 스스로 마음이 나약해져서 고객의 건강과 관계없는 싼 제품을 권하는 경우가 있다. 이런 경우가 오히려 고객을 기만하는 것이다. 판매할 때는 제대로 판매하자. 고객에게 최적의 제품이면 고가라도 강하게 권유하자. 싼 것이라도 팔겠다고 하는 것은 영업사원과 고객 모두에게 손해이다.

❤️ 단위 매출을 높여라

영업사원의 판매 실적은 [판매횟수×객단가]이다. 우리나라 판매 관리는 주로 월 단위로 진행되는데 우선 판매 횟수가 많아야 한다. 한 달에 10건 판매하는 것보다는 30건 판매하는 것이 유리하다. 그러나 아무리 판매횟수가 많아도 한 번 판매할 때의 객단가가 낮으면 실적은 별 볼 일 없어진다. 객단가가 높아야 월간 실적이 높아지므로 영업사원은 객단가를 높이는 데 주력해야 한다. 객단가를 높이기 위해서는 당연히 고가제품 위주의 영업을 해야 한다. 하지만 고가라는 표현은 적당하지 않은 것 같다. 프리미엄 가격 혹은 가치에 적합한 가격이라는 표현이 좋을 것이다. 가격은 저가와 고가로 나누는 것보다는 소비자가 기꺼이 지불할 수 있는 가격으로 접근을 해야 한다. 즉, 단순히 객단가를 높인다는 의미보다는 고객이 그 가치를 인정하고 기꺼이 지불할 수 있는 제품이라는 것을 설득하는 것이 중요하다.

영업사원들은 회사의 다양한 제품 중에서 특별하게 판매에 자신 있는 제품이 한두 가지 있을 것이다. 가능하면 고가 제품을 주력 품목으로 삼아야 한다. 우선 고가의 한두 품목을 선택하여 집중적으로 공부하고 자기만의 설득 화법을 만들자. 그리고 가망고객도 이 제품들에 해당되는 고객들을 많이 확보하자.

열심히는 하는데 실적이 저조한 영업사원의 경우 객단가를 살펴보면 반드시 객단가에 문제가 있다. 초심으로 돌아가서 고가 제품에 대한 공부를 하고 해당 가망고객을 다시 확보하는 것이 고 실적으로 가는 방법이다.

추가 판매도 객단가를 높이는 중요한 방법 중의 하나이다. 추가 판매란 한 가지 제품만 판매하는 것이 아니라 주력 제품과 함께 몇 가지 제품을 추가적으로 판매하는 것을 말한다. 이것을 위해서는 제품 위주의 판매가 아니라 솔루션 위주의 판매를 하는 것이 좋다. 고객의 문제를 가장 잘 해결할 수 있는 솔루션에는 당연히 몇 가지 제품이 복합적으로 결합될 것이다. 고객도 제품 위주로 생각하지 않고 문제 해결을 위한 솔루션 위주로 생각하기 때문에 자연스럽게 추가 구매를 결정하게 될 것이다.

거절 처리

영업사원이 판매 상담을 통해 권유할 때마다 모든 고객이 다 구매하면 얼마나 좋을까? 그러나 세상에 그런 일은 없다. 만일 그렇다면 이 세상 모든 사람들이 영업을 하려고 몰려들 것이다. 고객은 반드시 거절을 한다. 이때부터가 진정한 영업의 시작이다. 영업과 판매 상담은 고객의 거절을 극복했을 때 비로소 성공한다. 거절처리는 판매 상담의 가장 중요한 부분이고 판매를 완결시키는 핵심요소이다.

✔ 고객은 왜 거절을 할까?

고객은 왜 거절을 할까? 그 답은 간단하다. 고객에게 충분한 필요인식을 시키지 못했기 때문이다. 고객이 제품을 구매하는 이유는 그 제품이 필요하기 때문이다. 그 제품이 필요하다고 인식을 하지 않으니깐 거절을 하는 것이다. 고객이 가진 문제와 니즈를 정확하게 파악하여 고객에게 가장 적합한 솔루션을 제공하되 그 솔루션의 필요성을 충분히 설득시켜야 한다.

거절은 고객의 책임이 아니다. 아니 거절은 고객의 권리이다. 내가 충분히 설명하고 좋은 구매 조건을 제시했는데도 고객이 거절한다고 고객을 폄하하는 영업사원을 종종 본다. 이런 영업사원은 삼류이다. 자신이 고객을 충분히 설득하지 못했다는 반성은커녕 고객을 탓하다니? 고객의 거절은 나의 책임이다.

✔ 거절에 대한 자세

고객이 거절할 때는 내가 빠뜨린 것이 무엇인가를 체크해야 한다. 순간적으로 생각이 나지 않으면 직접적으로 질문을 해보는 것도 좋은 방법이다. "결정을 하시지 못하는 이유가 무엇입니까?" 식의 직설법이 더 잘 통할 때도 있다.

거절처리를 할 때는 지나치게 낮은 자세를 취하거나 고객을 억지로 설득하려고 하는 것도 좋은 방법이 아니다. 질문을 통해 고객의 욕구를 다시 파악하고 필요인식을 다시 시키는 데 집중해야 한다. 그래도 안 되면 순순히 물러나길 권한다. 고객에게 억지로 판매하지 않겠다는 인상을 남기는 것이 오히려 좋다. 방문판매는 [지금 억지로 판매하는 것]보다 [다음에 자연스럽게 판매하는 것]이 더 중요하다. 억지로 판매하면 지금 당장의 실적에는 도움이 될지 모르나 재구매와 협력고객 확보에는 마이너스임을 명심해야 한다.

건강식품 회사와 화장품 회사 영업사원들이 거절에 직면하면 제품을 두고 나오며 일단 사용해보라고 한다거나 다음에 다시 가서 재권유를 한다는 통계가 있다. 이 방법은 결코 좋지 않다. 거절처리가 안 될 시에 순순히 물러나라. 다음에 다시 가라. 방문판매의 철칙이 무엇인가? 판매 대상자를 정하고, 팔릴 때까지, 계속 방문하라이다. 고객에게 다시 필요인식을 완벽하게 시킬 방법을 연구하고, 고객에게는 억지 판매를 하지 않는다는 좋은 인상을 심어주는 것이 더 효과적인 방법이다.

◟ 칼을 함부로 빼지마라

고객에게 거절당하지 않는 가장 좋은 방법은 무엇일까? 거절당할 정도의 어설픈 판매상담을 하지 않거나 고객이 구매할 때까지 기다리는 것이다. 저자가 말하고 싶은 것은 천천히 하라는 것이다. 가망고객 단계에서도 말했지만 판매는 4회 방문부터 가장 많이 발생한다. 4회 방문 정도면 최소한의 인간관계가 만들어지는 단계이고 고객의 니즈와 솔루션을 파악할 수 있는 최소한의 기회이다. 2차, 3차 방문 때부터 성급하게 판매하려고 하지 말자. 고객과의 관계와 필요인식을 충분히 할 수 있을 때까지 기다리자. 판매기회는 반드시 또 온다. 인간관계와 필요인식 이 두 가지만 염두에 두고 꾸준한 발품을 팔면 판매는 반드시 성공한다.

◟ 미리 예측하고 준비하라

고객을 몇 번 만나면 그 고객의 문제와 고객의 성격, 결정권, 경제력 등 고객의 구매 환경이 파악될 것이다. 판매상담을 하기 전에 고객이 어떤 이유로 거절할 것인가를 미리 예측하고 준비하는 것이 좋다. 판매상담 전에 어떤 제품을 권하고 어떤 조건을 제시하고 어떤 화법으로 권유하고 등을 디자인하는데 반드시 거절 요소를 고려하자. 고객이 어떤 이유로 거절할 것인가를 예측하고 처리 방법을 미리 구상한 다음 판매상담을 나가도록 하자. 판매는 즉흥적인 기교나 운이 좋아서 되는 것이 아니다. 판매의 성공은 고객을 철저히 파악한 다음 치밀한 준비에 의한 결과이다.

✔ 당연한 절차로 생각하라

열심히 상담을 하고 제품을 권유했는데 고객이 냉정하게 거절하면 맥이 탁 풀릴 것이다. 그 다음부터는 무엇을 해야 할까 당황하기 마련이다. 거절은 판매에서 당연하게 발생하는 판매의 절차라고 미리 생각하고 있어야 한다. 판매 상담은 다음과 같은 순서로 이루어진다.

- 문제 환기
- 솔루션 제공
- 제품 제시 및 필요인식
- 제품 권유
- 거절 처리
- 마무리

이처럼 거절과 거절처리는 판매 상담의 당연한 과정이다. 고객의 거절을 돌발 상황이나 어려운 난관으로 생각하지 말고 마무리로 가기 전에 반드시 존재하는 판매의 한 과정으로 인식해야 한다. 다만 고객을 만나기 전에 미리 예측하고 준비하는 습관이 필요할 뿐이다.

✔ 침착하게 처음부터 다시 시작하라

열심히 자신 있게 제품을 설명하고 권유했는데 고객이 거절하면 그 다음 어떻게 해야 할까 난감하게 된다. 둘 중의 하나이다. 갑자기 당당하고 논리적으로 상담하던 태도가 구걸형이나 고객에게 구매를 강요하는 윽박형으로 바뀌게 된다. 삼류 영업사원으로 추락하는 순간이다.

고객이 거절하면 일단 침착해야 한다. 그리고 거절의 이유를 정확히 파악한 다음 거절 처리 단계로 넘어가야 한다. 일단 거절은 필요인식의 부족에서 생긴 것이기 때문에 처음부터 필요인식을 다시 시작한다는 마음가짐이 필요하다. 그래도 안 되면 깨끗하게 물러나라. 방문 영업의 장점은 다음 기회가 있다는 것이다. 다음에 또 방문하면 된다. 괜히 억지로 물고 늘어졌다가는 인식만 나빠지고 다음부터 고객이 철저히 피하게 된다.

거절의 유형과 대처 방법

✓ 필요 없다(No Need)

전형적으로 필요인식이 안 된 경우이다. 역으로 "이 제품이 나에게 꼭 필요하다는 것을 납득시켜주면 사겠다"는 고객의 제안이라고 생각하자. 이 거절은 일단 고객의 문제점을 충분히 환기시키지 못했고 최적의 솔루션을 제공하지 못했기 때문이다. 그 다음 제품의 필요인식을 충분히 시키지 못했기 때문에 고객에게서 이런 말이 나온다. 이 경우 고객이 가진 문제를 강하게 다시 환기시켜야 한다. 그리고 제품 구매 후의 고객 행복감을 뚜렷하게 제시하여 감성적 구매를 유도하는 것이 좋다.

✓ 다음에 보자. 생각해 보겠다(No Hurry)

이 말은 "지금 필요하다는 것을 납득시켜주면 당장 사겠다"라는 말로 이해할 수도 있다. 고객이 지닌 문제의 시급성을 중점적으로 부각시켜야 한다.

또 다른 의미는 "지금 결정하기 어려우니 더 생각해 보겠다"이다. 그 이유를 정확히 파악하는 것이 중요하다. 아직 급하지 않은 경우도 있으나 돈이 부족하거나 지금 판단으로는 정확치 않은 결정일까 두려운 경우에 하는 말일 수도 있다. 부드럽게 정확한 이유를 물어보고 대처하는 것이 좋은 방법이다.

✔ 돈이 없다. 비싸다(No Money)

제품의 가치를 충분히 설명하지 못하기 때문에 나오는 거절 이유이다. 영업은 제품 자체를 판매하는 것이 아니라 제품의 가치를 판매하는 것이다. 가격에 비해 제품의 효능과 가치가 충분하다는 것을 다시 설명해야 한다.

또 가격을 쪼개서 설명하는 것도 방법이다. 건강식품의 예를 든다면 "한 달 분이 십만 원인데 하루 분으로 치면 삼천 원입니다. 건강을 해치는 담배로 하루 이천오백을 지출하는데 건강을 지키기 위해서 이 정도는 결코 비싸지 않습니다" 식의 화법으로 풀어 나갈 수 있다.

✔ 못 믿겠다(No Confidence)

회사나 제품의 효능을 못 믿겠다는 말이다. 언론 기사나 인터넷 자료 등 객관적인 자료를 보여주며 신뢰를 높이 보충 설명을 하는 것이 좋다. 아니면 타 고객의 사용 경험 사례를 사용하는 것도 좋다. 또는 내가 왜 당신에게서 구매를 해야 하나와 같은 영업사원에 대한 믿음에 대한 부족으로 거절하는 경우도 있다. 앞서도 언급했지만 고객과의 신뢰를 형성하는 것이 우선이다. 다음의 설득이 효과가 있다.

거절의 4대 유형

1. 필요치 않다: 나한테 꼭 필요한 것이라고 더 설득해봐, 그럼 살게.
2. 돈 없다: 돈 있을 때 꼭 살게, 아님 지금 돈을 투자할 가치가 있다고 설득해봐, 그럼 살게.
3. 다음에 보자: 지금 필요하고 지금 사는 것이 유리하다고 설득해봐, 그럼 살게.
4. 못 믿겠다: 나를 믿게 만들어봐, 그럼 살게.

판매설득을 성공하기 위한 재강조 사항

✔ 평소에 자료와 화법을 준비하자

유비무환이라고 했다. 평소에 제품에 관련한 자료와 나만의 화법을 정리해두면 좋다. 영업은 설득의 연속이다. 평소에 고객 설득을 위한 준비를 미리 해두자. 유능한 영업사원은 태어나는 것이 아니라 만들어진다. 영업사원은 내가 나를 만들어야 한다. 바로 평소의 자료와 화법 만들기에 시간을 투자하자.

✔ 동료와 역할연기를 자주 하자

아무리 준비하더라도 사전 연습해보지 않으면 실전에서 무용지물이 된다. 평소에 사무실 동료와 역할연기를 통해 연습을 자주하는 것이 좋다. 연습을 하면 일단 자신감이 생긴다. 이 자신감은 고객과의 상담에서 주도권을 잡게 하는 중요한 요소로 작용할 것이다.

✔ 출발 전에 사전준비를 철저히 하자

판매 상담을 나가기 전의 사전준비는 성공의 필수요소이다. 고객을 설득시키기 위한 각종 화법과 자료 그리고 거절 사유와 처리 방법

등을 미리 준비해야 한다. 판매 상담은 절대로 즉흥적으로 성공하는 것이 아니다. 판매상담의 성공은 사전 준비가 80%, 상담 현장에서의 즉흥성에 의해 20%가 이루어진다.

✓ 흐름을 디자인하자

판매상담은 현장이 아니라 출발 전 준비단계에서부터 시작된다. 어떤 흐름으로 상담을 이끌 것인가를 사전에 디자인 해보자. 상담의 시작에서 마무리까지 마치 물 흐르듯이 흘러가는 것이 좋은 상담이다. 판매상담의 큰 흐름을 정리하고 각 단계별 자료와 화법 등을 미리 디자인해서 고객을 만나면 한결 부드럽게 상담을 이끌 수 있다.

✓ 성공을 위한 자기 암시를 하자

특히 첫 거래 고객에게 판매 상담을 하러 가기 전에는 긴장하기 마련이다. 성공할 수 있을까 아니면 실패할까를 지나치게 의식하면 자신감이 떨어진다. 판매상담에서 자신감은 아주 중요한 요소이다. 출발 전에 나는 성공할 것이라는 자기 암시가 필요하다. 영업사원은 자기 자신에게 기를 넣을 줄 알아야 한다. 거울을 보며 자신감 넘치는 표정도 지어보고, 힘찬 걸음도 걷고, 나는 성공할 것이야!를 속으로 외쳐보는 등 유치하지만 스스로 힘을 얻을 수 있는 자기만의 파이팅 방법을 가져보자.

Chapter 05

영업 프로세스 4단계: 사후관리하기

사후관리의 이유

✔ 사후관리란

농사에서 가을걷이가 끝나면 모든 일이 끝나는 것이 아니다. 가을걷이를 정리하고 내년 봄 농사를 준비해야 한다. 영업 프로세스에서는 이 단계를 사후관리 단계라고 한다. 즉 판매 단계에서 남아 있을 수 있는 고객의 의심을 불식시키고 재구매나 소개를 유도하는 단계가 사후관리 단계인 것이다.

사후관리는 유능한 영업사원이 되느냐 못되느냐를 결정하는 중요한 단계이다. 사후관리만 잘하더라도 영업사원의 성과는 대폭 성장할 것이며 고객만족은 물론이고 영업사원 스스로의 직업 만족감도 커질 수 있다. 또한 [판매지향적 고객관리]를 넘어 [관계지향적 고객관리]를 통해 고객과 행복한 인간적 교류를 나눌 수 있는 단계이기도 하다.

관계지향적 고객관리는 이익이 되는 고객과의 장기적 관계를 확립하고 구축하며 유지하는 것에 주요 목표를 가지고 있다는 것을 기억하자. 판매에서 영업사원은 "확립(securing)"과 "구축(building)"에 많을 시간을 소비하는 경향이 있다. 그러나 영업사원은 또한 성장가능하고 유익하며 필요가 충족된 고객을 장기간 유지하기 위한 전략을 개발해야만 한다. 이러한 프로세스의 중요한 부분이 판매 이후의 서비스를 포함하는 후속 관리(follow-up)이다. 효과적인 후속관리는 영업사원과 기업이 서비스의 질과 고객 만족, 그리고 고객유지와 충성도에 대한 고객의 인식을 개선시킬 수 있는 방법 중 하나이다. 이것은 성공적인 관계판매에 있어서 중심 쟁점이다.

고객기대관리는 성공적인 장기관계를 발전시키는 데 있어 중요한 부분이다. 고객의 즐거움(customer delight), 또는 놀라는 정도에 대한 고객 기대의 능가는 고객의 충성도를 획득하기 위한 강력한 방법이다. 너무 많은 약속을 하지 않는 것(overpromising)은 초기판매를 얻을 수 있다. 그러므로 거래적 판매 환경에서 작용될 수도 있다. 그러나, 불만족한 고객들은 다시 구매하지 않을 뿐만 아니라, 영업사원과 그들의 회사와 제품까지 회피하도록 다른 사람들에게 말할 것이다.

✔ 사후관리를 해야 하는 이유

사후관리를 해야 하는 첫 번째 이유는 판매 단계에서 미처 처리하지 못한 고객의 의심을 처리하여 클레임을 방지하는 데 있다. 요즘은 까다롭고 똑똑한 고객의 시대이다. 구매 후에 약간의 이상을 발견하거나 영업사원의 설명과 다른 점을 발견하면 절대로 그냥 넘어가지 않고 곧바로 반품이나 환불을 요구한다. 특히 고객의 클레임 제기는 방문판매법에 의해 철저히 보호되고 있다. 판매 며칠 후에 전화하여 고객의 반응을 살펴보고 이상이 감지될 시 모른 척 말고 바로 달려가야 한다. 고객의 의문점이나 불만 등을 경청하고 자세한 재설명이나 솔루션을 즉시 제공해야 한다.

그러나 그 전에 뒷감당하지 못할 일은 하지 말아야 한다. 판매 단계에서 판매 자체에 너무 욕심을 부려서 기능이나 효능을 너무 과다하게 부풀린다거나, 할 수 없는 사후 서비스 약속 등을 하지 말아야 한다. 영업사원의 진정한 가치는 고객과의 오랜 관계를 통해 행복한 인생을 사는 것이다. 성과 위주의 뒷감당할 수 없는 판매방법은 고객과의 계속적 교류를 힘들게 한다.

사후관리의 두 번째 이유는 고객 만족을 극대화하기 위해서이다. 고객이 사용법을 제대로 이해하고 있는지 상품의 부가 기능을 잘 활용하고 있는지를 체크하여 고객이 상품의 효능을 최대한 보도록 도와주는 것이 필요하다. 또한 추가적으로 필요한 정보와 솔루션을 제공하여 고객이 상품은 물론이고 영업사원의 사후 서비스를 통해 최대의 만족을 가지도록 하는 것이 좋다. 영업사원의 직업적 의무는 고객의 만족과 행복이다. 고객이 영업사원을 통해 느끼는 만족감은 판매 후의 과정을 통해서 가장 크게 느낀다는 것을 기억하길 바란다.

세 번째는 재판매를 위해서이다. 판매가 판매를 부른다는 말이 있다. 화장품이나 건강식품 같은 소비재의 경우는 한번 구매한 경험이 있는 고객이 더 쉽게 구매한다. 한번 판매한 고객에게 재판매를 하는 것이 개척을 통한 신규 고객에게 초판매하는 것보다 더 쉽다. 그리고 비용과 에너지도 훨씬 경제적이다. 기존 고객에게 재판매할 때 소요되는 경비와 에너지가 신규 고객에게 판매할 때보다 훨씬 적다는 연구가 많이 있다. 실제로 다양한 인터뷰를 통해서 얻은 결론도 유능한 영업사원은 많은 단골을 가진 영업사원이었다.

[구매고객-좋은 관계 형성-단골 고객화]가 가장 이상적인 고객관계 관리(CRM -Customer Relationship Management)이다. 단골을 만드는 방법은 잦은 방문을 통한 고객과의 인간관계 형성이고 고객을 만

족시켜주는 사후 서비스이다. 신규 고객을 찾아서 시내를 헤매지 말고 고객카드에 적혀있는 구매고객을 자주 찾아가자.

✔ 판매가 판매를 부른다

네 번째는 협력 고객을 만들기 위해서이다. 협력 고객에 대해서는 다음 장에서 설명하겠는데 쉽게 말해서 나를 대신해서 홍보도 하고 소개도 해주는 애호도가 높은 고객을 말한다. 협력 고객을 만드는 가장 좋은 방법은 철저한 사후관리에 시작된다. 철저한 사후관리가 애호도가 높은 고객을 만들고 애호도가 높은 고객이 영업사원의 실적을 두 배 세 배 성장시켜준다.

사후관리의 방법

사후관리는 영업사원 나름대로의 CRM 프로세스를 만드는 것이 좋다. 상품과 고객 유형별로 사후 전화나 방문일 기간을 정하고 사후관리 방문 회차별로 체크할 리스트와 제공할 서비스 기준을 평소에 세워두면 고객 관리가 한결 쉬워진다.

인간관계 형성이라는 핑계로 무턱대고 찾아갈 것이 아니라 방문 전에 사전 준비를 하는 것이 중요하다. 해당 고객에게 무엇을 체크하고 서비스할 것인가 또는 어떤 정보를 제공할 것인가 꼼꼼히 생각하고 챙겨서 방문하는 습관을 가지도록 하자. 사후관리 방문할 때도 판매 방문을 하는 것처럼 세심하게 사전준비를 하는 것이 완벽한 영업사원을 만든다.

🖌 클레임을 두려워하지 마라

힘들게 판매하고 난 후에 왠지 고객을 재방문하는 것이 꺼려질 때가 있을 것이다. 뭔가 뒤가 캥기는 판매를 했거나 마무리 후에 고객의 만족한 반응을 보지 못하고 나왔을 때일 것이다. 그러나 더 많은 이유는 고객이 반품을 요구하거나 클레임을 제기하지 않을까 하는 막연한 두려움 때문일 것이다. 사후관리와 클레임 처리도 영업 프로세스의 엄연한 한 과정임을 다시 한 번 더 인식하자. 클레임을 두려워해서는 영업사원이 될 수 없다. 클레임은 아예 없거나 있더라도 사소한 것이 대부분이어서 얼마든지 쉽게 처리할 수 있는 것들이다. 또한 클레임 처리 과정에서 고객과의 신뢰가 오히려 더 강해져서 고객감동으로 발전할 수 있다.

🖌 가망고객 관리하듯이 해라

가망고객 단계에서는 최대한 공을 들이는 것이 영업사원의 심리이다. 그러나 한 번 판매한 고객에게는 아무래도 소홀히 하는 경우가 많다. 잡은 고기에게 다시 미끼 주지 않는다는 말처럼.

이런 방법으로는 결코 성공한 영업사원이 될 수 없다. 가망고객 관리하듯이 정성을 다해 사후 관리하면 재구매는 물론이고 소개가 연쇄적으로 발생한다. 왜 신규 고객을 찾는 데만 시간을 투자하는가? 기존 고객을 최선을 다해 관리하라. 반드시 재구매가 발생하고 소개도 해줄 것이다. 간혹 오늘 방문할 곳이 없다는 영업사원을 보게 된다. 왜 방문할 곳이 없는가? 조금만 더 생각해 보면 가망고객도 있고 판매할 고객도 반드시 있다. 그래도 방문할 곳이 없다면 사후관리 방문을 가라. 가서 안부도 묻고 함께 커피마시며 수다라도 떨어라. 그 수다도 사후관리이다.

✔ 정기적으로 체크하라

사후관리는 정기적이어야 한다. 너무 자주 찾아가는 것도 오히려 결례이고 방문 틈이 너무 길면 재구매나 소개의 기회를 놓치기 쉽다. 고객을 상품이나 가격대, 친밀도 등을 기준으로 분류하여 방문주기를 정하고 정기적으로 방문하는 것이 좋다. 또한 평소에 자기만의 체크리스트를 만들어서 그 체크표에 의해 고객의 상태를 파악하거나 정보를 수집하는 것도 좋은 방법이다.

특히 체크리스트가 중요하다. 우리는 비즈니스로 누구를 방문할 때 대충의 내용만 가지고 나가는 경향이 있다. 그리고 헤어진 후에 "아차, 빼먹은 게 있었네"하며 후회하는 경우를 많이 겪는다. 고객에게 질문할 것과 파악할 것 등의 일반적인 체크리스트를 미리 만들어두고, 고객 방문 시에 그 고객에게만 사용할 내용을 추가하면 된다.

고객관리는 디테일에서 나온다. 그리고 고객만족은 사전 준비에서 발생한다. 평소에 영업 활동에 필요한 것들을 준비해두자.

✔ 멀리 보자

좋은 영업사원은 [판매지향적]이 아니라 [관계지향적]인 사람들이다. 여기서 말하는 좋은 영업사원(Smart Salesman or Saleswoman)이란 판매 자체보다도 고객과의 관계를 우선 가치로 생각하며, 항상 고객만족을 추구하며, 그 결과로 고객과 윈-윈 관계를 맺기 때문에, 직무몰입과 자기 만족감이 강한 영업사원을 말한다. 특히 좋은 영업사원들은 고객과의 관계를 단기적이 아니라 장기적으로 보는 사람들이다. 이들은 고객과의 장기적인 거래 관계를 통해 인맥을 형성하고 종국에는 거래 관계를 넘어 인간 대 인간으로서 유대감을 가지는 것에서 영업의 보람을 느끼는 사람들이다.

사후관리는 고객과의 관계를 장기적으로 가지는 첫 걸음이다. 단기적인 재구매와 소개에 초점을 두고 사후관리를 할 경우에 고객은 오히려 멀어진다. 반드시 고객만족과 고객과의 관계에 초점을 둔 사후관리를 해야 한다. 그래야 재구매든 소개가 생긴다. 사후관리, 반드시 멀리보고 길게 봐라.

✔ 진정으로 하라

고객을 감동시키는 가장 좋은 방법은 진정성이다. 진정으로 고객만족과 고객행복을 위한 자리에 서있자. 고객관리를 가장 잘하는 방법은 진정으로 고객을 위하는 영업사원의 진심에서 시작된다. 거래를 넘어서 사람과 사람끼리의 정이 흐르는 고객관리가 가장 좋은 고객관리이다.

📋 사례

일전에 [CRM 동네 구멍가게에서 배워라]라는 글을 읽은 적이 있었다. 우리나라 기업들이 CRM 구축을 위해 수많은 고객 데이터 베이스를 구축하고 있으나 정작 활용도 면에서는 미흡하다는 것을 지적하고 있었다. 우리나라 기업들은 수많은 고객 DB를 구축하고는 고작 광고용 메일이나 보내고 문자안내만 보내고 있다. 진정으로 고객감동을 위한 어떤 활용도 못하고 있는 실정이다.
반면 이전에 동네 구멍가게 주인들은 어떤가? 온 동네 사람들과 그 집안사정까지 알 뿐 아니라 때로 외상도 주고 갑자기 비가 오면 우산도 빌려주고 아는 꼬마가 지나가면 사탕도 하나 준다. 이웃으로서 서로 신뢰하고 배려하는 정이 흐르는 고객관리를 하고 있는 곳이 동네 구멍가게였고 기업들이 진정한 CRM을 하려면 배울 것이 많을 듯하다.

요즘 많은 영업사원들이 회사의 CRM 프로그램이나 개인용 IT 기기 들을 이용하여 고객관리를 하고 있다. IT의 성능 덕택에 방대한 고객 자료를 입력하여 다양하게 영업 활동에 활용하고 있다. 참 편리하고 좋은 세상이다. 그러나 이것은 고객관리 주체가 아니라 도구에 불과하다. 고객관리의 주체는 영업사원 자신이고 고객만족의 근본은 영업사원의 진정성임을 잊지 말아야 한다.

고객관리는 정성으로 해야 한다. DM, 문자, 메일 등을 사용한다는 사람들이 있다. 과연 효과가 얼마나 있을까? DM? 요즘 누가 광고성 편지를 개봉하나? 받는 즉시 쓰레기통행이다. 문자? 반복적으로 보내면 보낸 사람의 이름 정도는 기억하겠지만 그게 끝일 것이다. 오히려 고객이 다른 스펨 문자처럼 취급하지는 않을까? 메일? 나도 여러 회사로부터 받는다. 물론 열어보지도 않고 지운다.

영업은 방문과 고객과의 대면을 통해서 이루어진다. 즉 영업의 모든 프로세스는 방문과 방문을 통한 대면, 스킨십, 감정의 교감을 통해서 이루어지는 고도의 인간관계술이다. 그러므로 방문판매는 시간을 투자하여 고객을 찾아가야 실적이 발생하는 정직한 사업이다. 요행도 없고 DM, 문자, 메일 등의 대안도 없고 오직 발품만이 최고의 스킬인 것이 영업이다. 영업의 다른 프로세스처럼 사후관리도 직접 방문하는 것이 가장 좋다. 그리고 진정으로 고객을 위하는 마음가짐으로 가야한다는 것을 잊지 말자.

 사후 관리의 방법

1. 애초에 과대광고, 한탕판매를 하지 마라.
2. 클레임은 없다고 생각하라.
3. 클레임을 두려워말고 클레임 때문에 사후관리를 한다고 생각하라.
4. 가망고객 관리하듯 정성껏 모셔라.
5. 정기적으로 방문하라. 판매가 판매를 부른다.
6. 사후관리로 협력고객이 만들어진다. 멀리보고 기대하라.
7. 진정성을 가지고 인간적으로 친해져라.

Chapter 06

영업 프로세스 5단계: 협력고객 만들기

이전에 우리 조상들은 농사지을 때 품앗이라는 것을 했다. 이 품 앗이는 농번기에 서로 도와줌으로써 적기에 농사를 마칠 수 있도록 한 아주 유용한 윈−윈 시스템이었다. 이 품앗이는 서로 도와준다는 차원뿐만 아니라 같은 마을사람들끼리 동고동락을 나누는 공동체 문 화였다.

영업 프로세스에서도 품앗이가 있다. 영업사원과 고객이 상호 신 뢰를 바탕으로 서로 돕고 또 유대감을 가지는 협력고객 단계이다. 협 력고객은 일명 애호고객이라고 한다. 최고의 영업사원 옆에는 항상 많은 애호고객들이 있다. 이들 애호고객은 영업사원과 거래 관계를 넘어서 영업사원의 정보원과 홍보맨일 뿐만 아니라 적극적인 판매소 개로 영업사원을 돕고 나아가 인생의 동반자로서 영업사원과 인생을 함께하는 사람들이다.

협력고객은 없이도 좋은 영업사원이 될 수 있다. 그러나 고객과 깊은 교감을 나누고 고객과 행복한 인생을 함께 살아가는 위대한 영 업사원이 될 수 없다. 협력고객은 영업사원을 좋은 영업사원을 넘어 서 위대한 영업사원으로 만드는 사람들이다. 이런 이유로 영업 프로 세스 마지막 단계로 협력고객 만들기가 있다.

"일은 혼자하는 것이 아니다"라는 말이 있다. 직장생활이든 사업이든 일은 누군가와 함께 해야 한다. 특히 영업은 전형적으로 사람과 함께 하는 일이다. 영업은 영업소 매니저로부터 코칭을 받아야 하고, 동료와 상부상조해야 하고, 특히 고객과 함께 살아야 하는 직업이다. 고객과의 지속적인 커뮤니케이션을 통해서 고객의 협력을 이끌어낼 줄 알아야 비로소 영업 프로세스가 완성된다.

협력고객은 왜 필요한가

✔ 소개판매가 쉽다

영업은 영업사원과 고객과의 지속적인 커뮤니케이션 과정이다. 고객을 찾고, 고객과 한 번 맺은 인연을 지속적인 관계로 발전시키고, 나아가 고객이 고객을 부르도록 만드는 것이 영업이다.

거래를 하고 나면 고객은 세 부류로 나누어진다. 다시는 거래를 하지 않는 떠난 고객, 어쩌다가 아주 간헐적으로 거래를 하는 불안정적 고객, 정기적으로 계속 거래를 하는 안정적 고객이 있다. 영업의 가장 좋은 방법은 가능한 많은 거래고객을 안정적 거래고객으로 만드는 것이고, 이 안정적 거래고객이 신규 고객을 소개하도록 만드는 것이다.

기존고객이 소개한 소개고객에게는 몇 가지 특징이 있다. 첫째, 지인의 소개를 받았기 때문에 영업사원에 대한 기본적인 신뢰를 가지고 있다. 그래서 판매가 쉽게 이루어진다. 둘째, 홍보 단계와 가망고객 단계의 시간이 적게 걸린다. 개척을 통한 신규 고객이 세 번 네 번의 방문을 통해서 거래가 이루지는 데 비해 소개고객은 한두 번의 방문만으로 거래가 성사된다. 셋째로 기존 고객이 구매했거나 추천한 제품을 그대로 구매한다.

✔ 입소문이 무섭다

미국의 판매왕 조 지라드에 의하면 한 사람의 고객은 200명과 연결되어 있다고 한다. 한 사람의 평가에 의해 200명의 잠재고객이 긍정적 혹은 부정적 영향을 받는다는 뜻이다. 고객은 한 사람 한 사람이 중요하며 또 무서운 존재이다. 특히 잠재고객이나 가망고객은 주위 사람들에게 적은 영향력을 끼치지만 거래고객은 큰 영향력을 끼치게 마련이다.

우리나라는 연고사회이므로 입소문은 무서운 힘을 가지고 있다. 게다가 인터넷의 발달은 입소문을 더욱 위력적으로 만들었다. 기업들은 이 입소문을 구전 마케팅이라는 이름으로 적극적으로 활용하고 있다. 신제품이 출시되면 인터넷에 사용 후기를 적극적으로 올리게 하고 수많은 댓글을 통해 고객의 관심도를 높여나간다.

영업사원에게도 입소문은 중요하다. "누구가 친절하더라" "누구가 좋은 제품을 판매하더라" "차를 살려면 누구에게 사라" 등 기존고객의 말 한 마디가 주위 잠재고객들에게 미치는 파급은 아주 크다. 결국 입소문은 영업사원의 실적에 직접적인 영향을 끼친다.

✔ 비용이 싸다

필립 코틀러는 신규고객을 늘리는 것은 기존고객을 유지하는 것보다 비용이 5배나 더 들어간다고 했다. 영업은 판매 후가 더 중요하는 뜻이다. 지속적인 신규고객을 늘리는 것도 중요하지만 거래한 고객과의 관계를 더 소중하게 여겨서 재구매나 소개를 하도록 만드는 것이 효율적인 영업이다.

성공한 영업사원이 되려면 협력고객들을 많이 확보하고 이들을 오랫동안 유지하는 데 전력해야 한다.

협력고객 만드는 방법

✔ 신뢰를 구축하라

고객과 신뢰를 구축하여 협력고객으로 만들기 위해서는 앞부분에서 말했듯이 먼저 윤리 영업을 해야 한다. 고객에게 가장 적합한 솔루션을 제공도록 노력해야 하며 과대광고 판매나 한탕주의식 판매는 절대로 해서는 안 된다. 영업사원은 영업 프로세스 전 과정에서 [판매지향적인 영업]이 아니라 [관계지향적인 영업]을 해야 한다. 판매 자체보다는 고객과 소통하고 고객의 신뢰를 얻는 것이 영업사원을 더 크게 성공하게 만들며 행복하게 만든다.

✔ 내가 먼저 베풀어라

정기적으로 거래를 하는 단골고객을 만드는 것도 어려운 일이지만 협력고객을 만드는 것은 더 어려운 일이다. 고객들은 자신은 단골이 되더라도 소개에는 의외로 주저한다. 여러 이유가 있겠지만 대체로 지인에게 부담을 주지 않을까, 영업사원과의 관계에 대해 오해받지 않을까, 소개 후 발생하는 문제에 휩쓸리지 않을까 등의 불안이 소개를 꺼리는 요인으로 작용한다.

고객과의 관계가 단골을 넘어서 협력고객으로 발전하기 위해서는 먼저 베풀어야 한다. 내가 할 수 있는 범위 내에서 최대한 베풀어야 한다. 곳간에서 인심난다는 말이 있다. 후한 인심이 좋은 인간관계를 맺는 첫 걸음이다. 각종 서비스는 물론이고 선물, 혜택, 지원 등을 아낌없이 베풀어서 고객의 마음을 사도록 하자. 그런데 이런 것은 보통의 고객에게도 할 수 있는 서비스이다. 협력고객을 만들기 위해서는 고객이 필요로 하는 것을 먼저 파악하여 채워주는 고객중심의 사고가 필요하다. 평소에 각 고객들의 상황을 점검하고 그들에게 무엇을 베풀까를 생각하는 습관을 가지는 것이 좋다.

✔ 때로는 계획적으로 만들자

영업은 우발적인 결과물이 아니고 영업사원의 계획과 추진력에 의해 만들어지는 의지의 결과물이다. 협력고객이 자연스럽게 만들어지면 더 없이 좋겠지만 현실은 쉽지 않다. 그렇다고 마냥 기다릴 수는 없다. 협력고객을 적극적으로 발굴하고 만들어가는 것도 영업사원의 중요한 활동 중의 하나가 되어야 한다.

협력고객은 어떻게 발굴하고 만들어야 하는가? 영업의 3대 철칙을 기억하면 된다. 바로 1. 대상자 선정하기 2. 판매 성공할 때까지 3. 계속 방문하기이다. 협력고객을 만드는 방법도 1. 대상자 선정 2. 협력 고객이 될 때까지 3. 계속 시도하기이다.

협력고객화가 가능한 대상자의 범주는 다음과 같다.

· 단골고객
· 평소에 나에게 우호적이었던 고객
· 사회적 영향력이 있는 고객
· 구전 커뮤니케이션이 쉬운 직업의 고객

심사숙고하여 범주별로 명단을 적어보자. 그 중에서 범주별로 명단이 겹치는 고객이면 적극적으로 협력고객화를 시도해 볼 가치가 있다. 영업에서 명단을 직접 작성하는 것은 굉장히 중요한 일이다. 머리로 대충 이 사람 저 사람 식으로 생각해서는 절대로 체계적으로 사고할 수가 없다. 명단을 적은 다음 한 사람씩 앞으로 어떻게 시도할 것인가를 계획하고, 계획이 완료된 고객부터 방문 일자를 정하고 방문해 보자.

✔ [10-10-10의 법칙]

협력고객 만들기도 가망고객 관리처럼 하는 것이 좋다. 너무 성급하게 서두르거나 섣부르게 속내를 드러내지 말아야 한다. 시간적 여유를 가지고 자주 방문하여 신뢰 관계를 형성해 나가는 것이 좋다. 그 과정 중에 호감을 살 수 있는 각종 혜택과 고객이 감동할 수 있는 서비스를 제공해나가면 점차 친해지고 신뢰 관계로 발전할 것이다. 이런 관계가 지속되면 고객은 자연스럽게 영업사원을 도와주게 될 것이다.

[10-10-10 법칙]이 있다. 한 사람의 고객을 만드는 데 10만원의 비용이면 충분한 반면, 그 고객을 잃는 데는 10초면 가능하고, 돌아선 그 고객을 되찾는 데는 10년이 걸린다는 뜻이다. 협력고객으로 만들고 싶은 고객에게는 먼저 10만원이라도 투자해 보자. 평생 단골이 되고 소개까지 해줄 협력고객을 한 사람 만드는 데 10만원은 정말로 싼 비용이다.

협력고객 관리 방법

협력고객을 만든 다음에 어떻게 관리할 것인가도 중요하다. 다음 몇 가지 방법이 있다.

✔ 일단 자주 방문하여 만나야 한다

영업의 기본은 발품이다. 영업 프로세스 5단계 중 방문하지 않고 가능한 일은 없다. 아무리 친한 협력고객이라도 방문을 소홀히 해서는 안 된다. 눈에서 멀어지면 마음에서도 멀어진다는 속담도 있다. 잠깐이라도 만나서 자주 인사를 나누는 것이 지속적인 인간관계 유지에 절대적으로 필요하다.

갑자기 실적이 부진할 때는 신규 고객을 찾아서 헤매는 것보다 협력 고객을 집중 방문하는 것이 더 낫다. 협력고객은 영업사원을 직접 볼 때 문득 소개고객을 기억해 내곤 한다. 평소에 생각 않고 지내다가 영업사원을 보는 순간 "맞다! 내 친구 누구 만나봐요"라는 식이다. 참치잡이 원양어선의 선장들의 이야기이다. 참치 떼를 발견하지 못하면 신참 선장은 참치 떼를 찾아서 온 바다를 헤맨다고 한다. 그러나 결국 참치 떼를 만나지 못하고 선원들은 지치고 기름도 떨어져서 빈 배로 돌아온다고 한다. 반면에 베테랑 선장은 참치 떼가 다닐 길목을 정한 다음 그곳에서 기다린다고 한다. 결국 참치 떼는 오기 마련이고 만선으로 귀항한다고 한다. 이처럼 노련한 영업사원은 어려울 때 신규고객을 찾아서 헤매는 것보다는 협력고객을 방문하는 것이 더 낫다는 것을 알고 있다.

✔ 반드시 답례해라

소개로 거래를 성공했다면 반드시 답례를 해야 한다. 물론 협력고객이 고맙다는 인사나 답례를 바라고 소개를 하지 않았겠지만 그래도 답례는 꼭 해야 한다. 그냥 넘어가는 것과 비록 협력고객이 손사

레치며 받기를 거절하더라도 답례를 하는 것은 다르다.

소개를 통한 거래성공 후에 인사가 없으면 협력고객도 사람인 이상 속내로 서운하게 생각하게 마련이다. 그리고 어느 순간 "이 사람 봐라? 애써 소개해 줬더니 고맙다는 인사도 없네?" 하게 된다. 그리고 어느 순간 10-10-10 법칙의 두 번째 10 즉, 10초 만에 그 영업사원에게 등을 돌릴 수 있다.

✔ 협력고객과 소개고객 관계에 주의하라

두 사람 관계에 조심해야 한다. 협력고객에게 소개고객에 대한 말을 조심해야 하고, 소개고객에게는 협력고객의 말을 조심해야 한다. 이것을 주의하지 않으면 자칫 대형사고가 발생한다. 실제로 그런 사례를 보았다. 아무 생각없이 소개고객에게 협력고객의 사생활 이야기를 했다가 영업사원, 협력고객, 소개고객 세 사람 사이의 관계가 끝장난 사례를 보았다. 소개인과 피소개인 각자에게 의도적으로 서로의 장점과 칭찬을 하는 것이 가장 좋은 방법이다.

✔ 협력고객과 함께 살자

영업의 최고 가치는 오랜 기간 동안 고객과 함께 행복한 인생을 사는 것이란 말을 자주 했다. 특히 협력고객과는 더 그래야 한다. 협력고객과는 고객 관계를 넘어서 인간적인 소통의 관계로 발전시켜야 한다. 협력고객과 자주 어울리고 취미나 레저 활동도 함께하며 그들과 함께 호흡하고 함께 울고 웃는 인생을 살면 더 없이 행복한 영업을 하고 있다. 협력고객은 영업사원의 행복의 척도일 수도 있는 귀한 존재들이다.

협력고객의 관리 방법

1. 자주 찾아가라. 영업은 발품으로 하는 일이다.
2. 반드시 사례하라. 금액보다 정성이 중요하다.
3. 이 고객에게 저 고객의 험담은 절대 금물이다. 무조건 좋은 말만하라.
4. 친한 친구처럼 지내라. 친해지고 배려하고 사랑하라.

이상에서 영업의 중요성 및 영업의 단계 등에 대해서 알아보았다. 마지막으로 영업 계획에 관한 내용을 강조하면서 본서를 마무리하고자 한다. 세상 모든 일처럼 영업도 무작정 열심히 한다고 해서 성공하는 것이 아니다. 영업은 먼저 치밀한 계획을 수립한 뒤 엄격한 과정관리와 습관화된 표준 활동 등이 유기적으로 결합 되어야 성공하는 전문 직업이다. 영업 계획은 월간, 주간, 일일로 나눌 수 있는데 먼저 월간 계획에 대해 알아보자.

월간 활동 계획

거의 대부분의 판매회사는 한 달 단위로 영업을 진행하기 때문에 실적과 수당도 한 달 단위로 계산한다. 그러므로 영업사원의 활동 계획도 한 달 단위로 수립하고 실행해야 한다. 이 한 달은 짧다면 짧고 길다면 긴 시간이기 때문에 치밀한 계획을 세우고 시작해야 한다. 월간계획 수립은 먼저 활동주제를 선정하여 업무의 우선순위를 정해야 한다. 주제를 정한 다음에는 명확한 월간 목표를 설정해야 하고 [언제, 누구]라는 구체적인 활동계획을 세워야 한다.

✔ 월별 활동주제를 명확히 하라

월간계획은 매월 활동주제를 선정하여 영업 활동의 방향과 업무의 우선순위를 정하는 것이 좋다. 영업 활동에서 주제를 정하지 않으면 업무의 방향성을 잃어 산만한 활동을 하게 된다. 또한 활동의 효율성이 떨어져서 실적도 저조해진다. 매월 [이번 달은 OO의 달] 식으로 명확한 주제를 정하고, 그 주제에 속하는 활동내용을 선정하여 우선순위를 정하는 것이 좋다.

각 월별로 내부적인 상황과 외부적인 환경이 다르기 때문에 활동주제는 심사숙고하여 정해야 한다. 내부적 환경으로는 신제품이나 판촉제품이 다를 것이고, 외부적 환경으로는 기후별 특징이나 사회적 이슈가 다르기 때문이다. 또 각 영업사원 스스로가 처한 상황도 다를 것이다. 예를 들면 가망고객 확보가 시급한 상황일수도 있고 특정 지역 개척이 중요할 수도 있다. 이런 여러 상황을 고려하여 당월에는 어떤 업무에 우선 집중할 것인가를 정하는 것이 활동주제이다.

✔ 어떤 활동주제가 좋은가

영업사원은 매월 목표를 향해 전쟁을 치르는 전사들이라 해도 과언이 아니다. 제대로 활동하는 영업사원치고 단 한 달이라도 실적으로부터 자유로운 적은 없을 것이다. 당월의 목표달성을 위해 전력을 다해야 하지만 그렇다고 매월 당월실적을 위한 활동만 해서도 안 된다. 반드시 지속성장을 위한 미래지향적인 영업 활동도 병행해야 한다. 영업사원은 지속성장이라는 마차를 위하여 두 개의 바퀴를 균형있게 돌려야 한다. 하나는 당월 실적이고 다른 하나는 미래를 위한 활동이다.

한쪽 바퀴만 구르는 마차가 똑바로 가지 못하듯이 영업도 당월 실적에만 집중하다보면 지속성장을 할 수가 없다. 당월 실적을 위해서 전력을 다하되 반드시 지속성장을 위한 활동도 병행해야 한다.

저자가 생각하기에는 월간 활동주제는 현재 부족한 것을 보강하거나 미래 성장을 위한 것이 좋다. 당월 목표는 어차피 당면한 문제이기 때문에 집중하게 마련이다. 그러나 당월 목표에만 집중하다보면 성장동력을 만들지 못하여 실적의 한계를 벗어나기 힘들다. 당월 목표에 집중하되 가능하면 미래성장을 위한 주제 한 가지를 정하여 그 주제에 집중하는 것이 좋을 것이다. 물론 내부적으로 당월 목표에 집중해야 하는 상황이라면 당월을 위해 최선을 다해야 한다. 그러나 그것이 활동의 전부여서는 안 된다. 매월 지속성장을 위한 활동이 유보되어서는 안 된다.

◟ 월간 목표는 어떤 것이 있는가

영업사원에게 가장 중요한 목표는 물론 당월 목표이다. 영업사원은 실적에 의해 평가 받고 실적에 의해 수입이 발생하므로 당월 실적 목표가 가장 중요하다. 그러나 실적 목표만 설정해서는 안 된다. 영업 프로세스의 각 단계별로 목표를 설정하여 균형있는 활동을 해야 지속성장을 할 수가 있다. 홍보를 통한 가망고객 몇 명 확보, 신규 거래고객 몇 명, 사후 관리 몇 명, 협력 고객 몇 명 방문, 리쿠르팅 몇 명 식으로 각 단계별 활동 목표를 설정하는 것이 좋다. 그러나 모두를 다 잘할 수 없다. 그래서 월간 활동주제를 정하는 것이다. 활동주제는 당월 집중한 우선순위의 선택 기준인 것이다.

❤ 목표는 구체적인 숫자로

영업사원에게 월간 매출 목표 설정은 아주 중요하다. 월간 실적 목표는 도전해서 달성 가능한 선에서 설정해야 한다. 대부분의 영업 사원들은 실적을 많이 올리고 싶은 바람은 있지만 막상 당월 목표 설정에는 보수적으로 변한다. 어떤 경우든 바람이 도전의지로 연결되지 않으면 성장과 발전은 없다. 영업사원은 매월 달성 가능한 목표보다 상향 조정된 도전적인 목표를 설정해야 한다. 그리고 목표를 달성하기 위한 최고의 에너지를 투자해야 당월을 성공할 수 있다.

경우에 따라서는 [과감한 목표(Stretch Goal)]를 세우고 도전해야 할 때도 있다. 과감한 목표 이론은 미시건 대학 심리학 교수인 노먼 마이어(Norman Maier) 교수가 실험을 통해 학생들에게 과제물이 마음에 들지 않는다고 말하는 것만으로 다음에 더 나은 과제물을 제출하는 것을 보고 Stretch라고 한 것에서 유래되었다. 이 과감한 목표 이론은 조직원들에게 스스로 생각하는 것 이상의 목표를 제시하여 도전하게 하는 것으로 경영전략에서 사용된다.

저자는 영업에서 이 사례를 굉장히 많이 경험했다. 평범했던 영업사원이 코칭을 통해 스스로 동기부여를 하고 일에 몰두한 결과 단 몇 개월 후에 실적이 많게는 열 배나 성장하는 사례들을 보았다. 이 과감한 목표의 달성은 좀 더 열심히 하거나 집중해서가 아니라 일의 방법이 완전히 달라졌을 때 가능하다. 영업에서는 일정 기간 홍보에 집중하여 가망고객을 획기적으로 확보할 때 달성할 수 있다. 오랜 기간 실적이 제자리걸음을 하거나 한계를 돌파하지 못할 경우에는 이 과감한 목표 전략을 권하고 싶다.

매월 상향 조정된 도전적인 목표를 정하되 이 목표는 구체적인 숫자로 정해야 한다. 막연히 최선을 다해서 혹은 열심히 하는 식으로 하면 절대로 안 된다. 영업은 숫자로 먹고 사는 직업이다. 실적목표는 반드시 구체적인 숫자로 설정되어야 한다.

모든 영업사원들이 월간 매출 목표는 세우고 활동을 하는 데 비해 활동 목표는 등한히 한다. 성공적인 월간 영업 활동을 위해서는 활동 목표도 구체적인 숫자로 정해야 한다. 월간 홍보 몇 회, 가망고객 몇 명 방문, 협력고객 몇 명 확보 등 영업 프로세스 활동 목표도 구체적으로 설정해야 한다.

✔ 목표를 쪼개라

목표를 설정했으면 이것을 세분화시켜야 한다.

첫째, 월간 목표를 주차별 목표로 다시 설정해보자. 각 주간별로 구체적인 목표가 설정된다.

두 번째, 실적 목표를 주력할 상품별로 세분화시켜 보자. "○○ 상품 ○개, ×× 상품 ○개"식으로.

물론 이것을 지나치게 세분화할 필요는 없다. 목표 금액의 70~ 80% 정도까지만 정하면 된다. 차액은 활동 중에 얼마든지 다른 상품으로 판매가 되기 때문이다. 회사의 주력 상품 중 자신 있는 상품이거나, 당월에 시상이 걸렸거나, 판촉품이 걸린 상품 위주로 정하면 된다. 물론 우선순위는 내가 자신있는 제품이다.

세 번째로, 해당 제품을 권유할 고객 대상자를 적어보자. 영업의 3대 철칙 중 첫 번째가 판매 대상자 정하기라는 것을 기억할 것이다. 영업은 항상 [누구]에게 권할 것이냐가 중요하다. 제품 목표대비 대상자 숫자는 여유있게 적는 것이 좋다. 현재 고객, 이전 고객은 물론이고 가망고객 중에서도 이번 달에 판매를 계획한 사람도 포함시켜야 한다.

네 번째로, 고객 명단을 보고 제품별 지역별 상황을 고려하여 방문 일정을 정하자. 일정표에 일자별로 방문할 고객의 명단을 적어두자.

이렇게 함으로써 금액 목표가 제품별 대상자의 방문일정까지로 세분화되었다. 이제는 정해진 일정대로 활동하면 된다.

✔ 언제가 중요하다

월간 계획은 목표의 설정에서 시작하여 목표의 세분화를 통한 구체적인 상품과 대상자의 선정으로 이어진다. 월간 계획의 마지막은 위에서 말한 것처럼 "언제"라는 구체적인 일정의 선택으로 마무리되어야 한다. 무엇을 팔자, 어디를 개척하자, 누구를 방문하자 등의 목표는 결국 언제할 것인가를 정해야 비로소 계획이 된다.

📋 월간 영업 계획의 기본 요소

```
* 이 달의 주제 [          ]
  - 주요 업무
  - (          )
  - (          )
  - (          )
* 이 달의 활동 목표 [          ](영업 프로세스 단계별 혹은 하나를 선택해서)
  - 1주차 목표 (          )
  - 2주차 목표 (          )
  - 3주차 목표 (          )
  - 4주차 목표 (          )
* 이 달의 매출 목표 [          ]
  - 1주차 목표 (          )
  - 2주차 목표 (          )
  - 3주차 목표 (          )
  - 4주차 목표 (          )
* 주요 제품 목표
  - (          ) 제품(수량, 금액). (          ) 제품(수량, 금액).
  - 제품별 판매 대상자, 방문일정
```

주간 계획

✔ 월간 계획과 연계시켜라

주간 활동 계획은 월간 활동과 연계하여 설정해야 한다. 월간 활동 계획 수립 시에 주요 활동 내용을 요일별로 배정하면 편리하다. 예를 들어서 월요일은 가망고객 방문, 화요일은 ○○지역 홍보, 수요일은 협력고객 방문 식으로 요일별로 주제를 배정하면 체계적으로 활동을 할 수 있다.

✔ 계획보다 과정관리가 더 중요하다

목표는 달성했을 때 의미가 있고, 계획은 실행했을 때 성과로 연결된다. 목표와 계획에는 철저한 과정관리가 뒷받침되어야만 한다.

계획은 잘 수립하는데 달성도가 미흡한 영업사원을 종종 본다. 그 이유는 과정관리를 하지 않기 때문이다. 월초에는 거창한 목표와 계획을 세우고 시작하나 월말 쯤에 큰 차이가 나는 경우에는 속수무책이다. 반면 목표와 계획을 세분한 한 다음 매일 매주 과정관리를 해가면 목표를 달성하거나 최소한 그 근처에는 가있다. 월간 계획을 수립할 때 목표를 세분화하는 이유도 과정관리를 하기 위한 것이다.

가장 좋은 과정관리는 매일 하는 것이다. 목표를 일일 단위로 쪼개어 매일 달성 여부를 체크하고, 오늘 미달성 차액분을 내일 목표에 추가시켜 내일 다시 도전해나가면 가장 좋은 방법이다. 다만 일반 영업사원이 하기 벅찬 과정관리이다. 그래서 주간별 과정관리를 권한다.

✔ 판매 대상자를 다시 찾아라

과정관리는 먼저 자기 자신에게 엄격해야 한다. 목표와 차이가

날 때 변명하거나 핑계를 대지 말아야 한다. 오히려 목표 달성에 대한 각오를 분명히 하며 자신을 채찍질해야 한다. 과정관리에서 나약해지면 목표 달성은 이미 물 건너간 것과 마찬가지이다.

목표 대비 실적이 저조하면 분명한 원인 규명을 해야 한다. 또한 부족분을 어떻게 보충할 것인가에 대한 대책을 마련해야 한다. 판매가 계획대로 진행되지 않았다면 가망고객이나 거래고객 중에서 당월 판매를 시도할 고객을 긴급히 선정해야 한다. 아니면 협력고객을 통해 소개를 이끌어낼 방법을 구상해야 한다. 이 경우 평소에 꾸준한 영업 프로세스 활동을 통해 각 단계별 고객을 많이 확보하고 있는 영업사원이 유리하다.

✔️ 매니저에게 코칭을 받아라

영업사원 혼자서 모든 잘하려고 하기보다 영업 매니저의 도움을 받아야 한다. 특히 주간 단위로 코칭을 받는 것이 좋다. 노련한 영업 매니저는 코칭을 통해 영업사원이 스스로 방법을 찾고 동기부여하도록 이끌어 줄 것이다. 일은 혼자 하는 것이 아니다. 매니저와 의논하고 매니저의 도움을 받을 때 목표 달성은 훨씬 쉬워질 것이다.

지금 당장 매주 1회 정도 일정을 정하여 과정관리를 겸하여 매니저에게 코칭을 부탁해보자.

1일 활동 계획

✔️ 표준 활동을 하자

영업사원은 일반 직장인에 비해 유동적인 하루를 보낸다. 영업사원은 매일 업무 스케줄이 다르고 만나는 사람이 바뀐다. 또한 활동하는 시간도 정해진 것이 아니라 자신이 정해서 활동을 해야 한다. 이런 영업사원의 하루는 역동적이거나 자유롭다고 할 수도 있겠지만 다른 한편으로는 자기관리가 힘들다.

일일 활동을 효율적으로 하려면 표준 활동 계획을 세우는 것이 중요하다. 일일 표준 활동은 하루 몇 시간 일을 할 것인가, 시간대별 활동 내용을 어떻게 배정할 것인가, 어떤 목표를 정할 것인가 등의 자기만의 활동 표준을 세우는 것이다. 이 표준 활동은 각 회사나 영업소에 이미 있을 것이기 때문에 참조하여 자기 실정에 맞게끔 재작성하면 된다. 물론 영업 매니저의 도움을 받으면 훨씬 쉬울 것이다.

◥ 누구를 만날 것인가

하루 활동을 시작하기 전에 당일의 목표와 일정을 자세하게 체크해야 한다. 월간 계획을 수립할 때 미리 일자별 방문 고객을 정해두었다면 그 계획대로 활동하면 된다. 그렇지 않을 때에는 무엇을 위해 누구를 방문할 것인가를 구체적으로 계획해야 한다. 영업 활동에서 가장 중요한 것은 '누구' 즉, 대상자 선정이다. 영업은 나 혼자서 하는 일이 아니라 '누구'를 만나서 하는 일이기 때문에 무슨 일에나 구체적인 대상자를 정해야만 한다. 일일 활동도 당일 방문할 대상자를 명확하게 하는 것에서 시작한다.

◥ 현명하게 영업 하자

앞장에서 현명한 영업에 대해 언급한 적이 있다. 일일 활동을 가장 효율적으로 하는 방법은 현명한 영업이다. 영업이란 무턱대고 많이 일하고 많은 사람을 만난다고 잘되는 것이 아니다. 영업 활동은 현명하게 활동하는 것이 중요하다.

현명한 영업은 첫째로, 가능성이 높은 대상자를 정하는 것에서 시작해야 한다. 목표에 쫓겨서 마구잡이로 대상자를 정하면 실패하기 마련이다. 고객 명단을 보면서 해당 활동 내용별로(홍보, 가망고객, 판매, 사후관리, 협력고객) 가장 가능성이 높은 대상자를 찾아야 한다. 특히 판매를 하려면 가망고객 중에서 가장 가능성이 높은 고객을 선정해야 한다. 이것은 월간 계획을 수립할 때 미리 충분히 검토해서 선정해야 하고 당일 또 검토해서 결정하는 것이 좋다.

두 번째로 방문 전에 충분한 사전준비를 해야 한다. 상담을 이끌기 위한 흐름을 디자인하고, 설득을 돕기 위한 자료를 준비하고, 판촉물이나 서비스를 준비해야 한다.

세 번째로, 그 준비들의 기준은 내가 아니라 고객이 중심이 되어야 한다. 해당 고객의 마음을 움직일 수 있는 것들로 준비해야 한다. 역지사지해보자. 내가 그 고객이라면 어떤 것을 좋아할까를 생각하며 준비하는 것이 좋다.

네 번째, 많은 고객을 만나는 것이 중요하지 않다. 내가 감당할 수 있는 적정한 숫자의 고객을 만나는 것이 중요하고, 만날 때 고객에게 집중과 몰입하여 목표를 달성하는 것이 중요하다.

✔ 하루가 중요하다

영업사원은 직장인에 비해 출퇴근의 구속력이 약하기 때문에 하루를 쉬거나 느슨하게 일하기 쉽다. 사실 한달 중에서 하루 정도는 작은 틈새일 수도 있다. 그러나 그 작은 틈새가 한 달을 망치고 영업사원의 성공 자체를 망칠 수도 있다.

직장인은 회식하느라 잠을 덜자고 피곤하더라도 이튿날 제 시간에 출근한다. 출근에 대한 구속이기도 하겠지만 습관이기 때문이다. 영업사원도 출근이 습관이 되어야 한다. 실적이 높고 오래 일하는 영업사원치고 결근하는 것을 보지 못했다. 저자가 만난 영업사원 중에는 무려 15년 동안 단 하루도 결근한 적이 없었던 분도 계셨다.

영업 매니저 초보 시절에 신입 영업사원이 입사하면 성공할 것이냐 아니냐를 한두 달 정도면 쉽게 예측할 수 있었다. 바로 출근율이었다. 이런 저런 사유로 결근하는 영업사원은 결국 실패하고 중도 탈락했다. 초기에 실적이 저조하더라도 출근 자체에 성실한 영업사원은 조만간 본 궤도에 올랐다. "절대로 결근하지 마라" 이것은 영업사원의 성공 첫 계명이다.

✔ 표준 활동이 습관이 되어야 한다

영업은 하루만 쉬어도 열정의 흐름이 깨어진다. 매일 출근하고 고객을 만나는 것이 습관이 될 때 영업사원의 성공 동력이 만들어진다. 일찍 출근하여 당일 업무를 계획하고, 조회하고, 미팅과 업무 준비하고, 고객을 방문하고… 이러한 일련의 업무가 표준 활동으로 체계화 되고 나아가 습관화가 되도록 하자.

습관화의 방법은 앞에서 말했듯이 [습관 21일 작전]을 시도해보자. 1일 업무 계획표를 만든 다음 21일 동안만 시도해보자. 그 기간 동안 성과는 중요하지 않다. 습관화만 목표로 하면 된다. 골프를 처음 배울 때 가장 중요한 것은 공이 제대로 맞느냐가 아니라 자세이다. 자세만 터득하면 나중에 공은 제대로 날아가게 되어있다. 영업도 마찬가지로 올바른 표준 활동이 습관화만 되면 실적은 저절로 높아지게 마련이다.

영업에 있어 애호도가 높은 고객의 확보는 오늘날의 성공적인 판매의 중심에 있다. 신규고객 확보를 통한 성장도 중요하지만 기존 고객과의 장기적인 관계 형성을 통해 지속적이고 안정적인 성장을 한다는 것이 관계지향적 영업이 대두된 가장 큰 이유이다. 관계지향적 영업의 주된 목표는 유익한 고객과의 장기적인 관계를 형성하고 확립하며 유지 및 강화하는 것이다. 영업사원들은 자사의 제품에 만족한 자사 고객들이 같은 제품을 판매하는 경쟁 기업으로 전환하지 못하게 고객들을 유지하고 관계를 형성하여 애호고객으로 전환하기 위해 노력한다. 따라서 영업조직의 관리자는 영업과정에서의 고객관리를 위한 가장 효율적이고 효과적인 방법을 생각하는데 많은 시간을 기울여야 한다.

다양한 종류의 영업방식을 이용하고, 고객접근 및 관계 관리를 위한 정보를 수집하며 다양한 고객들에 대한 차별적인 판매접근방식을 적용하는 영업 프로세스를 통합적으로 관리하기 위해서는 과학적이고 체계적인 영업 시스템을 구축해야 한다. 이와 같은 영업 프로세스를 지원하는 통합적이고 과학적인 시스템이 CRM시스템이다. CRM은 장기적인 관계를 개발하고 고객에게 가치를 부여하는 기업의 역량을 극대화하기 위한 최신 기술을 사용하는 조직전체의 고객 중심 관리시스템인 것이다. CRM이 활성화되고 효과적으로 사용되기 위해서는 영업사원들의 고객관계의 중요성에 대한 인식이 있어야 하고, 지속적인 고객에 대한 정보를 수집하고 입력하여야 하며, 최고경영층의 전폭적인 지지와 지원이 있어야 할 것이다.

고객 중심 기업(Customer Centric Company)은 기업의 내·외부적으로 발생하는 모든 기업 활동의 중심에 고객을 둔다. 고객가치야말로 모든 관계지향적 영업의 핵심이고 근본이다! 고객가치와 고객관계 창출이 없다면 어떠한 영업도 지속적이지 못하며, 장기적으로 이윤을 창출 할 수도 없을 것이다.

관계지향적 영업과 영업 관리에 대한 학습의 시작점은 고객에 대한 이해에서 시작된다. 그리고 관계지향적 영업을 위해 영업사원들은 높은 수준의 고객지향성을 가져야 한다. 즉 고객지향성에 바탕을 둔 고객중심 기업은 ① 고객의 니즈를 정확하게 이해하고 이를 충족시켜주기 위해 조직전체의 역량과 자원을 집중한다. ② 시장에 대한 이해를 강조하고 기업의 모든 구성원에게 시장에 대한 지식을 학습시키고 공유한다. ③ 내부적으로 고객관리 시스템을 강화하고 혁신적이고 경쟁사와 차별화된 만족을 일으키는 제품과 서비스 제공에 최선을 다한다.

고객지향성을 강화하기 위해서는 단순한 이윤 창출이라는 성과지향적인 사고가 아니라 고객을 만족시키고 이해하는 것이야말로 영업 업무를 수행에 있어서 가장 중요한 부분이라는 영업사원의 사고의 전환이 필요하고, 고객의 사고방식에 관한 이해에 많은 시간과 노력을 투자하여야 할 것이다.

고객에 대한 이해는 고객이 원하는 고객가치를 창출하는 고객지향성의 출발이다. 고객지향성의 프로세스는 고객의 문제와 니즈의 파악에서 시작된다. 고객의 문제를 먼저 이해하는 것이 필요하다. 고객의 문제는 물리적이거나 심리적일 수 있다. 인간은 항상 물리적으로 심리적으로 균형을 유지하려고 한다. 균형이 무너지면 문제를 지각하게 된다. 몸이 아프면 의사를 찾게 되고, 스트레스가 많으면 휴식을 취하려고 한다. 하지만 항상 고객의 문제가 명확하고 단순한 것은 아니다. 고객의 문제는 매우 복잡할 수도 있고, 심지어는 고객도 모르고 있는 경우도 있다. 이를 정확하게 이해하고 발견하는 것이야말로 영업의 출발점이다. 문제를 파악하는 것이야말로 고객과의 만남과 대화 속에서 찾아내야 하는 가장 중요한 이슈이다. 문제가 다르면 니즈도 달라진다. 같은 배고프다는 문제와 무언가를 먹어야겠다는 니즈가 있지만 실질적으로 고객이 찾는 것은 다이어트 식품이 될 수도 있고, 코스 음식이 될 수도 있고, 간단한 햄버거가 될 수도 있다. 배고프다는 문제와 체중조절을 해야 되는 문제, 다양한 음식을 즐기고 싶은 문제, 시간이 없어서 간단하게 먹어야 하는 문제 등 다른 문제들이 배고프다는 기본 문제와 상호작용하여 복잡한 문제를 만들어 내기 때문에 무언가를 먹어야지라는 니즈에 다른 음식 대안들로 나타나는 것이다.

　장기적으로 기업에 이익이 되는 고객과의 장기적 관계를 확립하고, 구축하고, 유지하는 데 있어서 영업사원의 성공을 만드는 동력은 고객 정보이다. 이러한 고객정보를 체계적으로 수집하고 분석하는 시스템이 CRM이다. CRM은 고객관계를 관리하기 위한 고객 정보를 실제 영업에 활용하는 것에도 중요한 역할을 한다. 효과적인 고객관리를 위해 CRM을 동력으로 하는 전 조직의 고객 중심활동이 되어야 한다. CRM은 본래 데이터를 찾고 수집하기 위해 고안된 소프트웨어 패키지로써 시작했다. 그러나 지금은 영업 수행의 모든 것을 포함하는 조직의 철학으로 발전되고 있다. 즉, 고객과의 관계야말로 영업의 핵심이고 기본적인 마인드인 것이다.

영업사원이 창출하는 가치는 고객을 설득하고 관계를 맺기 위해 고객에게 제안하는 가치의 묶음이다. 가치는 영업사원이 판매하고 있는 제품과 기업으로부터 고객이 얻는 최종적 혜택들의 묶음을 나타낸다. 고객이 추구하는 가치는 세 가지 가치이다. 첫째는 경제적 가치로서 제품이나 부가서비스가 주는 경제적 효용으로 고객은 이에 대한 대가로 가격을 지불한다. 둘째는 자원적 가치이다. 고객은 제품이나 서비스를 구매하면서 영업사원이나 기업의 다양한 서비스를 자신의 자원으로서 활용하고자 한다. 자동차를 구매한 뒤 고장이 나면 A/S센터에 직접 연락하지 않고 영업사원을 부르는 경우가 이 자원적 가치에 해당된다. 셋째는 사회적 가치로서 고객은 자신이 구매한 제품의 이미지와 자신의 이미지를 연결하려고 하고 이 과정에서 타인의 평가를 의식하면서 구매를 하는 것이다. 명품을 구매하는 이유가 사회적 가치를 추구하는 것으로 볼 수 있다.

과거 영업에서는 고객과의 관계를 구축하기 위해 가치 창출을 활용하는 것은 거의 고려하지 않았다. 대신에 영업사원들은 단순히 별개의 거래들의 연속으로써 영업을 수행하는 것에 만족하였다. 이러한 판매 접근법을 거래적 판매(transactional selling) 라고 일컬어져 왔다. Neil Rackham과 John DeVincentis는 판매에 있어서 거래적 접근과 장기적인 관계를 개발하는 데 더 집중된 관계적 접근을 구별하기 위한 연구를 하였다. 그들은 관계 지향적 접근을 자문형 판매(consultative selling) 와 전사적 판매(enterprise selling) 로써 해석하였다. 관계지향적 영업은 고객은 단순한 제품이 아니라 판매과정에서부터 얻으려고 하는 가치의 유형과 양에 관심이 있다는 것을 파악하고 이러한 가치묶음을 가지고 영업시도를 하는 것이다. 기본적으로 거래적 영업은 가능한 최저 판매가격을 달성하고 비용을 없애기 위해 작용한다. 즉, 경제적 가치에만 관심이 있다. 하지만 관계지향적 영업은 모든 가능한 수단들을 통하여 고객이 원하는 가치묶음을 부여하기 위해 노력한다. 즉, 경제적 가치뿐만 아니라 사회적 가치 그리고 자원적 가치 등을 부가하는 가치 부가형 영업(value-added selling)을 하는 것이다.

고객지향성과 고객가치 창출에 있어서 중요하지만 기업들이 관과하고 있는 것이 윤리적인 이슈이다. 윤리는 영업행동의 방향을 인도하는 도덕적 규범이고 기준이다. 사회의 가치는 다양한 방법으로 영업과 영업관리에 영향을 미친다. 또한 사회적 가치는 윤리적인 영업행동을 위한 기준을 정한다. 윤리는 법률과 규칙을 따르는 것과 같은 단순히 지켜야 하는 것 이상의 의미를 가진다.

윤리적인 딜레마의 두 가지 형태는 영업관리에서 특히 중요하다. 첫 번째 형태는 영업사원과 판매관리 사이의 상호작용에서 발생한다. 이러한 문제는 관리자는 항상 모든 관리자의 행동을 직접적으로 관찰하고 통제할 수 없기 때문에 발생한다. 그러나 관리자들은 윤리적 행동의 기준들을 확립하고, 그것들을 명확하게 알리고 강력하게 실행하기 위한 책임감을 가진다. 그러므로, 관리자들은 그들의 영업사원들이 고객들을 대할 때의 비윤리적인 업무수행을 알아내는 데 끊임없이 노력해야만 한다. 윤리적 문제의 두 번째는 영업사원에 대한 영업관리자의 대우와 관련된다. 이것은 모든 사회 그룹에서 고용과 승진, 그리고 관리업무, 교육 프로그램에서의 개인별 대우, 또한 판매영역의 디자인에서의 공평성, 업무의 할당, 급료와 인센티브 보상의 결정, 성과평가에 대한 공정하고 평등한 처우에 대한 문제를 가리킨다.

어떠한 영업에 있어서든 오늘날의 고객이 항상 그들의 고객이지 않았다. 영업사원이나 그들의 회사가 매우 유망한 미래의 고객으로써 판단되는 가능 고객의 집합인 잠재 고객을 발굴하는 것에서부터 관계판매의 기회는 시작된다. 영업망의 구축은 고객 기반 달성과 성장을 확신시키는 잠재고객의 경로를 파악하고 조망하는 것을 의미한다. 오늘날, CRM과 같은 고객시스템이 적절하게 실행되고 활용된다면 영업사원은 가능고객에 대한 풍부한 정보를 획득할 수가 있다.

영업은 설득적 의사소통을 내포한다. 거래적 판매는 어려운 판매 메시지의 전달에 초점을 맞춘다. 이것은 거래적 판매의 정의에 있어서 실제 관계에 대한 정의가 포함되어 있지 않기 때문이다. 구매자와 판매자간에 신뢰가 거의 존재하지 않으므로 둘의 관계는 적대적이기 쉽다. 그리고 그들의 관계에 있어서 장기적 관계나 윈-윈 솔루션은 다루어지지 않는다.

관계지향적 영업에 있어서 의사소통은 달리 논의된다. 첫째, 이메일과 휴대폰 같은 것을 통하여 복합적 미디어는 거의 무제한적 접근이 가능하다. 둘째, 어려운 판매는 상호적인 문제해결의 의사소통접근에 의해 대체되고 있다. 영업사원들은 구매자를 위하여 문제의 해결자 혹은 컨설턴트로써의 역할을 수행하고 가치 부가형 해결책을 취급한다. 솔루션 기반 영업에서 영업사원들의 주된 역할은 고객들이 그들의 문제나 필요에 대한 솔루션에 대한 시각화 쪽으로의 움직임을 만드는 것이다.

고객들이 매우 오랜 시간 동안 영업사원과 거래를 해왔을지라도 그들은 영업사원이 제안한 솔루션의 다양한 측면에 있어서의 이의(반론)를 제시할 것이다. 이의는 제안된 제품 혹은 솔루션의 몇 가지 부분이 구매자의 필요를 완벽하게 만족시키지 못하는 것에 대한 단순한 걱정(관심)이다. 이의는 과도하게 측정된 가격, 배달, 약정관련 내용, 적절한 시기, 혹은 거래에 있어서 다른 가능한 무수히 많은 요소들과 관련되는 것일 것이다. 하지만 관계를 활용하는 관계지향적 영업은 이러한 이의를 받아들이고 적절하게 협상을 통해 해결해 나갈 것이다.

관계지향적 영업의 즐거움 중에 하나는 장기적인 구매자와 판매자의 관계에서 생성되는 친밀한 관계, 신뢰, 그리고 상호적 존경이 판매 과정의 "마무리(closing)"에 대한 압박을 없애줄 수 있다는 것이다. 왜냐하면 구매자와 판매자가 그들의 관계범위 안에서 만족시키려는 상호적 목표를 달성하기 위하여 과정 전체에 걸쳐 솔직한 의사소통이 이루어지기 때문이다. 부가된 핵심가치는 가격 측면이 아니라 오히려 제품과 서비스에 관련된 다른 측면이기 때문에, 이의에 대한 협상은 가격에만 매달려 시간을 지체해서는 안 된다. 그러므로 관계지향적 영업에서 판매 종결은 의사소통 과정의 자연스러운 부분이 되었다.

관계지향적 영업은 이익이 되는 고객과의 장기적 관계를 확립하고 구축하며 유지하는 것에 주요 목표를 가지고 있다는 것을 기억하자. 판매에서 영업사원은 "확립(securing)"과 "구축(building)"에 많을 시간을 소비하는 경향이 있다. 그러나 영업사원은 또한 성장가능하고 유익하며 필요가 충족된 고객을 장기간 유지하기 위한 전략을 개발해야만 한다. 이러한 프로세스의 중요한 부분이 판매 이후의 서비스를 포함하는 후속관리(follow-up)이다. 효과적인 후속관리는 영업사원과 기업이 서비스의 질과 고객 만족, 그리고 고객유지와 애호도에 대한 고객의 인식을 개선시킬 수 있는 방법 중 하나이다. 이것은 성공적인 관계판매에 있어서 중심 쟁점이다.

고객기대관리는 성공적인 장기관계를 발전시키는데 있어 중요한 부분이다. 고객의 즐거움(customer delight), 또는 놀라는 정도에 대한 고객 기대의 능가는 고객의 애호도를 획득하기 위한 강력한 방법이다. 너무 많은 약속을 하지 않는 것도 중요하다. 과다한 약속을 하여 지키지 못하는 경우 고객의 실망과 불만족을 야기한다. 이는 거래지향적 영업에서 많이 찾아볼 수 있다. 불만족한 고객들은 다시 구매하지 않을 뿐만 아니라, 영업사원과 그들의 회사와 제품까지 회피하도록 다른 사람들에게 말할 것이다.

많은 사람들에게 매력적인 경력 선택기회로 영업을 선택하게 만드는 한 가지는 자율성이다. 직업에서 매일 발생하는 업무를 영업사원들 스스로가 결정하고 행사할 수 있다는 것을 의미한다. 오늘날 영업사원은 관계 영업 전략을 실행하기 위한 엄청난 자율성을 가지고 있다. 자율성이 나태함을 의미해서는 안 된다. 말 그대로 자신이 책임을 지고, 자신만의 방법을 개발하기 위해 노력하고 성공하는 것에 자유롭게 자신의 모든 것을 투자한다는 의미이다.

이런 자율성 가운데 영업사원은 자신의 역량을 개발하여 보다 전문가적인 영업 활동을 하여야 한다. 앞서서 영업사원은 3S를 가져야 한다고 하였다. 첫 번째, 스킨십(Skin-ship)이다. 대면 영업은 지속적인 고객과의 접촉을 통해 고객의 니즈를 파악하고, 이에 대한 솔루션(Solution)을 제시해주어야 한다. 이 솔루션은 철저하게 고객이 원하는 방향으로 고객이 지불할 수 있는 가치로서 만들어져야 한다. 마지막으로 중요한 것은 설득이다. 설득을 위해 개인화된 스토리텔링을 만들어서 고객이 공감할 수 있도록 하는 것이 매우 중요하다. 목표로 하는 고객과의 끊임없는 스킨십(Skin-ship)을 가지고 대면을 통해 니즈를 파악하고, 그들이 가진 니즈를 충족시킬 수 있는 최상의 솔루션(Solution)을 창출하여 고객관점에서 고객의 언어로 만든 스토리텔링(Story Telling)을 통해 설득하는 것이 영업이다.

관계지향적 영업을 잘하기 위해서는 영업사원의 기본적인 태도에서부터 영업활동에 이르기까지 고객에 대한 태도와 행동이 변화하는 것을 요구하고 이 과정에서 윤리적인 행동에 대해서 강조해야 한다. 관계지향적인 영업을 위해서는 거래적 영업에서 관계적 영업으로의 전환이 필요하고 영업사원의 성과평가도 판매액이 아니라 영업생산성으로 바뀌어야 할 것이다. 또한 영업방식도 고객의 복잡한 니즈를 효율적으로 관리하기 위해 개별 영업사원에 의한 영업에서 팀 영업으로의 전환이 필요하고, 영업 관리자도 관리적 활동에서 기업가적 활동으로 인식의 전환이 필요하고, 단순한 관리자의 역할이 아니라 리더의 역할로 거듭나야 할 것이다. 또한 영업사원들은 자사의 제품에 만족한 고객들이 유사한 제품을 판매하는 경쟁 기업으로 전환하지 못하게 하기 위해 기존 고객들을 유지하고 관계를 형성해 애호고객으로 전환하기 위해 노력해야 한다. 그리고 영업조직의 관리자도 영업과정에서의 고객관리를 하기 위한 가장 효율적이고 효과적인 지원 및 관리 방법을 생각하는 데 많은 시간과 노력을 기울여야 한다.

효과적인 영업으로 기업성과에 날개를 달자!

김현철, [CEO, 영업에 길을 묻다], 한국경제신문, 2009.

램 차람, [노하우로 승리하라], 김영사, 2007.

송기영, [영업 마스트 화법] 경향 미디어, 2008.

조기선, [물건을 팔지말고 가치를 팔아라], 가림 출판사, 2006.

홍성돈, [영업에 가치를 부여하라], 청담북스, 2015.

조 지라드, [조 지라드 영업 불변의 법칙 12],비즈니스북스, 2005.

짐 캐시카르트,[영업맨이 아니라 상담가가 되어라], 지훈, 2007.

제프리 지토머, [영업 불변의 법칙], 혜운서관, 2004.

제프리 지토머, [Red Sales Book], 김영사, 2005

제프리 지토머. [실전 세일즈 바이블], 세종연구원, 2009

BBC, [경영의 최전선을 가다], 리더스북, 2005.

유창조, 윤동기, "영업성과가 우수한 사원과 낮은 사원의 성과차이에 대
    한 심층 분석", 한국마케팅저널 제8권 제2호, 2006.

김윤강, "방문판매 판매자의 관계적 지향성이 만족과 몰입을 매개로 재
    거래 의도에 미치는 영향", 이화여대 석사논문, 2007.

김지현, "화장품 방문판매원의 직업과 고객에 대한 태도 및 직업적 윤리
    갈등에 관한 연구", 원광대 석사논문, 2008.

서문식, 김상희, "판매원의 감정 부조화와 감정적 고갈이 고객지향성 및

고객의 서비스 품질 평가에 미치는 영향", 마케팅 연구 17권, 2002.

양희, 이기춘, "방문판매의 소비자 문제에 관한 연구". 한국가정관리학회지, 제18권 4호, 2000.

김이태, "개인특성과 상사의 신뢰가 판매원의 노력 및 성과에 미치는 영향", 마케팅 과학연구제 11집, 2003.

손준상, "조직특성 및 개인특성이 판매원 성과에 미치는 영향", 마케팅 과학연구 제8집, 2001.

한지연, "판매 방문 불안: 차원, 해소과정 및 판매성과에 미치는 영향",홍익대 석사논문, 2005.

지금희, "판매원 특성이 판매성과에 미치는 영향요인에 관한 연구" 연세대 석사논문, 2002.

이동현, "사회적 자본이 기업 성과에 미치는 영향에 관한 연구: 방문판매 사업을 중심으로", 中小企業研究. 제30권 제1호 통권70호, 2008.

문충태, "방문판매 영업사원의 직무 적합성과 직무성과에 대한 연구: 생명 보험 영업사원을 중심으로", 經營論集. 제13집 제1호 통권20호, 2007

황지선, 권수애, "라이프스타일 유형에 따른 방문판매 화장품의 구매행동과 만족도" 韓國衣類學會誌. 제30권 제5호 통권153호, 2006.

이 욱, "방문판매원의 성격특성과 직무만족 및 직무성과간의 관계", 부산대학 박사논문, 2019.

Harish Sujan, Barton A. Weitz & Nirmalya Kumar, "Learning Orientation, Working Smart and Effective Selling" *Journal of Marketing* Vol.58, 1994.

Barton A. Weitz, Kevin D. Bradford, "Personal Selling and Management: A Relationship Marketing Perspective", *Journal of Academy of Marketing Science* Vol 27. No 2, 1999.

David Strutton, Lou E. Pelton & James R. Lumpkin "The Relatioship Betwen Psychological Climate And Sales Person — Sales Manager

Trust in Sales Organization" Journal of Personal Selling & Sales Management Vo. XⅢ. No4,1993.

저자논문 인용

Park, Jun Youb and Jeong Eun Park. (2014). The Effects of Learning Behavior of B2B Sales Person on Effective Selling Behavior and Sales Performance. *Journal of Korea Parliamentary Law Institute*, 7(2), 43−53.

Park, Min Hye, Jeong Eun Park and Joon Yep Park. (2014). The Impact of Effective Selling Approach on Relationship Quality and Performance: Focus on Customer and Learning Orientations. *Journal of Marketing Management Research*, 19(4), 63−81.

Park, Jun Youb, Jeong Eun Park and Kwangho Chen (2014)," The Impact of Salesperson Learning, Adaptive Selling Behaviors, and Job Satisfaction on Sales Performance," *Journal of Product Research*, 32(6), 191−200.

Park, Jeong Eun and George D. Deitz (2006), "The Effect of Working Relationship Quality on Salesperson Performance and Job Satisfaction: Adaptive Selling Behavior In Korean Automobile Sales Representatives," *Journal of Business Research.*, 59(2), 204−213

Franke, R. George and Jeong Eun Park(2006), "Salesperson Adaptive Selling and Customer Orientation: A Meta−Analysis," *the Journal of Marketing Research*, volume 43, issue 4, pp.693−702.

Park, Jeong Eun, Young Yang and Sungho Lee (2009)," A Study of Critical Review of CRM", CRM Study, 2(1), 1−13.

Chang, Woojung , Jeong Eun Park, and Seoil Chaiy (2010), "How does CRM technology transform into organizational performance? A mediating role of marketing capability," *Journal of Business Research*, 63 (2010), 849−855.

Park, Jeong Eun, Juyoung Kim, Alan Dubinsky and Hyunju Lee (2010), "How Does Sales Force Automation Influence Relationship Quality and Performance? The Mediating Roles of Learning and Selling Behaviors," *Industrial Marketing Management*, 39(2010), 1128−1138.

Park, Jeong Eun, Betsy B. Holloway and Sungho Lee (2013), "The Benefits of Sales Force Automation Explored: An Empirical Examination of SFA Usage on Relationship Quality and Performance," *Asia Marketing Journal*, 14(4), 143−165.

Kim, Molan, Jeong Eun Park, Alan J. Dubinsky, Seoil Chaiy, (2012) "Frequency of CRM implementation activities: a customer-centric view", *Journal of Services Marketing*, 26(2), 83−93,

Park, Junyoub and, Jeong Eun Park (2015), "Marketing & Sales Interface Study on the Application of the Enterprise as a Tool of B2B Sales Effectiveness−Case of 3M Korea," *Yonsei Business Review*, 52(1), 91−114.

Choi, Yong Bae and Jeong Eun Park. (2016). An Qualitative study of Effective Selling Behavior and Relationship Selling Behavior of Korean sales people: Focus on the case of auto finance salesperson in Ajucapital Corporation. *The Review of Eurasian Studies*, 13(1), 275−299.

Park, Jeong Eun (2014), "The Current and Future of Sales Studies in Korea: A Critical Review and Suggestions for Future Study Directions ," *Journal of Korean Marketing Association*, 29(6), 45−62.

Hong, Joongwan, Jeong Eun Park and Kwangho Chen (2016), "A Qualitative Study of Compensation Framework of Salespeople: Focus on the Expectation of Compensation Recipients," *Journal of Product Research*, 34(3), 1−12.

Park, Junyoub and, Jeong Eun Park. (2016). The Effects of Marketing−Sales Interface of Salesperson on Effective Selling Behavior and Sales Performance. *The Review of Eurasian Studies*, 13(2), 39−63.

Park, Jeong Eun and George Deitz (2016), "National Culture and Relational Selling: Antecedents, Outcomes and Boundary Conditions of ASB and Customer−Oriented Selling in Korea," *Asia Marketing Journal*, 18(1), 75−97.

기업성과에 날개를 다는 효과적 영업: 관계지향적 영업

초판발행	2020년 1월 10일
지은이	박정은·곽민순
펴낸이	안종만·안상준
편 집	전채린
기획/마케팅	박세기
표지디자인	이미연
제 작	우인도·고철민
펴낸곳	(주)**박영사**
	서울특별시 종로구 새문안로3길 36, 1601
	등록 1959. 3. 11. 제300-1959-1호(倫)
전 화	02)733-6771
f a x	02)736-4818
e-mail	pys@pybook.co.kr
homepage	www.pybook.co.kr
ISBN	979-11-303-0892-0 03320

정 가   14,000원